山东大学儒学高等研究院科研成果
山东大学曾子研究所科研成果
曾子研究院科研成果
曾智明"曾子学术基金"科研成果

汉字中国

曾振宇　主编

Chinese
Characters

法帅

著

华夏出版社
HUAXIA PUBLISHING HOUSE

图书在版编目（CIP）数据

性 / 法帅著 . -- 北京 : 华夏出版社有限公司 , 2025.6

（汉字中国 / 曾振宇主编）

ISBN 978-7-5222-0279-2

Ⅰ.①性… Ⅱ.①法… Ⅲ.①汉字—通俗读物 ②中华文化—通俗读物 Ⅳ.① H12－49 ② K203－49

中国版本图书馆 CIP 数据核字（2022）第 003435 号

性

著　　者	法　帅	
责任编辑	李春燕	
责任印制	周　然	

出版发行	华夏出版社有限公司	
经　　销	新华书店	
印　　装	三河市万龙印装有限公司	
版　　次	2025 年 6 月北京第 1 版	
	2025 年 6 月北京第 1 次印刷	
开　　本	880 mm×1230 mm　1/32	
印　　张	9	
字　　数	182 千字	
定　　价	59.00 元	

华夏出版社有限公司　地址：北京市东直门外香河园北里 4 号　邮编：100028

网址：**www.hxph.com.cn**　电话：（010）64663331（转）

若发现本版图书有印装质量问题，请与我社营销中心联系调换。

序

《汉字中国》丛书即将付梓，主编曾振宇教授嘱我在书嵩写几句话。我认为"汉字中国"是个好题，丛书的出版是件好事，摆到读者面前的是一套好书，振宇教授美意岂能却之？遂谨献鄙意如下。

首先我想说，这是一套什么样的丛书。显然，它不是研究中国文字的学术丛书，而是在文字研究基础上通俗地讲述中国自有的文化哲学体系中一批重要概念的著作，是一套把汉字与它所承载的哲学概念如何紧密地融合起来这一独特的现象呈现出来的创新之作。

丛书的编著者们认为"中国本土哲学与文化形态中的概念、文字和词语是中国哲学与文化的'结晶体'"。这是一个含义很深邃又很形象的比喻。这就意味着《汉字中国》将对中国哲学与文化的概念进行深入解读，探索其内涵和外延，从而发掘、展现中华文化与其哲学的精神、品质、性格的独特性，消解中国哲学与文化之双足只穿西方哲学之鞋履所带来的误解、困惑与尴尬。反过来看，通过对中国哲学与文化的认知和体验，又可以明了并深化对这些汉字形音义的来龙去脉、衍生变异以及遗存、渗透在现代汉语词汇中的文化基因的认识。或许这也是本套丛书冠以"汉字中国"之名的用意所在吧。

　　诚然，《汉字中国》所分析、论列的，大多是日常所用的字词，有些即使是"专门"词语，也已经为越来越多的人所习见；但是，由于种种历史的、社会的原因，今人也常常与这些字词的深意若即若离。而如果忽略了汉字在数千年传承、延绵、孳乳、变异过程中沉淀于后世语言形式里的传统文化意义，就会冷淡了中华文化的特性，很可能语言 / 概念发生"漂移"现象，不得已时只好乞灵于异质文化，从而难以形成阐述中华文化的中国话语体系。

　　"结晶体"这样一个形象而很有意趣的比况，更会引发读者的遐想：在这个"结晶体"里面，有着丰富多样的微观世界，中国文化的种种现象和思想都在有序地存在着、排列着。由此可以想见，《汉字中国》的筹划、酝酿、研究，用心良苦矣！我不由得又想到，《汉字中国》的影响所及，可能并不仅限于人文社会科学、哲学领域，即使在构建科学技术伦理、自然语言处理、人机对话、中外语言互译，乃至人工智能等领域，似乎也可以参考一下吧。

　　话说得远了些，就此搁笔。
　　忝谓之"序"。

2019 年 8 月 22 日

汉字
中国

◆

性

目
录

第一章

周初人文精神对人性论的妊育

一、"心""生"相合是为"性"

性，是中国哲学史上最重要的范畴之一，也是最能代表中国传统哲学精髓的一个概念。中华民族的往圣先贤在对人生的不断思索中，对性这一概念的内涵也不断进行了深化和扩展，使它在中国哲学史上的影响和地位日渐显著，甚至对中国数千年来的文明发展也有着不可估量的作用。即使在现代中西文化碰撞融合的重大时刻，它所透出的中国传统文化的独特价值仍然熠熠生辉。

从中国文字的发展历程来看，性字的出现经历了一番演变。在甲骨文中，今天的性字还没有出现，但有个字常被用作"性"，那就是"生"字。"生"在甲骨文中写作 ↓，在草叶 ↓ 下面加一表示地面的符号 ━，其形状如同小草生出地面，破土而出，表示从无到有的意思。这就是生的本义，说的是草的生长，从无到有，生于大地。生，既是声旁也是形旁，表示天然萌发之意。在甲骨文之后，金文的生写作 ↓，篆文的生写作 ↓，都是继承甲骨文的写法。在汉代的隶书中，生字写作 ，这是将篆文上部的 简化为 。在古文中，"生"常被假借为"性"，表示内在与生俱来的本能。

在金文中，性常被写作"眚"。"眚"字上面是"生"，下面是"目"，这是从甲骨文的"生"发展而来的，上面为草状，下面是眼睛，《说文解字·目部》说"眚（），目病生翳也"，指眼睛上生了草状的病症。在甲骨文中，与"眚"相似的字还有不少，如甲骨文中的 （禾）、（麦）、（木）等，都与甲骨文的"生"有联系，无论是字形还是字义，都比较相近。这些表示事物的名词，在字形上，在比甲骨文的"生"字表示地面的一横画下，多了表示根部或眼睛的笔画，象形意义非常明显。甲骨文的"生"字出现在商代后期，而"性"字的出现则是在秦汉之时。"眚"字为金文，其出现与使用当在春秋晚期与战国之时。所以，从古文字的发展演变来看，"眚"字应是处于"生""性"之间的文字。

在篆文中，性写作为 ，是 （心，本能欲求）和 （生，天然萌发）的结合，表示人类天然萌发的本能欲望。在隶书中，性则写作 ，这是将篆文中的 写成了 （竖心旁）。俗体楷书 **性** 将正体楷书的 简化成 。《说文解字》中说：（性），人之阳气性善者也。从心，生声。意思是，性是人的善良本能的显性表现。字形采用"心"作偏旁，采用"生"作声旁。从甲骨文的"生"演变到篆文的"性"，金文的"眚"有着明显的中间过渡特点。金文的"眚"字，不仅有着甲骨文"生"字的象形特点，还有着"性"字"心""生"结合的某些特点。金文的"眚"字，是"生""目"结合，与甲骨文的"生"字相比，金文的"眚"字已不仅仅只是描写客观事物，而是已加入了人的主体性部分，即"目"的增加，从而使人的主体性与客观事物之间的联系变得更为密切。随着时间的推移，金文的"眚"字则进一步发展，最终走向人的主体内在世界，从而"心""生"结合的性字出现。"生""眚""性"的这一演变过程与春秋战国时期逐渐兴起的人文主义思潮密不可分。这是一个非常值得注意和研究的重要文化现象。总之，"性"是从甲骨文的"生"字经过金文的"眚"字发展演变而来，因此出现较晚。当然，这一演变过程绝不只是一个古文字的发展变化，其背后更是蕴藏着一种人文主义兴起的深刻历史文化背景。

二、周初人文精神的兴起

无论西方还是中国，人类文化都是从宗教开始的。因为人类在科学还未发展的时代，常会由于对天灾人祸的恐惧而对神秘力量表示皈依。人类宗教的出现和发展，是人的自觉精神的一种萌生，但同时也是对人的自觉精神进一步发展的阻碍。从中国殷商青铜器来看，中国文化到殷代已经过了很长的发展历史，而且也已有了高度的发展。不过，从甲骨文中还可以看出，商代人们的精神状态仍处在原始宗教的阶段，他们的行为似乎是通过卜辞而完全决定于各种外在的神，而不是决定于他们自己的思索。周代文化是在继承夏商两代文化的基础上形成的，"周监于二代，郁郁乎文哉"（《论语·八佾》），但周代对商代的文化进行了损益，"殷因于夏礼，所损益，可知也。周因于殷礼，所损益，可知也"（《论语·为政》）。周代文化将商人的宗教生活中注入了人文精神，从而启发了中国道德人文精神的建立。

周革殷命，是周代用一种新的人文精神取代了原先商代的宗教精神，从而建立了新的政权。不过，这种新的人文精神并不是说周代和商代是两种完全不同的文化。事实上，它们的关系是文化的主干和支流的关系。周的文化最初只是殷商文化的一支，周代文化是顺着殷商文化积极的一面向前发展的结果。如殷人的宗教生活主要是关于祖宗神的，他们与天、帝的关系，主要是通过祖宗神作为中介来完成的。而周人的情形也是如此。如周公曾请求以自己的生命来代替武王之死，但周公不直接请求于天、帝，而是通过太王、文王等来向天帝转请。（《尚书·金縢》）正因如此，傅斯年在此问题上才有周人"竟自把殷人的祖宗也认成自己的祖宗"的误解。傅斯年认为，殷卜辞中的帝指的是殷的祖宗神。其实，"卜辞中尚无以上帝为其高祖的信念"[1]。虽然殷先祖中也有冠以帝字者，如帝乙，但也有很多不带帝字者，而且求其文中之

1　陈梦家：《殷墟卜辞综述》，北京：中华书局 1988 年版，第 582 页。

义，卜辞中称帝或上帝者，多是最高神的上帝。如《尚书》的《多士》《多方》篇中，称殷之祖宗神帝乙皆为帝乙，而不是称为帝。因此，殷周有着共同的天帝、天命等观念，它们同属于一个大的文化系统，而周则代表了这一文化系统的新的发展方向。

周人文化在继承商代文化的基础上，开始出现了人文精神的跃动，从而使商人的宗教精神出现了新的转向。周人作为胜利者，在政权更迭之后并没有出现趾高气扬的情形，而是表现出了一种忧患意识。这种意识的产生，当是来自周文王与殷纣间的微妙难处的处境，"《易》之兴也，其当殷之末世，周之盛德耶？当文王与纣之事耶？"（《易·系辞传下》）商代末年，周文王在如何处理与殷纣王的关系上，采取了一种深思熟虑的忧患意识，《易》于是被发展起来。周公召公继承了这种精神，进一步将其用于周代政事和文化建设上。如《君奭》中周公告召公"我受命无疆惟休，亦大惟艰"，《康诰》中周公封康叔于康时所作的告诫。

忧患意识不同于原始宗教中的恐怖或绝望，人往往在宗教的恐怖绝望中感到自己的渺小，而放弃自己的责任，一任外在的神为自己做决定。而忧患意识乃当事者通过深思熟虑而对事情的一种远见，是由责任感而来的以己力突破困难而尚未突破时的心理状态。这是人类精神开始对事物产生责任感的表现，也是精神上开始突破宗教意识有了人的自觉的表现。[1]在忧患意识的影响下，

---

[1] 参见徐复观：《中国人性论史·先秦篇》，北京：九州出版社2020年版，第19页。

人的行为根据渐渐由神转向人自己本身的谨慎和努力，这在周初首先表现在敬、敬德、明德等观念里面。"周公曰：呜呼，自殷王中宗及高宗及祖甲及我周文王，兹四人迪哲，厥或告之曰：小人怨汝詈汝，则皇自敬德。厥愆，曰：朕之愆，允若时，不啻不敢含怒"（《尚书·无逸》）。在这种人文精神下，周人突破殷商宗教文化，而发展出一种新的道德文化，并给予殷商文化以质的转变。

周初对殷商传统宗教的转化可以从下面这一点来加以说明。周人虽然还保留着殷人许多杂乱的自然神，但因为周人的忧患意识及由此而来的敬、敬德等道德人文观念，使帝、天帝等人格神的天命有了合理的活动范围，其对于人世间的评断落在人们行为的合理与否上。这样天命逐渐揭去了它的神秘面纱，成为人们可以通过自己的合理行为加以把握的存在。于是，人类历史开始取得了某种程度的自主地位，这是中国文化真正黎明期的开始。《康诰》中的这段话即阐明了这种观念。"惟乃丕显考文王，克明德慎罚，不敢侮鳏寡，庸庸，祇祇，威威，显民……惟时怙冒，闻于上帝，帝休。天乃大命文王……"这种思想也见于《多士》《多方》等篇。天帝既然是用人的道德行为来作为判断的准则，那么，过去认为天命会无条件地支持一个统治者即"天命不易"[1]的观念，便会发生变化，一个统治者失去德行，天命便会转

1　［清］阮元校刻：《十三经注疏》（二），《尚书正义》卷第十三，北京：中华书局2009年版，第424页。《大诰》篇记载："尔亦不知天命不易。"

向他人，于是，代之出现了"天命靡常"[1]的观念。在殷人的宗教传统中，天命是不可知的，更无从信赖，周人道德人文精神的觉醒，使人们可以从自己行为的合理与否中渐渐对天命加以把握，因此，周初人们开始从宗教对神的依赖中解脱出来，但离完全解脱还为时尚早。

在周初的道德人文精神的觉醒下，人开始对自己的生活和行为有了责任心，不过，此时人们行为的最后的根源和依据，依然是传统宗教中的天命，尚未达到从人的自身来取得最后的根据。虽处于这样一种黎明期，但却为后来的人性论打开了大门。人既然是由天所生，那么人的道德精神亦当为天所命。如《召诰》中说，"今天其命哲，命吉凶，命历年"，"命哲"的提出，就是从道德上将人与天连接在一起的开始。这虽然可以说是性善说的萌芽，但离后来真正的性善说还有相当远的距离。不过，周初的这种人文精神在实际上奠定了中国精神文化的基础，对后来文化的发展产生了深远的影响。

三、宗教的衰落和性字的流行

周初宗教中道德人文精神的出现，并不意味着传统宗教的没落，但随着历史的发展，人文道德观念在不断发展壮大的同时，

1　［清］郝懿行、王照圆著：《诗问》卷七，济南：齐鲁书社2010年版，第824页。《诗·大雅上·文王》篇记载："天命靡常。"

宗教的权威则日渐走向了坠落之路，到了周幽王时期，最终宗教
与人文失去了平衡而偏向人文方向发展演进。如宗教性的天，在
《诗经》《大雅》《周颂》中的早期的诗中有八十余处，但到了《大
雅》的后期的诗，已开始对天的权威产生怀疑，但仍存有敬畏之
心。这些周厉王时代的诗，是宗教性的天的权威开始坠落的明证。
而到了周幽王的时代，反映在《诗经·小雅》里的宗教性的天，
已不留其权威的存在了。如《节南山》中"昊天不佣，降此鞠讻。
昊天不惠，降此大戾"，《雨无正》中"浩浩昊天，不骏其德。降
丧饥馑，斩伐四国"。由此可见，周初所继承的传统宗教观念已经
完全崩溃了。再如《诗经》中的命，殷代称帝命，周初多称天命，
周厉王时代多称天而很少称天命，西周末年东周初年开始出现命
运的命。[1] 在传统宗教中，人将自己的人生寄托到神的身上，但到
西周末年宗教性的天命逐渐垮掉，人便把自己的人生由寄托在天
命上转而为命运之命。天命有意志，有目的性，而命运是为人所
无可奈何的盲目性的力量。所以，传统宗教到了西周末年，其人
格神的意味日趋淡薄。

　　随着周初人文精神的继续发展，到了春秋时期，出现了一个
人文精神彰著的时代，以礼为中心的人文时代。礼的原意是祭祀
以致福，许氏《说文解字》说："礼，履也。所以事神致福也。从
示从豊，豊亦声。"[2] 徐灏《说文解字注笺》认为："礼之名起于事

<hr />

1　徐复观：《中国人性论史》（先秦篇），上海：上海三联书店 2001 年版，第 34 页。

2　［汉］许慎撰，陶生魁点校：《说文解字》，北京：中华书局 2020 年版，第 2 页。

神，引申为凡礼仪之礼……丰本古礼字。"[1]但殷人之礼，注重的是致福的目的，而不是仪节的本身。到了周初，尤其是周公才特别注意到仪节本身的意义，重视其中所含的人文因素。《礼记·表记》说："殷人尊神，率民以事鬼，先鬼而后礼……周人尊礼尚施，事鬼敬神而远之，近人而忠焉。"而且，周公所制的周礼，其范围已大为扩展，不仅包括祭祀的仪节，还包括政治制度及一般行为准则等。所以，到了春秋时期，随着宗教权威的日渐失坠，社会中的道德人文精神逐渐发展扩大起来，并成为此后中国文化发展的主要方向。

春秋时代的礼，不仅没有一点宗教的意味，而且还成为此时期最重要的道德观念，此时的许多道德观念也无不以礼来加以统摄，为其依归。"礼，经国家、定社稷、序民人、利后嗣者也。"（《左传》隐公十一年）"古之治民者，劝赏而畏刑，恤民不倦……三者礼之大节也；有礼无败。"（《左传》襄公二十六年）"礼以纪政，国之常也。"（《国语·晋语》）不仅如此，过去决定人生祸福的是人格神，而现在这种决定力量则变成了礼。《左传》中以礼来推定人的吉凶祸福，其事例可谓俯拾皆是，而且常常得以应验。如僖公三十三年，周王孙满因秦师"轻而无礼"而断定其必败；昭公十一年晋叔向因单子"视下言徐"而判断其将死；定公十五年，子贡观邾隐公来朝，见"邾子执玉高，其容仰；公受玉卑，

<hr>

1　徐灝撰：《说文解字注笺十四卷》，载《续修四库全书》编纂委员会编：《续修四库全书·225·经部·小学类》，上海：上海古籍出版社 1996 年版，第 132 页。

其容俯"，而断定"二君皆有死亡焉"，因为"夫礼，死生存亡之体也……今正月相朝而皆不度，心已亡矣"。这反映出礼作为一种规范人们行为的时代精神，已经具有了影响人的死生祸福的力量，并得到了全社会的广泛认可和践行。

春秋时代，虽然以礼为中心的人文精神得以长足发展，但却不是将宗教传统完全予以取消，而是将宗教进行转化，成为人文化的宗教。因为宗教是我们民族的一种长久的生活传统，新的人文因素的发生可能解消了宗教，但在生活传统上却仍会予以保持，因此，春秋时期新人文精神的出现，将古老的宗教传统进行了转化。春秋时期，人文精神的发展使其继承自宗教传统的天，逐渐失掉了人格神的性质，而演变成为道德法则性的天。如《左传》文公十五年，"齐侯侵我西鄙……季文子曰，齐侯其不免乎……礼以顺天，天之道也……"昭公二十五年，子太叔答晋赵简子之问，"夫礼，天之经也，地之义也，民之行也。天地之经，民实则之……"这里的天，都已成为道德法则的性质，也即此时的礼的性质。天的性质道德化后，传统的命除了一部分转为命运的命，还有一部分成为道德性格的命。如《左传》文公十三年邾文公"命在养民"的命，昭公二十六年晏子"天道不谄，不贰其命"的命，都是道德性的命。这说明道德人文精神的发展，在化解传统宗教的同时，渐渐开出后来人性论中性与命结合的道路。

到了春秋时期，性字开始出现和流行，但这些字有的是欲望的意思，有的是本质、本性的意思，还有的作生字解，但都没有后来人性论的性善、性恶的解释。如《左传》襄公十四年晋师旷答晋侯的话："天生民而立之君，使司牧之，弗使失性。有君而为之贰，使司保之，勿使过度。"此处"失性"的性，意思是生而即有的欲望。襄公二十六年郑子产批评楚子伐郑："晋楚将平，诸侯将和，楚王是故昧于一来。不如使逞而归，乃易成也。夫小人之性，衅于勇，啬于祸，以足其性而求名焉者，非国家之利也，若何从之？"其中，"小人之性"的性应是本性的意思，"足其性"的性，应作欲望解。昭公十九年楚沈尹戌说，"吾闻抚民者，节用于内，而树德于外，民乐其性"，其性字当作生字解。在以上性字的各种意思中，作本性、本质解的是新出现的含义。从这一新义的出现看，人们已能够透过现象去探寻其后的本质，即现象成立的根据，也是事物生而即有的特质。而何者是人的本性，也开始进入人们思索的视野。"人性论，乃由追求人之本性究系如何而成立的。"[1]不过，此时人们虽然认识到性乃天之所命，内在于人之身内，即能够感到人性与天地之性的相应，但这却不是由个人工夫的实证而来，不是个人沉潜反省的结果，而只是凭着时代的风气所接触到的。所以，《左传》成公十三年刘康公说的"民受天地之中以生，所谓命也"，而不称之为性。只有到了后来的孔子，从内在于人的道德出发，才真正开启了中国人性论的历史。

1　徐复观：《中国人性论史·先秦篇》，上海：上海三联书店 2001 年版，第 51—52 页。

第二章

先秦时期的人性论

一、"性相近也，习相远也"：孔子的人性论

孔子（前551—前479），名丘，字仲尼，春秋时期鲁国陬邑（今山东省曲阜市）人。中国著名的思想家、教育家，中华文化的集大成者，儒家学派的创始人。孔子的祖先是殷商王室的后裔。孔子早年丧父，家境衰落，但极为好学。青年时期曾做过管理仓库和牧场的小官。51岁时被任命为中都宰，一年后升任司空，后又升任大司寇，代理宰相，鲁国大治。55岁时，离开鲁国，与弟子周游列国，辗转于卫、曹、宋、郑、陈、蔡、叶、楚等地，然而均未获重用，历经十四载，于公元前484年被季康子迎回鲁国。晚年修订六经，即《诗》《书》《礼》《乐》《易》《春秋》。鲁哀公十六年（前479），孔子逝世，终年73岁，被葬于鲁城北泗水岸边。由于种种原因，孔子在政治上没有大的作为，但他在教育上做出了重大贡献，他开创私学，打破了"学在官府"的传统，进一步促进了学术文化的下移。在教学方法上首倡有教无类、因

材施教、学思结合等，成为当时私人讲学的先驱和代表，相传孔子有弟子三千，贤弟子七十二人。孔子在世时已被誉为"天纵之圣""天之木铎"。孔子的思想以"仁"为核心，"仁"即"爱人"，主张推行"仁政"，提出"正名"主张，等等。孔子被后世尊为孔圣人、至圣、至圣先师、大成至圣文宣王先师、万世师表。他开创的儒家思想对中国和世界都产生了深远的影响。

1. 性论主张

在人性论方面，孔子提出了著名的性相近的观点。在《论语·阳货》中，孔子曾道："性相近也，习相远也。"意思是，人性都是相近的，但是不同的习惯使人们的差别越来越大。孔子肯定人的品质差异往往在"习"而不在"性"，因此，他特别重视后天的教育和修养环境对人的影响。这是孔子"有教无类""因材施教"和"举贤才"等思想的人性论依据。孔子的性相近说，是中国哲学史上首次从人的自身出发探讨人的本性的思想。不过，孔子对他的这一人性思想并没有展开详细的论述，致使后人在人性问题上众说纷纭。在《论语·公冶长》中，孔子的学生子贡曾说道："夫子之言性与天道，不可得而闻也。"《论语》中言及孔子与人性有关的地方仅此两处。不过，孔子还曾说："人之生也直，"（《论语·雍也》）"天生德于予，""我欲仁，斯仁至矣。"（《论语·述而》）据此也可看出孔子有人性善的倾向，不过，却还不能得出孔子是主张人性善的结论。

2. 后人解读

孔子的性相近说，对后来的人性学说产生了深远影响。后儒不仅纷纷从孔子的"性相近也，习相远也"的观点出发，去探讨和发挥自己的人性观点，还对孔子的思想做了进一步的阐释。北宋的程颐曾说："此言气质之性，非言性之本也。若言其本，则性即是理，理无不善，孟子之言性善是也。何相近之有哉？"[1] 意即这里所说是"气质之性"，而不是"本然之性"。人的本然之性没有差别，人生所禀受的气不同，才形成善恶不同的个人。气有清浊、厚薄、偏正等不同，从而人有缓急、刚柔、才不才等特点。"人生气禀，理有善恶，然不是性中元有此两物相对而生也。有自幼而善，有自幼而恶，是气禀有然也。"所以，程颐认为这讲的是气质之性，而不是本然之性。若是本然之性，理应是善的，而不是相近。对孔子的性相近说，朱熹曾道："此所谓性，兼气质而言者也。气质之性，固有美恶之不同矣。然以其初而言，则皆不甚相远也。但习于善则善，习于恶则恶，于是始相远耳。"[2] 朱熹还说道："论性不论气，不备；论气不论性，不明。盖本然之性，只是至善，然不以气质而论之，则莫知其有昏明开塞、刚柔强弱，故有所不备。徒论气质之性，而不自本原而言之，则虽知有昏明开塞、刚柔强弱之不同，而不知至善之源未尝有异，故其论有、不

1　［宋］朱熹：《四书章句集注》，北京：中华书局1983年版，第176页。

2　［宋］朱熹：《四书章句集注》，北京：中华书局1983年版，第175—176页。

明。"[1] 皇侃在《论语义疏》中解释孔子这句话道："性者，人所禀以生也；习者，谓生后有百仪，常所行习之事也。人俱禀天地之气以生，虽复厚薄有殊，而同是禀气，故曰相近也。及至识，若值善友则相效为善，若逢恶友则相效为恶，恶善既殊，故曰相远也。"[2] 对孔子的'性相近，习相远也'的观点，胡适曾说："依我看来，可算得是注重道德习惯一方面的……孔子说：'吾未见好德如好色者也。'可见他（指孔子）不信好德之心是天然有的；好德之心虽不是天然生就的，却可以培养得成，培养得纯熟了自然流露；《大学》上说的：'如恶恶臭，如好好色，'便是道德习惯已成时的状态。"[3] 梁漱溟不同意胡适的这种观点，他说："他这话危险得很！人类社会如果不假这种善的本能，试问是怎样成功的？胡先生不但不解孔子的道理而臆说，并且也不留意近来关于这个的意见之变迁，才说这样话。要晓得孔子的'性相近也，习相远也'，其性近就是说人的心理原差不多，这差不多的心理就是善，孟子所谓人心之所同然者是也。本来都是好恶与人同的，只有后来习惯渐偏，才乖违，才支离杂乱，俱不得其正了。所以最好始终不失其本然，最怕是成了习惯——不论大家所谓好习惯坏习惯，一有习惯就偏，固所排斥，而尤怕一有习惯就成了定型，直觉全钝了。大家认为好习惯的也未必好，因为根本不能认定。就假设

1　［宋］黎靖德编：《朱子语类》卷五十九，北京：中华书局1986年版，第1387—1388页。

2　程树德：《论语集释》，北京：中华书局1990年版，第1181页。

3　胡适：《中国古代哲学史》，合肥：安徽教育出版社1999年版，第115—116页。

为好习惯，然而从习惯里出来的只是一种形式，不算美德。美德要真自内发的直觉而来才算。非完全自由活动则直觉不能敏锐而强有力，故一入习惯就呆定麻疲，而根本把道德摧残了。而况习惯是害人的东西，用习惯只能对付那一种时势局面，新的问题一来就对付不了，而顽循旧习，危险不堪！若直觉敏锐则无所不能对付。一个是活动自如，日新不已；一个是拘碍流行，淹滞生机。害莫大于滞生机，故习惯为孔家所必排。胡先生以注重道德习惯来讲孔子人生哲学，我们是不能承认的。"[1]徐复观认为，孔子所说的相近的性，实际上就是善的，"性相近的'性'，只能是善，而不能是恶的……把性与天命连在一起，性自然是善的……性与天道的融合，是一个内在的人格世界的完成，即是人的完成。……孔子实际上是以仁为人生而即有，先天所有的人性……从先天所有而又无限超越的地方来讲，则以仁为基本内容的人性，实同于传统所说的天道、天命"[2]。王棣棠认为，孔子的"性相近也，习相远也"是一种人性可变的学说。"他虽然没有阐明人的本性是什么，但认为人们的本性生来是没有多大差别的，他们才智的高低、品质的优劣，是受后天的影响所制约的，后天的影响会改变先天的本性"，"性相近，习相远，人性可变。由于后天的条件不同，人们是可以沿着不同的方向发展的"[3]。金景芳认为："孔子所说的性是专指人性而言。'相近'包括两层意思。第一，从人之性

1　梁漱溟：《梁漱溟全集》（第 1 卷），济南：山东人民出版 2005 年版，第 458 页。

2　徐复观：《中国人性论史·先秦篇》，上海：上海三联书店 2001 年版，第 79—88 页。

3　韩喜凯：《名家评说孔子辨析》，济南：齐鲁书社 2008 年版，第 250 页。

对犬之性牛之性来看，人与人同类，所以说'相近'。'相近'表明人有共性。第二，从人类本身来看，人与人虽属同类，但智愚壮嬴万有不同。所以说是'相近'，不应当说相同。这表明人又有个性。总之，二者都是指人的自然性而言。'习'则不然。'习'是指人的社会性"，"'习相远'是说人由于受社会的影响，因而有善有恶，差别非常之大。由此可见，人的自然性只能说是'相近'，不能用善恶来表达。善与恶是事之两极，用以表述'习相远'则可，用以表述人的自然性则不可"[1]。金景芳的解释紧紧抓住了最关键的三个字："近""远""习"。孙叔平总结道：诚如子贡所说，孔子这位夫子很少谈"性"。就字面来看，全部《论语》直接谈"性"的，只有"性相近，习相远也"（《阳货》）这么一句……"性相近也"，近于善还是近于恶呢？"习相远也"，"习"是什么？是远于善呢还是远于恶呢？这位夫子并没有作明白的解释。……孔丘的这一句不太充分的表述，可以产生很大的分歧。把"近"缩短，可以成为孟轲的"性善论"。把"近"拉长，分成等级，可以说成荀悦的"性三品说"。充分发挥"习相远也"这半句话的意思，认为性是后天生活"化性起伪"形成的，就成了荀况的"性恶论"（实质上是"性伪论"）……所以，孔子的"性相近，习相远也"的命题是可以向两个方向发展的。"性相近也"可以发展为孟轲的"性善论"，"习相远也"可以发展为荀况的"性恶论"。[2]

---

[1] 金景芳、吕绍刚、吕文郁：《孔子新传》，长春：长春出版社 2006 年版，第 96—97 页。
[2] 孙叔平：《中国哲学史稿》上，上海：上海人民出版社 1980 年版，第 68—69 页。

二、"人之所以异于禽兽者"：孟子的性善论

孟子（前372—前289），名轲，战国时期邹（今山东邹城）人，孔子之孙孔伋（字子思）的再传弟子，中国古代著名的思想家、教育家，战国时期儒家代表人物。孟子幼年丧父，家境贫寒，孟母将他抚养成人。孟母管教甚严，"孟母三迁""断织教子"等故事成为后世母教的典范。孟子年轻时受业于子思的门人，学成以后带领门徒游说诸侯，推行自己的政治主张，到过梁国、齐国、宋国、滕国、鲁国等。当时各国都致力于富国强兵，孟子的学说被认为是"迂远而阔于事情"，遂不被接受。后孟子退隐，与弟子一起著述，"序《诗》《书》，述仲尼之意，作《孟子》七篇"。其学说出发点为性善论，由此提出仁政、王道、德治、民本等思想，他的性善说在中国儒学史上影响深远，是儒家人性学说的重要奠基人和开拓者。孟子继承并发扬了孔子的思想，成为仅次于孔子的一代儒家宗师，是继孔子之后儒家学说的重要代表人物，对后世中国文化的影响巨大，有"亚圣"之称，与孔子合称"孔孟"。

1. 何谓人性

何谓人性，在孟子看来，人性是人之所以为人而异于禽兽的特性。孟子认为人性是善的，而人性之所以是善的，他认为，相对于禽兽之性，人性中有仁义礼智四端，即四种善，这是人性中所固有的，不是后来所形成的，所以为善，这也是人与动物有

所差别的几希之处。因此，孟子的性，是人之所以异于禽兽之特性。孟子说："人之所以异于禽兽者几希，庶民去之，君子存之。"（《孟子·离娄下》）人与动物相异的地方很少，一般人抛弃它，只有君子保存它。人们如果只知道吃饱穿暖而没有教育，就会和禽兽差不多。"人之有道也，饱食、暖衣、逸居而无教，则近于禽兽。"（《滕文公上》）孟子认为如果不将人性中异于禽兽的几希之性进行发展，那么人将和禽兽差不多。这是人和动物的本质区别所在。所以孟子讲性，首先是从人与禽兽的不同处来说。孟子反对告子的"性无善无不善"说，因为告子以人类生来即有的生理欲望来定义人性，即"生之谓性"。告子道："性犹湍水也，决诸东方则东流，决诸西方则西流。人性之无分于善与不善也，犹水之无分于东西也。"对此，孟子反对道："生之谓性也……然则犬之性犹牛之性，牛之性犹人之性与？"人生来即有者是性，但是犬、牛的性和人的性是不一样的，如果一样，即是把人性等同于一般的动物属性。"故凡同类者举相似也，何独至于人而疑之？圣人与我同类者。"（《告子上》）

2. 仁义礼智

对于人性是什么，为什么不是与禽兽相近的生理欲望，孟子做了进一步说明："口之于味也，目之于色也，耳之于声也，鼻之于臭也，四肢之于安佚也，性也，有命焉，君子不谓性也。仁之于父子也，义之于君臣也，礼之于宾主也，知之于贤者也，圣人之于天道也，命也，有性焉，君子不谓命也。"（《尽心下》）味色声臭的生理欲望，是人生来即有的天性，"然有分，不能皆如其愿"，[1]所以君子不称之为性而称为命。仁、义、礼、智，虽是天命，却可"责成于己"，[2]所以君子不称之为命而称为性。对于性与命的区别，孟子谈道："求则得之，舍则失之，是求有益于得也，求在我者也。求之有道，得之有命，是求无益于得也，求在外者也。"（《尽心上》）孟子认为性是人生而即有，求则得之，舍则失之，其成在我。命是外在于人的客观必然，求无益于得，取决于天。"广土众民，君子欲之，所乐不存焉；中天下而立，定四海之民，君子乐之，所性不存焉。君子所性，虽大行不加焉，虽穷居不损焉，分定故也。君子所性，仁义礼智根于心，其生色也，睟然见于面，盎于背，施于四体，四体不言而喻。"（《尽心上》）生理欲望是人皆生而有的，但是君子不称之为性；君子所认为的性，乃仁义礼智诸德。所以，孟子将仁、义、礼、智作为人性的内容，而不是与禽兽且相近的味色声臭的欲望，这是人之所以异于禽兽且高于禽兽的特有属性，即人的本性。

仁、义、礼、智四端，在孟子看来是人与生俱来的，并不是由外力加于人身。"恻隐之心，人皆有之；羞恶之心，人皆有之；恭敬之心，人皆有之；是非之心，人皆有之。恻隐之心，仁也；羞恶之心，义也；恭敬之心，礼也；是非之心，智也。仁义礼智，非由外铄我也，我固有之也。"（《告子上》）孟子认为仁、义、礼、

---

1 ［宋］朱熹：《四书章句集注》，北京：中华书局1983年版，第369页。

2 ［宋］朱熹：《四书章句集注》，第370页。

智四端是人生来即有的。"人皆有不忍人之心。……所以谓人皆有
不忍人之心者，今人乍见孺子将入于井，皆有怵惕恻隐之心。非
所以内交于孺子之父母也，非所以要誉于乡党朋友也，非恶其声
而然也。……恻隐之心，仁之端也；羞恶之心，义之端也；辞让
之心，礼之端也；是非之心，智之端也。人之有是四端也，犹其
有四体也。有是四端而自谓不能者，自贼者也。"（《公孙丑上》）
人的仁义礼智四端，都是人所固有的，不是学而后知，孟子以不
忍人之心体认人性是生而有之。若无此四端，孟子认为是非人也，
近于禽兽。"由是观之，无恻隐之心，非人也；无羞恶之心，非人
也；无辞让之心，非人也；无是非之心，非人也。"（《公孙丑上》）
这四种心是人之所以为人者，如果没有便失去人之所以为人的根
本，即可以说是非人了。

3. 良能良知

孟子认为人性有善端，有善的可能，但这种可能如何实现
呢？对此，孟子认为人有向善的良能、良知。孟子云："人之所不
学而能者，其良能也；所不虑而知者，其良知也。孩提之童，无
不知爱其亲者；及其长也，无不知敬其兄也。亲亲，仁也；敬长，
义也。无他，达之天下也。"（《尽心上》）这种良能良知是人的本
性使然。"告子曰：性犹湍水也，决诸东方则东流，决诸西方则西
流。人性之无分于善不善也，犹水之无分于东西也。孟子曰：水
信无分于东西，无分于上下乎？人性之善也，犹水之就下也。人
无有不善，水无有不下。"（《告子上》）告子认为人性不分善恶，

就像水不分东西一样。孟子反驳道，水是不分东西，但却是分上下的，水的本性就是向下流。人性向善，就如同水要向下流一样。

孟子又将人之所以为人者称为大体，将与禽兽相同者称为小体，并强调确立起大体的重要性。孟子说："体有贵贱，有小大。无以小害大，无以贱害贵。养其小者为小人，养其大者为大人。今有场师，舍其梧槚，养其樲棘，则为贱场师焉。养其一指而失其肩背，而不知也，则为狼疾人也。饮食之人，则人贱之矣，为其养小以失大也。""从其大体为大人，从其小体为小人。……耳目之官不思，而蔽于物；物交物，则引之而已矣。心之官则思，思则得之，不思则不得也，此天之所以与我者。先立乎其大者，则其小者不能夺也。此为大人而已矣。"圣人之道，在孟子看来，就是圣人总结出来的人之为人之大体，所以人对于这些义理莫不喜悦。"口之于味也，有同耆焉；耳之于声也，有同听焉；目之于色也，有同美焉。至于心独无所同然乎？心之所同然者何也？谓理也义也。圣人先得我心之所同然耳。故理义之悦我心，犹刍豢之悦我口。"（《告子上》）心之所同然者，是理是义，即人之性。圣人最先得出心之所同然者，即人之为人之道，所以人之心好理义。孟子从性的根源处解释了圣人之道何以如此深入人心。

4. 扩而充之

孟子之所以称仁义礼智为四端，是因为它们不是已完成的，而仅是萌芽，需要进行扩充。孟子说："凡有四端于我者，知皆扩而充之矣。若火之始然，泉之始达。苟能充之，足以保四海；苟不充之，不足以事父母。"（《公孙丑上》）如果不扩充，则"不足以事父母"，可见它们只是善的萌芽，而不是善的全部。人与禽兽的区别，即人之所以为人之特征，其实很少，不过"几希"，所以有待于扩充。孟子又说："乃若其情，则可以为善矣，乃所谓善也。若夫为不善，非才之罪也。……故曰：'求则得之，舍则失之。'或相倍蓰而无算者，不能尽其才者也。"孟子又说："虽存乎人者，岂无仁义之心哉？其所以放其良心者，亦犹斧斤之于木也，旦旦而伐之，可以为美乎？其日夜之所息，平旦之气，其好恶与人相近也者几希；则其旦昼之所为，有梏亡之矣。梏之反复，则其夜气不足以存；夜气不足以存，则其违禽兽不远矣。人见其禽兽也，而以为未尝有才焉者，是岂人之情也哉？"（《告子上》）"仁义之心"或"良心"，即人之所以为人之心。"平旦之气"或"夜气"，即人在夜晚或黎明时，在不受外界影响下所表现出来的人之所以为人的善性。此以"才"与"其禽兽"相对待，可见才正指人之所以为人之天赋可能，亦即人之所以异于禽兽之要素。"以为未尝有才"者，即以为未始有异于禽兽之要素。人有此种要素，而亦有与禽兽相同的本能行为，且此类本能甚有势力；如不能扩充异于禽兽的要素，则此种要素即将被同于禽兽的本能行为所梏亡。初时犹有平旦之气或夜气，久之则夜气亦不存，便离禽兽不远了。

孟子实不赞成以生而完具的行动为性。他说："天下之言性也，则故而已矣，故者以利为本。"（《离娄下》）此段，陆象山

《语录》中解之云："当孟子时，天下无能知其性者，其言性者，大抵据陈迹言之，实非知性之本，往往以利害推说耳，是反以利为本也。"论性者多以生来已然之形态为性，则必以利为人性之根本了。其实，在孟子看来，与禽兽相同的本能，不可算作人性。人性乃生来而有的人之所以为人之特殊可能。要之，孟子所谓性善，并非说人生来的本能都是善的，而是说人之所以为人的特殊要素即人之特性是善的。孟子认为人之所以异于禽兽者，在于生来即有仁义礼智之端，故人性是善。

三、"生之谓性"：告子的性无善恶论

告子，名不害，是与孟子同时代的哲学家，曾与孟子就人性问题进行过争论。其思想仅见于《孟子》中保留的有关论述。告子认为性无善恶，"性无善无不善也"（《告子上》）。性无善恶，善恶都是后来才有的，只是后来改变为善，或为恶。"生之谓性"，原始的性则既非善亦非恶。后来的善恶都不是性，亦与荀子生来即有的欲望为性不同。

1. 生之谓性

那么，告子的性是什么意思？告子曾道："生之谓性。""食色，性也。"（《告子上》）在告子看来，人生来具有的是性，后天而成的则不是性。食色是人生而具有，不待学习，故是性。仁义需要教诲而成，为恶亦需要诱导而犯，故善或不善都不是性。

告子以生而具有的自然本能为性，所以，告子所谓的性，与孟子所说的性，其实大不相同。孟子以人之所以为人之特质为性，告子则不然，他是以自然的、无待发展的本能为性。这种本能，未必是人之所以为人者。告子"生之谓性"的界说，与孟子以人之为人的特质为性不同，与荀子"性者天之就也"的说法颇相近。但进一步探讨，从告子的观点来看，荀子的性恶论也不对，所谓好利争夺等，也不是生来就是这样，也是受教诱熏染等外部影响而成的。食色二者的本身，不能说是恶。

2. 性无善恶

对于"性无善无不善"之说，告子形象地比喻道："性，犹杞柳也；义，犹杯棬也；以人性为仁义，犹以杞柳为杯棬。"（《告子上》）即人性犹如杞柳，仁义犹如杞柳制成的杯盘。让人的本性归于仁义，就像将杞柳视为杯盘一样。杞柳是制成器皿的原材料，并不是器皿本身。同样，仁义是后天而成的，并不是人之本性。杞柳本性并非杯盘，而可以制为杯盘；人的本性并非仁义，而可发展为仁义。"性犹湍水也，决诸东方则东流，决诸西方则西流。人性之无分于善不善也，犹水之无分于东西也。"（《告子上》）告子认为，性本身无所谓善恶，就像急流一样不分东西，东边决口则向东流，西边决口则向西流。人的本性不分善恶，就像水流不分东西一样。

告子还就"仁内义外"问题和孟子展开辩论，他说："仁，内也，非外也；义，外也，非内也。"并举例说："吾弟则爱之，秦人之弟则不爱也，是以我为悦者，故谓之内。长楚人之长，亦长吾之长，是以长为悦者也，故谓之外也。"（《告子上》）"以我为悦"，是以我的内心为标准，而具有差等，如自己的弟弟就爱，秦人的弟弟就不爱。这是与生俱来的、先天的，是"内"。"以长为悦"，是以长者为尊敬的标准，不论是"吾之长"，还是"楚人之长"都应尊敬。这是后天形成的，是"外"。所以仁和义是有内外之别的。

告子的人性论，在理论上看到了人的自然属性和社会道德属性的区别，并且强调道德是后天修养而成。不过，告子的人性论在理论上有着重要缺陷，就是仅以自然属性为人性，即把人归结为自然的存在，而不是在社会中的人，从而不能揭示出人的特殊的社会本性。

四、荀子论性："人之性恶，其善者伪也"

荀子（约前313—前238），名况，字卿，战国后期赵国人，著名思想家、哲学家、政治家，时人尊称荀卿，西汉时又称孙卿。年五十，始游学于齐国，曾在齐国首都临淄（今山东淄博市）的稷下学宫三次出任祭酒。后因遭人诋毁而前往楚国，春申君以为兰陵（今属山东临沂市）县令。春申君死后，荀子失官，家居兰陵，著书立说，死后葬于兰陵。韩非、李斯均是他的学生。荀子是先秦时期继孔孟之后的一位儒学大师，他对儒家思想做了进一步发展。他尊王道，兼称霸力；崇礼义，又讲法治；在"法先王"的同时，又主张"法后王"。他还提出了人定胜天等观点。在人性问题上，与孟子的"性善论"不同，荀子提倡"性恶论"，主张人性是恶的，否认天赋的道德，强调后天环境和教育对人的影响。

1. 人之性恶

荀子认为人性好利多欲，性中并无仁义，人之善的行为都是后来勉强训练成的。"人之性恶，其善者伪也。"（《荀子·性恶》）人之性恶，但人仍有善的可能。荀子所谓性，是指人生来即有的性质，"生之就"，"生之所以然"，不需要扩充，后来扩充的都不是性。根据不同的定义，荀子对孟子的性善论进行了批评。其实，他们二人所说的性并不是一回事。不过，他们都承认人有善的可能，人人可以成为圣人。在荀子看来，性是可化的，一切善是性的改造。常人有礼义，是圣人教化的结果，而圣人所以成圣，也是化性起伪的结果，圣人之性与众人无异。荀子讲性恶，但并非认为性至恶，人到至恶的地步，也是积成的。孟荀两人的人性论看似完全相反，实则并非不能相容。

荀子认为人性是恶的，生来好利多欲，一切善的行为都是后来学习改造而成。荀子说："人之性恶，其善者伪也。今人之性，生而有好利焉，顺是，故争夺生而辞让亡焉；生而有疾恶焉，顺是，故残贼生而忠信亡焉；生而有耳目之欲，有好声色焉，顺是，故淫乱生而礼义文理亡焉。然则从人之性，顺人之情，必出于争夺，合于犯分乱理而归于暴。故必将有师法之化，礼义之道，然后出于辞让，合于文理而归于治。用此观之，人之性恶明矣。其善者伪也。"（《性恶》）。由此，荀子认为人性是恶的，善是人为后起的，礼义道德都是对性的改变。荀子认为，礼义法度之所以产生，就是因为圣王考虑到人性本恶，以此来引导民众走向正道。"今人无师法，则偏险而不正；无礼义，则悖乱而不治。古者圣王以人性恶，以为偏险而不正，悖乱而不治，是以为之起礼义，制法度，以矫饰人之情性而正之，以扰化人之情性而导之也，始皆出于治，合于道者也。"（《性恶》）如果没有圣王制定的礼义刑罚，天下百姓将悖逆作乱。由此证明，人的本性是恶的，而善是出于后来的改造。"今当试去君上之埶，无礼义之化，去法正之治，无刑罚之禁，倚而观天下人民之相与也。若是，则夫强者害弱而夺之，众者暴寡而哗之，天下之悖乱而相亡，不待顷矣。用此观之，然则人之性恶明矣，其善者伪也。"（《性恶》）

2. 教化为善

在荀子看来，人性本恶，但人性可在"师法之化，礼义之导"后"出于辞让合于文理"，即仍能为善，故"其善者伪也"。既然人仍有善的可能，荀子何以竟谓为性恶？善从何而来？由恶而来？"问者曰：人之性恶，则礼义恶生？""问者曰：礼义积伪者，是人之性，故圣人能生之也。"（《性恶》）荀子又说："涂之人可以为禹。"人有善的可能，是荀子所承认的。但何以仍论性为恶？对此，需从荀子对性所下的定义说起。荀子曾多次为性字下概念，并为伪字立界说。"凡性者，天之就也，不可学，不可事。"（《性恶》）"生

之所以然者谓之性。""不事而自然谓之性。""情然而心为之择谓
之虑。心虑而能为之动谓之伪。虑积焉，能习焉，而后成谓之伪。"
(《正名》) 从荀子所下的这些定义来看，荀子的性，乃指生而完成
的性质或行为，所以说是"天之就"，"生之所以然"，"不事而自
然"。生来即完具、完全无待于人为的，方谓之性，性不是仅仅一
点可能倾向；只有一点萌芽，尚需扩充而后完成的，便不当名为
性。生而完成者谓之性；生而不论有萌芽与否，待习而后完成者，
都是伪。由此看来，荀子所谓的性，与孟子所谓的性，截然不同。
孟子言性，用端字用才字，具见萌芽可能之意。据荀子的界说讲，
须"扩而充之"，"如不充之，则不足以事父母"，那便是"虑积焉，
能习焉，而后成"，自然不是性。所谓端，当然也不能说是伪，但
绝不在性中。所以荀子批评孟子道："孟子曰：'今之学者，其性
善。'曰：是不然，是不及知人之性，而不察乎人之性伪之分者也。
凡性者，天之就也，不可学，不可事。礼义者，圣人之所生也，人
之所学而能，所事而成者也。不可学，不可事，而在人者，谓之
性；可学而能，可事而成之在人者，谓之伪，是性伪之分也。今人
之性，目可以见，耳可以听；夫可以见之明不离目，可以听之聪不
离耳，目明而耳聪，不可学明矣。"(《性恶》)

孟子所讲性善之四端，既非完成，又易丧失，如不加扩充，
便等于无有。对此，荀子又批评孟子道："孟子曰：'今人之性善，
将皆失丧其性故也。'曰：若是则过矣，今人之性，生而离其朴，
离其资，必失而丧之。用此观之，然则人之性恶明矣。所谓性善

者，不离其朴而美之，不离其资而利之也。使夫资朴之于美，心意之于善，若夫可以见之明不离目，可以听之聪不离耳，故曰目明而耳聪也。"(《性恶》)善性的失去为何这样容易？只是因为它不是人性而已。性之于善，如目之于明，耳之于聪，无待扩充而不易丧失，然后才可说性善，否则实不应以善为性。荀子认为，凡善皆有待于学习，恶则不事而自然，故说："若夫目好色，耳好声，口好味，心好利，骨体肤理好愉佚，是皆生于人之情性者也；感而自然，不待事而后生之者也。夫感而不能然，必且待事而后然者，谓之生于伪。"(《性恶》)好色好利等，是不待事而自然的，故是性；礼义等是必待事而后然的，故不是性。性不只是萌端，须学而完成的便非性。

3. 人可为圣

孟子认为人人可以为圣人，荀子也认为人人可以为圣人。荀子承认人有向善之可能，如说："汤武存，则天下从而治，桀纣存，则天下从而乱。如是者，岂非人之情，固可与如此，可与如彼也哉"(《荣辱》)"'涂之人可以为禹'，曷谓也？曰：凡禹之所以为禹者，以其为仁义法正也。然则仁义法正有可知可能之理，然而涂之人也，皆有可以知仁义法正之质，皆有可以能仁义法正之具，然则其可以为禹明矣。……其可以知之质，可以能之具，在涂之人明矣。"(《性恶》)人人皆有为善之可能。但可能虽有，而不得谓之性。"可以知仁义法正之质"，"可以能仁义法正之具"，依荀子的性的概念，非在性中。故荀子又说："然则礼义积伪者，岂人之本性也哉？"（《性恶》）"人无师法，则隆性矣；有师法，则隆积矣。……性也者，吾所不能为也，然而可化也；积也者，非吾所有也，然而可为也。注错习俗，所以化性也；并一而不二，所以成积也。"（《儒效》）性是可化的，一切善都是性的改造。

平常人之有礼义，是由于圣人的教化。圣人自己如何？荀子以为圣人的性也是恶的，其所以成圣，也是积伪的结果。荀子说："凡人之性者，尧、舜之与桀、跖，其性一也；君子之与小人，其性一也。""故圣人化性而起伪，伪起而生礼义，礼义生而制法度；然则礼义法度者，是圣人之所生也。故圣人之所以同于众，其不异于众者，性也；所以异而过众者，伪也。"（《性恶》）"故君子者……通则大明，身死而名弥白。小人莫不延颈举踵而愿曰：'知虑材性，固有以贤人矣。'夫不知其与己无以异也。则君子注错之当，而小人注错之过也。""尧、禹者，非生而具者也，夫起于变故，成乎修修之为，待尽而后备者也。"（《荣辱》）"积善而全尽，谓之圣人。彼求之而后得，为之而后成，积之而后高，尽之而后圣。故圣也者，人之所积也。"（《儒效》）圣人之性无异于众人，由化性而创礼义法度，并非生而即圣。礼义之起，乃由于积虑，故又说："圣人积思虑，习伪故，以生礼义而起法度。"（《性恶》）"情然而心为之择谓之虑，心虑而能为之动谓之伪。"（《正名》）荀子讲性恶，也并非以为性至恶，人到至恶的地步，也是积成的。荀子说："凡人有所一同……可以为尧、禹，可以为桀、跖……在埶注错习俗之所积耳。"（《荣辱》）桀、跖也不是生来就是这样的。

孟子言性善，乃谓人之所以为人的特质是仁义礼智四端。荀子言性恶，是说人生而完具的本能行为中并无礼义，道德的行为皆必待训练方能成功。因此，孟子所谓的性，与荀子所谓的性实非一事。孟子所注重的，是性须扩充；荀子所注重的，是性须改造。虽然一主性善，一主性恶，其实亦并非完全相反。两说未始不可相容，不过两说实有很大的不同。当然可以说孟子不知性伪之分，其实也可以说荀子不知孟子所谓性之意谓。

五、"性者，生之质也"：庄子的人性自然论

庄子（约前369—前286），名周，字子休，宋国蒙（今安徽亳州蒙城）人，战国时期伟大的思想家、哲学家和文学家。庄子原系楚国公族，楚庄王后裔，后因乱迁至宋国。庄子出身寒微，家境清贫，曾做过漆园吏，后厌恶仕途，隐居著述，是先秦道家学派的重要代表人物，与道家始祖老子并称为"老庄"。他继承老子的学说，主张自然无为，万物齐一，蔑视礼法权贵，倡言逍遥自由。

1. 人性自然

在人性论上，庄子继承了老子的"见素抱朴"的思想，认为人性是自然朴素的。宇宙本根是道，人得以生者为德，而德之表现则为性。其中不含仁义，亦不含情欲，仁义和情欲都不是性。人性是自然朴素的，本来圆满，顺人之性，当下便是最好的生活。因此，庄子主张"任其性命之情"，以保全人的本性，从而进一步

发展了道家的人性论。庄子的主张是一种性超善恶论。若有仁义、有情欲，则本来的道德之性便毁废了。

庄子认为，人性是人生而具有的本质，"性者，生之质也"。老子没有提出性的概念，但他谈到了"素朴"，其实讲的就是人性。《庄子·马蹄》中说："同乎无欲，是谓素朴。素朴而民性得矣。"没有欲望，即素朴；保持素朴，人性得成。庄子继承老子"素朴"的观念，继而对人性做了更为明确的规定。

庄子认为，"道者，德之钦也；生者，德之光也；性者，生之质也。性之动，谓之为"（《庚桑楚》）。意思是，道为德所尊崇，生是德的光辉，性是生的本质。性的活动，叫作为。在此，庄子道出了他的基本观念架构。"物得以生，谓之德；未形者有分，且然无间，谓之命；留动而生物，物成生理，谓之形；形体保神，各有仪则，谓之性。"（《天地》）意思是，物得之于道以生，便是"德"；没有成形体时却有阴阳之分，且流行无间称为"命"；（元气）运动便产生了物，万物生成具有各别样态，就称为"形"；形体保有精神，各有规则，便称为"性"。

庄子由此强调，远古时代人们那种纯朴无欲状态才是人的本性的最好体现，并称此时代为"至德之世"，即道德最高尚的时代。那时，"彼民有常性，织而衣，耕而食，是谓同德；一而不党，命曰天放"（《马蹄》）。人们有恒常不变的本性，纺织而衣，耕耘而食，这是人类共有的德行；人们浑然一体没有私心，这就叫作任其自然。所以，庄子认为，上古是人类天性保留最完善的时代。

2. 仁义情欲

与孟荀不同，庄子不承认仁义情欲是人性，相反，他认为仁义情欲都是伤性、乱性的。老子把"性"和"欲"二分，主张"绝圣弃智"，以保全本性。他说："无名之朴，夫亦将无欲。"（《老子·三十七章》）"我无欲，而民自朴。"（《老子·五十七章》）泯灭欲望，才能保持纯朴本性。对个人修养是如此，对社会政治也是如此。他认为，由欲望引起的能力增长，会引起"长短相较""高下相倾"，社会由此不能和谐相处。"大道废，有仁义。智慧出，有大伪。六亲不和，有孝慈。国家昏乱，有忠臣。"（《老子·十八章》）大道被废弃，才有所谓仁义的存在；聪明智巧的现象出现，才产生严重的虚伪；六亲之间关系不融洽，才有所谓的孝慈；国家陷于错乱，才所谓忠臣。所以，在老子看来，"罪莫大于可欲，祸莫大于不知足，咎莫大于欲得"（《老子·四十六章》）。意即罪过没有比行私纵欲更为严重的，祸患没有比贪得无厌更为严重的，灾难没有比贪欲必得更为惨痛的。因此，他主张"绝圣弃智""绝仁弃义""绝巧弃利""见素抱朴"，"少私寡欲"。庄子继承和发挥了老子的这种观点，认为仁义情欲不仅不是性，相反对于人们的质朴之性是有害的。庄子说："有虞氏招仁义之挠天下也，天下莫不奔命于仁义，是非以仁义易其性与？故尝试论之，自三代以下者，天下莫不以物易其性矣。"（《骈拇》）虞舜以仁义为号召而搅乱天下，人们无不在为仁义争相奔走，这岂不是用仁义来改变人的本性吗？因此，我们试着来谈论这一问题，从夏、商、周三代以来，天下没有不用外物来改变自己本性的。也就是说，仁义并非常然之性，奔命于仁义，就是以外物易性，所有以仁义为性的思想，乃乱人之性。

庄子曾做过宋国的漆园吏，以庄子之才学，取财富高位如探囊取物，然庄子无意进仕。楚威王听说庄子的才学很高，派使者带着厚礼，请他去做相国。庄子笑着对楚国的使者说："千金，重利；卿相，尊位也。可你就没有看见祭祀用的牛吗？喂养它好几年，然后给它披上有花纹的锦绣，牵到祭祀祖先的太庙去充当祭品。到了这个时候，它就想当个小猪，免受宰割，也办不到了。你赶快给我走开，不要侮辱我。我宁愿像乌龟一样在泥塘自寻快乐，也不受一国之君的约束，我一辈子不做官，要永远自由快乐。"

庄子的妻子病死了，好朋友惠子前来吊唁，见庄子正盘腿坐地，鼓盆而歌，惠子责问道："人家与你夫妻一场，为你生子、养老、持家。如今她去世了，你不哭亦足矣，还鼓盆而歌，岂不太过分、太不近人情了吗？"庄子说："她刚死时，我怎会不感悲伤呢？思前想后，我才发现自己仍是凡夫俗子，不明生死之理，不通天地之道。如此想来，也就不感悲伤了。"惠子仍愤愤不平，质问道："生死之理又如何？"庄子说道："察其生命之始，而本无生；不仅无生也，而本无形；不仅无形也，而本无气。阴阳交杂在冥茫之间，变而有气，气又变而有形，形又变而有生，今又变而为死。故人之生死变化，犹如春夏秋冬四时交替也。她虽死了，人仍安然睡在天地巨室之中，而我竟还哀伤地哭泣，自以为是不通达命运的安排，所以我就不再哀伤。"

3. 顺其自然

庄子认为，天地万物有其自然本性，天地间有其自然秩序，人情世教应当顺其自然，无须人为地进行干扰。所以，庄子认为孔子的仁义主张是在扰乱人的本性，儒家的仁义，不但不合人性，而且是伤性乱性的。"……天地固有常矣，日月固有明矣，星辰固有列矣，禽兽固有群矣，树木固有立矣。夫子亦放德而行，循道而趋，已至矣；又何偈偈乎揭仁义，若击鼓而求亡子焉？意，夫子乱人之性也！"（《天道》）天地原本就有其常道，日月原本就有其光明，星辰原本就有各自的序列，禽兽原本就有各自的群体，树木原本就是直立于地面生长的。先生依德而行，顺道去做，就是最好的了，又何必急于标举仁义，好像敲锣打鼓去寻找逃亡的人。噫！先生扰乱人的本性啊！

"故意仁义其非人情乎！自三代以下者，天下何其嚣嚣也？且夫待钩绳规矩而正者，是削其性者也；待绳约胶漆而固者，是侵其德者也；屈折礼乐，呴俞仁义，以慰天下之心者，此失其常然也。"（《骈拇》）仁义恐怕不是人所固有的真情吧！自夏商周三代以来，天下怎么会那么喧嚣竞逐呢？况且依靠曲尺、墨线、圆规、角尺而端正事物形态的，这是损伤事物本性的做法。依靠绳索胶漆而使事物相互固着的，这是伤害事物天然禀赋的做法，用礼乐来周旋，用仁义来劝勉，从而抚慰天下民心，这样做违背了事物的本然真性。

在庄子看来，仁义是在性外的，而情欲亦不是性。不过，庄子的情不同于世俗所理解的情欲，后者不是人的本性，前者才是人性的本然流露，对待后者应以杜绝为要，而对前者则应顺其自然。

惠子谓庄子曰："人故无情乎？"庄子曰："然。"惠子曰："人而无情，何以谓之人？"庄子曰："道与之貌，天与之形，恶得不谓之人？"惠子曰："既谓之人，恶得无情？"庄子曰："是非吾所谓情也。吾所谓无情者，言人之不以好恶内伤其身，常因自然而不益生也。"惠子曰："不益生，何以有其身？"庄子曰："道与之貌，天与之形，无以好恶内伤其身。今子外乎子之神，劳乎子之精，倚树而吟，据槁梧而瞑。天选之形，子以坚白鸣。"（《德充符》）

不仅如此，若是耽溺于情欲之事，反会将人的真情破坏。"君将盈耆欲，长好恶，则性命之情病矣；君将黜耆欲，牵好恶，则耳目病矣。"（《徐无鬼》）在此，庄子的意思是，想要满足嗜好和欲望，增多喜好和憎恶，那么发自性命的真情就会疲惫不堪；想要废弃嗜好和欲望，去除喜好和憎恶，那么耳目的享受就会困顿乏厄。情欲好恶会内伤其身，使"性命之情病矣"，所以情欲不仅不是性，而且是伤害心性的。这是庄子与荀子观点的不同之处。

4. 反对人为

庄子之所以认为仁义情欲不是性，是因为仁义情欲是人为的，而一切人为的工夫都是戕性的，庄子在《马蹄》篇中以马为例，曾痛切地说："马，蹄可以践霜雪，毛可以御风寒，龁草饮水，翘足而陆，皆马之真性也。虽有义台路寝，无所用之。及至伯乐，曰：'我善治马。'烧之，剔之，刻之，雒之。连之以羁絷，编之以皂栈，马之死者十二三矣！饥之，渴之，驰之，骤之，整之，齐之，前有橛饰之患，而后有鞭笑之威，而马之死者已过半矣。"在这里，庄子以马为喻，阐述了人为因素只能破坏马的自然本性，使马深受伤害，死亡过半。

"知士无思虑之变则不乐，辩士无谈说之序则不乐，察士无凌谇之事则不乐，皆囿于物者也。招世之士兴朝，中民之士荣官，筋力之士矜难，勇敢之士奋患，兵革之士乐战，枯槁之士宿名，法律之士广治，礼乐之士敬容，仁义之士贵际。农夫无草莱之事则不比，商贾无市井之事则不比，庶人有旦暮之业则劝，百工有器械之巧则壮。钱财不积则贪者忧，权势不尤则夸者悲。势物之徒乐变，遭时有所用，不能无为也。此皆顺比于岁，不物于易者也。驰其形性，潜之万物，终身不反，悲夫！"（《徐无鬼》）

人之本性，既非仁义，亦非情欲，而是所得于道之德之显现。德之显现为性命之情，人只有顺其性命之情，顺从人性的自然发展，方为至正。"彼至正者，不失其性命之情。""吾所谓臧者，非仁义之谓也，臧于其德而已矣；吾所谓臧者，非所谓仁义之谓也，任其性命之情而已矣。"（《骈拇》）意思是说，最纯正、最善的人性，不是仁义，而是"不失其性命之情"，"任其性命之情"，即保存人的本性，顺从人的本性自然发展。《庄子》认为，顺从人性的发展，不应矫揉造作，要让人无知无欲地生活下去，这样社会也就可以达到至治的境界。相反，如果用仁义、刑法进行统治，就会伤害人的本性，使天下大乱。

仁义不是至善，至善乃任其性命之情。性命之情是自然的，而仁义是人为的。"彼民有常性，织而衣，耕而食，是谓同德。一而不党，命曰天放。……同乎无知，其德不离；同乎无欲，是谓素朴；素朴而民性得矣。及至圣人，蹩躠为仁。踶跂为义，而天下始疑矣；澶漫为乐，摘僻为礼，而天下始分矣。故纯朴不残，孰为牺樽！白玉不毁，孰为珪璋！道德不废，安取仁义！性情不离，安用礼乐！……毁道德以为仁义，圣人之过也！"（《马蹄》）

有一天，庄子与弟子来到一座山下，他们看见山脚下有一棵大树，枝繁叶茂，耸立在溪旁，特别显眼。此树粗百尺，高数千丈，树冠宽如巨伞，伐木人停在树旁却不去砍伐。庄子忍不住问伐木者："请问师傅，如此好的木材，怎么一直无人砍伐？"伐木者似对此树不屑一顾，道："这何足为奇？此树是一种不中用的木材。用来做舟船，则沉于水；用来做棺材，则很快腐烂；用来做器具，则容易毁坏；用来做门窗，则脂液不干；用来做柱子，则易受虫蚀，此乃不成材之木。不材之木也，无所可用，故能有如此之寿。"听了此话，庄子对弟子说："此树因不材而得以终其天年，岂不是无用之用，无为而于己有为？"弟子听后恍然大悟，频频点头。庄子又说："树无用，不求有为而免遭斤斧；白额之牛，亢曼之猪，痔疮之人，巫师认为是不祥之物，故祭河神才不会把他们投进河里；残废之人，征兵不会征到他，故能终其天年。形体残废，尚且可以养身保命，何况德才残废者呢？树不成材，方可免祸；人不成才，亦可保身也。"

庄子认为，仁义乃戕贼人性的，有仁义，则本来的道德之性毁废了。仁义圣智等，都是乱天下的。"自三代以下者，匈匈焉终以赏罚为事，彼何暇安其性命之情哉！而且说明邪，是淫于色也；说聪邪？是淫于声也；说仁邪？是乱于德也；说义邪？是悖于理也；说礼邪？是相于技也；说乐邪？是相于淫也；说圣邪？是相于艺也；说知邪？是相于疵也。天下将安其性命之情，之八者，存可也，亡可也；天下将不安其性命之情，之八者，乃始脔卷㺮囊而乱天下也。而天下乃始尊之惜之，甚矣天下之惑也！"（《在宥》）此句意谓，自夏、商、周三代以来，历代政治始终是喋喋不休地把赏善罚恶当作急务，哪里有心思去安定人的自然本性和真情呢？而且，喜好目明吗？这是沉溺于五彩；喜好耳聪吗？这是沉溺于声乐；喜好仁爱吗？这是扰乱人的自然常态；喜好道义吗？这是违反事物的常理；喜好礼仪吗？这就助长了繁琐的技巧；喜好音乐吗？这就助长了淫乐；喜好圣智吗？这就助长了技艺；喜好智巧吗？这就助长了琐细之差的争辩。天下人想要安定自然赋予的真情和本性，这八种做法，存留可以，丢弃也可以；天下人不想安定自然赋予的真情和本性，这八种做法，就会成为拳曲不伸、扰攘纷争的因素而迷乱天下了。可是，天下人竟然会尊崇它、珍惜它，天下人为其所迷惑竟达到如此地步！

庄子认为，对于天下，不应强调人为的作用，而要听任其自由发展，使人能安于性命之情，这样人们也就会保存本性，哪里还要用仁义、刑法来治理天下呢！"闻在宥天下，不闻治天下也。在之也者，恐天下之淫其性也；宥之也者，恐天下之迁其德也。天下不淫其性，不迁其德，有治天下者哉？昔尧之治天下也，使天下欣欣焉人乐其性，是不恬也；桀之治天下也，使天下瘁瘁焉人苦其性，是不愉也。夫不恬不愉，非德也；非德也而可长久者，天下无之。"（《在宥》）意思是，听说要以无为的态度对待天下，没有听说要对天下进行治理。听任天下自在地发展，是因为担忧人们会超过了原本的真性；宽容天下各得其所，是因为担忧人们会改变自然的本性。天下人如果不超越原本的真性，不改变自然的常态，哪里用得着治理天下呢！从前唐尧治理天下，使天下人都为有其真性而高兴，这就不安宁了；当年夏桀治理天下，使天下人忧心不已，人人都为有其真性而痛苦，这就不欢快了。不安宁与不欢快，都不是人们生活和处世的常态。不合于自然的常态而可以长久存在，天下是没有的。

庄子的人性论，在对性的规定上，"性者，生之质也"和告子的"生之谓性"有相通之处，但它反对仁义，反对后天努力则和告子的主张相左。庄子的"绝欲"观念和孟子贬低欲望的观点也有一致之处，但是"绝仁弃义"的主张，却是与儒家的仁义说完全相悖。庄子的人性论，可以说是一种无善无恶论，也可以说是一种性至善论，甚至可说是性超善恶论。但是庄子的性，既非孟子所讲的仁义，亦非荀子所讲的情欲。庄子既不赞成孟子性之扩充，也反对荀子性之改造，庄子只教人顺性自然，返璞归真地生活，这是与诸家都不同的。

六、世硕的性有善有恶论

战国世硕性有善有恶论认为，性中兼含善恶，发展其中善性则成善人，发展其中恶性则成恶人。

战国的世硕首先提出性有善有恶说。世硕属于儒家，由于他的书已失传，今天只有王充的《论衡》记录了其学说概要："周人世硕以为人性有善有恶；举人之善性养而致之，则善长；恶性养而致之，则恶长。……故世子作养书一篇。宓子贱、漆雕开、公孙尼子之徒亦论情性，与世子相出入，皆言性有善有恶。"世硕等人的学说，主要是说性中兼含善恶，发展其中善性则是善人，发展其中恶性则成恶人。《孟子》中曾讲道："或曰：'性可以为善，可以为不善。是故文、武兴，则民好善；幽、厉兴，则民好暴。'"（《告子上》）此以为性可善可恶，与世硕等的学说相近，或者即是指他们的观点。

战国还有性善性不善之说，倡导者名已失传，认为人人的性并不一致，善人与恶人生来就不同。

第三章
西汉时期的人性论

一、性有善恶：董仲舒的人性思想

董仲舒（前179—前104），广川郡（今河北景县广川镇）人，西汉著名的思想家、哲学家、今文经学大师。汉景帝时任博士，讲授《公羊春秋》。汉武帝元光元年（前134），汉武帝下诏征求治国方略。董仲舒在《举贤良对策》中系统地提出了"天人感应""大一统"学说和"罢黜百家，表彰六经"的主张，汉武帝采纳了董仲舒的建议，从此儒学开始成为官方哲学。汉武帝元光元年，董仲舒任江都易王刘非国相，10年后，元朔四年（前125），任胶西王刘端国相，4年后辞职。此后，董仲舒居家著书，朝廷每有大事，汉武帝就会派使者及廷尉到他家，去征询他的意见。其著作汇集于《春秋繁露》一书。在人性论上，董仲舒不同于孟子的性善论，也不同于荀子的性恶论，而是主张性三品说。董仲舒认为，性是人生而有之质。性固有善的要素，但并非善。善的要素受教导方成为善，这有待人为，并非自然。性何以有不善？因为性中有情，情是不善的，所以不能说性是全善的。人性不能全善，与环境也有关系。生活竞争激烈，争夺之心胜过辞让之心。在他这里，人性已有三等之分：圣人之性，斗筲之性，中民之性。

1. 自然之资

对于性的定义，董仲舒认为，性是人生而有的自然之质。从这一点看，董仲舒的说法和道家、告子颇有相似之处。董仲舒说："今世闇于性，言之者不同。胡不试反性之名？性之名，非生与？如其生之自然之资，谓之性。性者，质也。"（《春秋繁露·深察名号》）董仲舒将性规定为自然之资，不过他并未像孟子那样，将性直接定为善，而是提出了他的"性有善有恶"的观点，即性有贪仁说。"诘性之质于善之名，能中之与？既不能中矣，而尚谓之质善，何哉？"（《深察名号》）董仲舒对性善说表示怀疑，认为人的性即自然之资并非就是善。有的人生来各种自然之资都是好的，但却不能成为善人。"天生民性有善质而未能善"（《深察名号》）。所以，他认为，人性有善有恶，共集于人性之中。"人受命于天，有善善恶恶之性。"（《玉杯》）"今善善恶恶，好荣憎辱，非人能自生，此天施之在人者也。"（《竹林》）天在人出生的时候，赋予人以善恶不同的性质。"故性比于禾，善比于米。米出禾中，而禾未可全为米也；善出性中，而性未可全为善也。善与米，人之所继天而成于外，非在天所为之内也。天之所为，有所至而止。止之内，谓之天性；止之外，谓之人事。"（《深察名号》）性有善之可能，善出于性，但性并非纯粹是善。性是自然之资，乃天之所为，善由人事而成。

2. 性有善恶

董仲舒的人性说，提出了人性有善有恶，其原因，则是天有阴阳两气的缘故，从而使人有仁贪两性，或性情两面。"人之诚有贪有仁，仁贪之气两在于身。身之名取诸天，天两有阴阳之施，身亦两有贪仁之性。""天地之所生，谓之性情。……谓性已善，奈其情何？……身之有性情也，若天之有阴阳也，言人之质而无其情，犹言天之阳而无其阴也。"（《深察名号》）天有阴阳两气，施之于人而有性情两面，从而有仁贪两性，即善恶两性。此处，董仲舒的性有广狭两义之分，狭义的专指与情相对的性，即仁性、善性，广义的则包括情，兼有善恶。

性有善有恶论，是董仲舒提出的不同于孟子性善论的学说。"吾质之命性者，异孟子。孟子下质于禽兽之所为，故曰性已善；吾上质于圣人之所为，故谓性未善。"（《深察名号》）孟子以人之异于禽兽者为人性，所以人性是善的，而董仲舒以同于圣人之善者为性，所以人虽然生而有善质，但不等于善性。这是董仲舒不同于孟子性论的分歧所在。董仲舒说："天生民，性有善质，而未能善。""今万民之性，待外教然后能善；善当与教，不当与性。"（《深察名号》）人之质，乃天之所生，有性情之分，因而并非全善，要想全善，只能靠人的教化而成。"或曰：'性有善端，心有善质，尚安非善？'应之曰：'非也，茧有丝，而茧非丝也；

卵有雏，而卵非雏也；比类率然，有何疑焉？""性待渐于教训，而后能为善。善，教训之所然也，非质朴之所能至也，故不谓性。"（《深察名号》）性与善是不同的，其区别犹如茧与丝、卵与雏，性固有善的要素，但有善的要素并非即是善。人性中善的要素，需受教导而后方能成为善。也即是说，善有待于人为，并非自然而成。

性何以有不善？董仲舒以为因性中有情，情是不善的，所以性不能说是全善。董仲舒说："天地之所生，谓之性情。……情亦性也，谓性已善，奈其情何？……身之有性情也，若天之有阴阳也，言人之质而无其情，犹言天之阳而无其阴也。"（《深察名号》）性中含情，情是性的一部分；性中非情的部分，亦谓之性。此性中之非情的要素，是仁的；而情则是贪的。人有贪仁之性，故人性实兼含善恶。如所谓性专指与情对待之性，则可谓善。而就整个的性来说，则包含不善之情，便不能谓性已善了。董仲舒又尝云："天下者无患，然后性可善。性可善，然后清廉之化流。清廉之化流，然后王道举，礼乐兴，其心在此矣。"（《盟会要》）人性不能全善，与人的生活环境也有关系。争夺之心，胜过辞让之心；占有之心，胜过施予之心，则人性不能全善。

3. 性三品说

对善的规定的不同，形成了董仲舒与孟子性论上的根本差别。由此，董仲舒对孟子的性善论进行了批评，并引出了其性三品说。"……或曰性也善，或曰性未善，则所谓善者，各异意也。性有善端，动之爱父母，善于禽兽，则谓之善，此孟子之善；循三纲五纪，通八端之理，忠信而博爱，敦厚而好礼，乃可谓善，此圣人之善也。是故孔子曰：'善人，吾不得而见之，得见有常者，斯可矣。'由是观之，圣人之所谓善，未易当也，非善于禽兽则谓之善也。使动其端善于禽兽则可谓之善，善奚为弗见也？夫善于禽兽之未得为善也，犹知于草木而不得名知。万民之性善于禽兽而不得名善，……质于禽兽之性，则民之性善矣；质于人道之善，则民性弗及也。万民之性善于禽兽者许之，圣人之所谓善者弗许。吾质之命性者，异孟子，孟子下质于禽兽之所为，故曰性已善；吾上质于圣人之所为，故谓性未善。善过性，圣人过善。"（《深察名号》）董仲舒所谓善的标准，与孟子不同，他视善甚高，所以认为善字不可以轻许。由此与各自的性论联系起来，遂形成了不同的论说。孟子所谓性，专指人之所以异于禽兽之要素，故善于禽兽即可谓之性善；董仲舒所谓性，非专指人之所以异于禽兽者，所以虽亦认为有善质，有善端，而不能谓性善。董仲舒承认性有善端，也有恶端。人贵在能分别善恶，辨识应当与不应当，此乃天之所命，亦即人之所以异于鸟兽者。故又尝云："人受命于天，有善善恶恶之性，可养而不可改，可豫而不可去，若形体之可肥臞而不可得革也。"（《玉杯》）"天之为人性命，使行仁义而羞可耻，非若鸟兽然，苟为生，苟为利而已。"（《竹林》）

基于其性有善恶的理论，董仲舒继承和发挥了孔子的"唯上知与下愚不移"（《论语·阳货》）和"中人以上，可以语上也；

中人以下，不可以语上也。"（《雍也》）的思想，提出性分三品说。所谓性分三品，是把社会上不同人的人性分为三品，"圣人之性""中民之性"和"斗筲之性"，即上、中、下三等。对于上品，即"圣人之性"，《春秋繁露·深察名号》载"善过性，圣人过善"，"善"超过了"性"的标准，圣人又超过了"善"的标准。对于中品，即"中民之性"，董仲舒说："中民之性如茧如卵，卵待覆二十日，而后能为雏；茧待缫以绾汤，而后能为丝；性待渐于教训，而后能为善。善，教训之所然也，非质朴之所能至也，故不谓性善。……米出于粟，而粟不可谓米；玉出于璞，而璞不可谓玉；善出于性，而性不可谓善。"（《实性》）董仲舒以卵雏、茧丝、粟米和璞玉为喻来说明，中民之性有天生的善质，但须待教化而后才能为善。下品，即"斗筲之性"，这是指生无善质、生来即恶的不堪教化之民的本性。

董仲舒认为"圣人之性"是天生的善、不教而善，"斗筲之性"是天生的恶，教也不能为善，这两种人性都是难以改变的，从这种意义上说，也可以不叫作性。"圣人之性，不可以名性；斗筲之性，又不可以名性；名性者，中民之性。"（《实性》）只有"中民之性"可以称为性。从这个意义上也可以说，性不是三品，而是一品。董仲舒主张"名性不以上，不以下，以其中名之"，因"中民之性""可上可下，可善可恶"，"性待渐于教训，而后能为善"。董仲舒着眼于以"中民之性"为性，反映了他对道德教化的高度重视，这也是他的人性论的一个重要特点。

总之，董仲舒在继承孟、荀人性论的基础上，融合阴阳思想，将人之情性纳入天人哲学体系之中，提出了"性善情恶"的人性论和"性三品"说。"性善情恶"和"中民之性"不仅使董仲舒的人性论显著区别于先秦儒家的人性论，初步解决了孟、荀人性论遗留的问题，而且为他人性理论最终的政治依归——王道教化提供了理论根据。

二、非善非恶而向善向恶：刘向的人性学说

刘向（约前77—前6）原名更生，字子政，沛县（今属江苏徐州）人，西汉经学家、目录学家、文学家。汉初楚元王刘交四世孙。历经宣帝、元帝、成帝朝，历任散骑谏大夫、散骑宗正、光禄大夫等职。由于他敢于直言进谏，批评时政得失，故屡遭谗谤，仕途坎坷。宣帝时为谏大夫。元帝时任宗正。后因屡次上书称引灾异、弹劾宦官外戚专权而下狱。成帝即位后，任光禄大夫，官至中垒校尉。曾奉命校阅皇家藏书，撰成《别录》，为我国最早的目录学著作。刘向是继孔子、荀子之后对我国的文献整理和流传做出重大贡献的学者，治《春秋谷梁传》，著有《新序》《说苑》《列女传》等。

1. 血气心知

董仲舒以后，刘向也讲性，他认为人性最初并无善恶之分，即非善非恶，而是"感于善则善，感于恶则恶"（《列女传·母仪

传》），不是生来就有善恶之分，因此，他不赞成董仲舒所说之情恶论。性最初不分善恶，那么在刘向看来，性最初是什么内容呢？刘向说："夫民有血气心知之性，而无哀乐喜怒之常。应感起物而动，然后心术形焉。是故感激憔悴之音作，而民思忧；啴谐慢易繁文简节之音作，而民康乐；粗厉猛奋广贲之音作，而民刚毅；廉直劲正庄诚之音作，而民肃敬；宽裕肉好顺成和动之音作，而民慈爱；流僻邪散狄成涤滥之音作，而民淫乱。"（《说苑·修文》）刘向是从"血气心知"来给性下定义的，就是人之生谓之性，此性没有喜怒哀乐，是感于物而发动的。"血气心知"属于生理层面，因此，刘向是从生理层面论性。此性实际就是情，一种自然之情。刘向的性论，与荀子、告子是一系的，但不同于荀子所论，此性物而动就定为性恶；而是与告子一致，认为性本无善恶，"决诸东方则东流，决诸西方则西流"；并以音与心的相互关系来加以说明，不同的音乐会对人性产生不同的影响，使人出现或思忧或康乐或刚毅或肃敬或慈爱或淫乱的行为。人的善恶是与外在的因素存在关联的，而非性本身就是善的或恶的。

那么，善或恶是怎样产生的呢？刘向认为此"血气心知"之性有欲望，即足食暖衣，这种欲望如果得不到满足，就会产生奸邪的行为，人遂为恶。刘向说："凡奸邪之心，饥寒而起。淫泆者，久饥之诡也。雕文刻镂，害农事者也；锦绣纂组，伤女工者也。农事害，则饥之本也；女工伤，则寒之原也。饥寒并至，而能不为奸邪者，未之有也。"（《反质》）刘向在其《说苑·建本》

一书中还引《管子》"仓廪实，知礼节；衣食足，知荣辱"，来对其性的概念进行解说，强调血气心知之性容易受外物的引诱和逼迫而为善或为恶。刘向认为，人的善恶是后起的，"人之善恶，非性也，感于物而后动"（《修文》），意思是说，人性最初不分善恶，却能在后来成善成恶。不过，成善成恶还与人的情有关。刘向认为人的性情是一致的，性不分善恶，情也是如此。他说："性情相应，性不独善，情不独恶。曰：问其理。曰：性善则无四凶，性恶则无三仁。人无善恶，文王之教一也，则无周公、管蔡。性善情恶，是桀纣无性，而尧舜无情也。性善恶皆混，是上智怀惠而下愚挟善也。"（荀悦《申鉴·杂言下》）对于性和情的关系，东汉王充在其《论衡·本性》中说："刘子政曰：'性，生而然者也，在于身而不发；情，接于物而然者也，出形于外。形外则谓之阳，不发者则谓之阴。'"

2. 向善向恶

不过，若以仁义修养自己的人性，人则会变善。在《列女传·齐宿瘤女》中，刘向曾借齐宿瘤女之口说："昔者，尧、舜、桀、纣，俱天子也，尧、舜自饰以仁义，虽为天子，安于节俭……至今数千岁，天下归善焉。桀、纣不自饰以仁义……身死国亡，为天下笑，至今千余岁，天下归恶焉。"尧、舜是通过仁义的修养而达到善，相反，桀、纣不以仁义进行自我修养，则变为恶。所以，刘向认为，善恶是后天教化和环境影响的结果。

刘向认为性有生理本能的欲望，虽并非善恶，但却有向善或恶的素质和能力。刘向曾说："凡人之性，莫不欲善其德，然而不能为善德者，利败之也。"（《说苑·贵德》）"民之性皆不胜其欲，去其实而归之华，是以苦窳之器，争斗之患起。争斗之患起，则所以偷也。所以然者何也？由离诚就诈，弃朴而取伪也。追逐其末，而无所休止。"（《反质》）刘向认为，人的性是趋向善的，之所以不能为善，是因为欲望打败了它，这样争斗一起，便离开性初之诚朴而归于诈伪。在刘向看来，人性向善的素质和能力就是未受欲望熏染的诚朴之质。

"诗云：尸鸠在桑，其子七兮；淑人君子，其仪一兮。传曰：尸鸠之所以养七子者，一心也；君子之所以理万物者，一仪也。以一仪理物，天心也。五者不离，合而为一，谓之天心。在我能因自深结其意于一。故一心可以事百君，百心不可以事一君，是故诚不远也。夫诚者，一也；一者，质也。君子虽有外文，必不离内质矣。"（《反质》）

刘向借《诗经》尸鸠抚育七子，说明君子之德为人性所含最初的诚朴之质。刘向说"君子虽有外文，必不离内质矣"，与董仲舒所论又较相似。董仲舒曾说："性者，天质之朴也；善者，王教之化也。无其质，则王教不能化；无其王教，则质朴不能善。"（《春秋繁露·实性》）董仲舒认为善是王道教化的结果。

对于人性最初的本质是什么，刘向曾道："子路持剑，孔子问曰：'由，安用此乎？'子路曰："善古者，固以善之；不善古者，固以自卫。'孔子曰：'君子以忠为质，以仁为卫，不出环堵之内，

而闻千里之外。不善以忠化，寇暴以仁围，何必持剑乎？'子路
曰：'由也请摄齐以事先生矣。'(《说苑·贵德》)

刘向借用孔子和子路的对话，认为君子应是以忠为质。所以，
徐复观在论《说苑》的思想时，认为刘向"实亦以性为善"，盖
"承董仲舒的影响，认为性善而情恶"[1]。其实，这并不是刘向说的
人性之质。刘向的人性之质还是上面所讲的无善恶之分的生理之
质，此处的"以忠为质"，显然是经过修养教化之后的君子之质。

刘向的人性论，是以性为"血气心知"的生理之性，也即情。
情，有欲望，在外物的引诱下会走向恶。同时，此性，有诚朴之
质，即向善的素质和能力，经过教化会成为善。因此，刘向的性
论是一种非善非恶而向善向恶论。

3. 反质修文

基于这样的人性论，刘向提出了"反质修文"的修养之道。
"反质"是通过摒除欲望的诱惑和外物的干扰，返回人的诚朴本
性。其中，一种干扰就是智，所以刘向的人性修养具有反智的特
点。刘向在其书中曾道："卫有五丈夫，俱负缶而入井灌韭，终日
一区。邓析过，下车为教之曰：'为机重其后，轻其前。'命曰桥。
终日溉韭百区不倦。五丈夫曰：'吾师言曰：有机知之巧，必有机
知之败。'我非不知也，不欲为也。子其往矣，我一心溉之，不知
改已。'邓析去，行数十里，颜色不悦怿，自病。弟子曰：'是何

---

1 徐复观：《两汉思想史》(三)，北京：九州出版社 2014 年版，第 106 页。

人也？而恨我君，请为君杀之。'邓析曰：'释之。是所谓真人者也，可令守国。'"(《反质》)

邓析是当时的名家代表人物，《荀子·非十二子》称其"不法先王，不是礼义，而好治怪说，玩琦辞，甚察而不惠，辩而无用，多事而寡功，不可以为治纲纪，然而其持之有故，其言之成理，足以欺惑愚众"。当邓析给五丈夫建议时，五丈夫反驳的正是其所崇尚的机知之巧，这会使人的欲望无限膨胀，更容易使人为外物所限制和束缚，从而对于人性修养产生严重妨碍。所以，刘向提出要返回到人的质朴之性。不仅如此，还要进行积极的人性修养活动，即学习道心而非机心，此即修文。

所谓修文，是指通过礼乐的修养来完善道德人格。《修文》篇道："文质修者谓之君子，有质而无文谓之易野。"刘向认为，人性具有向善的素质和能力，通过学习可使人走向善。所以刘向非常强调学习、教化、修养的重要性。

"凡善之生也，皆学之所由。"(《杂言》)

"人之幼稚童蒙之时，非求师正本，无以立身全性。夫幼者必愚，愚者妄行。愚者妄行，不能保身……故善才之幼者，必勤于学问，以修其性。"(《建本》)

"子年七岁以上，父为之择明师，选良友，勿使见恶，少渐之以善，使之早化。"(《建本》)

对于教和学的内容，自然是使人向善的学问。在刘向看来，这些教化的内容就是诗书礼乐。

"贤师良友在其侧，诗书礼乐陈于前，弃而为不善者，鲜矣。"（《谈丛》）

"王者之政，化之……是以圣王光德教而后刑罚，立荣耻而明防禁，崇礼义之节以示之，贱货利之弊以变之，修近理内，政檄机之礼，壹妃匹之际，则莫不慕义礼之荣，而恶贪乱之耻。其所由致之者，化使然也。"（《政理》）

"礼乐者，行化之大者也。孔子曰：移风易俗，莫善于乐；安上治民，莫善于礼。是故圣王修礼文，设庠序，陈钟鼓，天子辟雍，诸侯泮宫，所以行德化。"（《修文》）

"凡从外入者，莫深于声音，变人最极，故圣人因而成之以德曰乐。乐者，德之风。诗曰：威仪抑抑，德音秩秩，谓礼乐也。故君子以礼正外，以乐正内。内须臾离乐，则邪气生矣。外须臾离礼，则慢行起矣。"（《修文》）

礼乐有治理天下的作用，自古以来就为有识之士所深知。礼乐能够通过规范人们的行为举止，调节人们的情感欲望，从而"移风易俗"，使社会井然有序，天下咸宁。

如果人们不经过礼乐的修养，任由情欲的发泄，则与禽兽无异。即使勉强来做，也只能称之为野人。反之，如果修礼，贪欲之心就不会来，社会纷争会远离。刘向在此明确指出仁义是修礼以立志的重要内容。

经过礼乐的修养，人便会走向仁义之道，不再受卑贱贫穷所困扰，使人生充满积极意义。刘向在《说苑·立节》中说："卑贱贫穷，非士之耻也。夫士之所耻者，天下举忠而士不与焉，举信而士不与焉，举廉而士不与焉。三者在乎身，名传于后世，与日月并而不息，虽无道之世，不能污焉。然则非好死而恶生也，非恶富贵而乐贫贱也。由其道，遵其理，尊贵及己，士不辞也。"

成为真正的士人之后，即使面对威逼利诱也不会放弃自己的人格。在《新序·节士》中，刘向谈到了子列子的故事。子列子很穷，子阳派人送给子列子很多粮食，子列子却"再拜而辞"，向其妻子解释道："受人之养，不死其难，不义也。死其难，是死无道之人，岂义哉？"接受了子阳的粮食，却不为他去拼命，这是不义的行为；如果为子阳而死，却是为无道之人而死，这也是不义的行为。刘向评价道："且子列子有饥寒之忧，犹不苟取，见得思义，见利思害，况其在富贵乎？故子列子通乎性命之情，可谓能守节矣。"

刘向"反质修文"的人性修养之道，其最终目的就是实现"文德之至"，使人"诚恻隐于中，恫愊于内，不能已于其心，故其治天下也，如救溺人。见天下强凌弱，众暴寡，幼孤羸露，死伤系虏，不忍其然"（《贵德》）。

通过上述可见，刘向的人性论是在综合先秦诸子及汉前期诸家人论性的基础上形成的一个新的思想体系，不仅吸收了孟子、荀子、董仲舒等人的人性思想，还综合吸收了儒道两家的主张，可见汉儒对先秦以来人性思想发展的总结与发展。

三、扬雄论性："人之性也，善恶混"

扬雄（前53—18），字子云，蜀郡郫县（今四川成都市郫都区）人，西汉末年著名的思想家、文学家、哲学家。扬雄模仿儒家经典《论语》《周易》写了《法言》《太玄》，是一位颇具创造性的思想家。在人性论方面，扬雄继承前人世硕的"性有善有恶"的思想，综合孟子、荀子的人性论，提出"性善恶混"的说法，在中国思想史上产生了很大的影响。

1. 善恶混说

扬雄说："人之性也，善恶混。修其善则为善人，修其恶则为恶人。气也者，所以适善恶之马也与？"（《法言·修身》）扬雄的"善恶混"思想，大致与世硕的思想相同，意即性中有善有恶，两者相混杂，而非只有善或只有恶。人们修善就能成为善人，而修恶则成为恶人。

王充《论衡·本性》曾云："周人世硕以为人性有善有恶，举人之善性，养而致之，则善长；恶性养而致之，则恶长。如此，则情性各有阴阳，善恶在所养焉。故世子作养书一篇。宓子贱、漆雕开、公孙尼子之徒亦论情性，与世子相出入，皆言性有善有恶。"性善恶混之说，最早始自世硕。不过，世硕此书早已散佚，具体内容不可考。

对扬雄善恶混的观点，晋代的李轨认为其是结合孟子的性善

说和荀子的性恶说而提出的人性杂的说法，"混，杂也。荀子以为
人性恶，孟子以为人性善，而扬子以为人性杂"。自李轨以后，人
们便多以为扬雄的思想就是孟荀人性论的综合。如司马光就此评
论道："故扬子以为人之性善恶混。混者，善恶杂处于身中之谓
也，顾人择而修之何如耳。修其善则为善人，修其恶则为恶人，
斯理也，岂不晓然明白哉！如孟子之言，所谓长善者也；如荀子
之言，所谓去恶者也。扬子则兼之矣。"[1]后世学者肯定扬雄的人性
论，就是从纠正孟荀人性论各自偏颇的意义上说的。蔡元培论道：
"雄之言性，盖折衷孟子性善、荀子性恶之二说而为之。"[2]

关于扬雄的人性论，还有一个地方讨论较多但却理解不一，
就是他的"气"，"气也者，所以适善恶之马也与？"（《法言·修
身》）在这句话中，气突然出现，只是大家不知他到底什么意思，
蔡元培曾就此说："扬雄之学说，以性论为最善，而于性中潜力所
由以发动之气，未尝说明其性质，是其性论之缺点也。"[3]徐复观理
解，这是"人由生理各部分所发生的综合力量而言"。扬雄说的
气，看来应该和他的另一部哲学著作《太玄》联系起来看，这书
中气是如何解释的。有学者就此认为，气应该指的是"人性的物
质承担者或物质基础"[4]。扬雄深受孟子思想的影响，在对气的理解

1   汪荣宝：《法言义疏》，北京：中华书局 1987 年版，第 85 页。
2   蔡元培：《中国伦理学史》，北京：东方出版社 1996 年版，第 65 页。
3   蔡元培：《中国伦理学史》，北京：东方出版社 1996 年版，第 66 页。
4   郑万耕：《扬雄及其太玄》，成都：巴蜀书社 2018 年版，第 154 页。

上也是如此。扬雄在《法言》中多次强调了立志在道德修养中的作用，并引用了孟子的话为证，"有意哉！孟子曰：'夫有意而不至者有矣，未有无意而至者也'"（《修身》）。孟子在谈道德修养时，就涉及了气的作用问题。"夫志，气之帅也；气，体之充也。夫志至焉，气次焉。故曰：'持其志，无暴其气。'"（《孟子·公孙丑上》）志的指向决定着气的趋向，志是成善成恶的能动性因素，气则是成为善恶之前兼容着善恶的物质基础。

2. 后人质疑

不过，还有许多学者对扬雄的说法提出了疑问。唐代韩愈曾道："孟子之言性曰：人之性善；荀子之言性曰：人之性恶；扬子之言性曰：人之性善恶混。夫始善而进恶，与始恶而进善，与始也混而今也善恶，皆举其中而遗其上下者也，得其一而失其二者也。"[1]宋代苏轼说："……善恶者，性之所能之，而非性之所能有也。且夫言性者，安以其善恶为哉？虽然，扬雄之论，则固已近之，曰：人之性也，善恶混，修其善则为善人，修其恶则为恶人。此其所以为异者，惟其不知性之不能以有夫善恶，而以为善恶之皆出乎性也而已。"[2]宋代王安石将扬雄的人性论与孟子的进行了比较，认为二者说法虽不同，却是一致的。"孟子之言性，曰'性善'；扬子之言性，曰'善恶混'。孟子之言命，曰'莫非命也'；扬子之言命，曰'人为不为命也'。孟、扬之道，未尝不同，二子

---

1 ［唐］韩愈：《韩愈文集汇校笺注》卷一，北京：中华书局 2010 年版，第 48 页。

2 ［宋］苏轼著、孔凡礼点校：《苏轼文集》卷四，北京：中华书局 1986 年版，第 111 页。

之说，非有异也，其所以异者，其所指者异耳。此孔子所谓'言岂一端而已，各有所当'者也。孟子之所谓性者，正性也；扬子之所谓性者，兼性之不正者言之也。扬子之所谓命者，独正命也；孟子之所谓命者，兼命之不正者言之也。"[1]不过，王安石还进一步指出扬雄的性论未逃出以习为性，并提出了自己的观点。"夫太极生五行，然后利害生焉，而太极不可以利害言也。性生乎情，有情然后善恶形焉，而性不可以善恶言也。……诸子之所言，皆吾所谓情也，习也，非性也。"[2]他明确表示自己的性论与孟、荀、扬等人的不同："吾所安者，孔子之言而已。夫太极者，五行之所由生，而五行非太极也。性者，五常之太极也，而五常不可以谓之性。"[3]王安石通过太极来解决人性的善恶问题，确实是新见解。

北宋的程颐认为，孟子讲性善是从性即理的角度说的，荀子的性恶论，扬雄的善恶混说，都没有真正理解性。"问：'人性本明，因何有蔽？'曰：'此须索理会也。孟子言人性善是也。虽荀、扬亦不知性'"[3]。朱熹认为："孟子言性，只说得本然底，论才亦然。荀子只见得不好底，扬子又见得半上半下底，韩子所言却是说得稍近。盖荀扬说既不是，韩子看来端的见有如此不同，故有三品之说。然惜其言之不尽，少得一个'气'字耳。程子曰：'论性不

1　［宋］王安石撰、李之亮笺注：《王荆公文集笺注》卷第二十七，成都：巴蜀书社2005年版，第979页。

2　3　［宋］王安石撰、李之亮笺注：《王荆公文集笺注》卷第三十一，第1089页。

3　［宋］程颐、程颢著，王孝鱼点校：《二程集·遗书卷第十八》，北京：中华书局2004年版，第204页。

论气，不备；论气不论性，不明。'盖谓此也。"[1] "荀扬韩诸人虽是论性，其实只说得气。荀子只见得不好人底性，便说做恶。扬子见半善半恶底人，便说善恶混。韩子见天下有许多般人，所以立为三品之说。"[2]

3. 修性之说

扬雄有"修性"之说。扬雄说："鸟兽触其情者也。众人则异矣，贤人则异众人矣，圣人则异贤人矣。礼义之作，有以矣。夫人而不学，虽无忧，如禽何？学者所以求为君子也。求而不得者有矣，夫未有不求而得之者也。"（《法言·学行》）鸟兽、众人、贤人、圣人各不同，如果放纵情欲，就会同于禽兽，如果学习礼义，就会有别于鸟兽，而为众人、贤人乃至圣人。当然，要想达至圣人，还需要特别的智慧。"天下有三门：由于情欲，入自禽门；由于礼义，入自人门；由于独智，入自圣门。"（《修身》）

如何才能不入禽门，而入人门以至圣门呢？扬雄认为关键是要学习，即修性。他说："学者，所以修性也。视、听、言、貌、思，性所有也。学则正，否则邪。师哉！师哉！桐子之命也。务学不如务求师。师者，人之模范也。模不模，范不范，为不少矣。一哄之市，不胜异意焉；一卷之书，不胜异说焉。一哄之市，必立之平；一卷之书，必立之师。习乎习，以习非之胜是，况习是

---

1 ［宋］黎靖德编，王星贤点校：《朱子语类》卷四《性理一》，北京：中华书局1986年版，第70页。

2 ［宋］黎靖德编，王星贤点校：《朱子语类》卷四《性理一》，第78页。

之胜非乎？于戏，学者审其是而已矣！或曰：焉知是而习之？曰：视日月而知众星之蔑也，仰圣人而知众说之小也。"(《学行》)"修性"，就是后天的学习、修养。扬雄认为视、听、言、貌、思，是人性所具有的五个方面，努力学习，就会为善，不学则会为恶。要通过学习以正压邪，以是胜非，从而扬善去恶。

扬雄在《法言·孝至》中说："天降生民，伭侗颛蒙，恣乎情性，聪明不开，训诸理。"意思是，上天降生百姓，他们最初是懵懂无知的，放任自己的性情，这样他们就不能进步，需要对其进行引导。甚至是庄周、申不害、韩非这样的人，只要努力学习儒家的经典，也会成为贤人。"庄周、申、韩不乖寡圣人而渐诸篇，则颜氏之子，闵氏之孙，其如台。"(《问道》)

对于如何修身，扬雄在《法言·修身》中做了描述："修身以为弓，矫思以为矢，立义以为的，奠而后发，发必中矣。"具体内容则是儒家的伦理道德。"或问仁、义、礼、智、信之用。曰：仁，宅也；义，路也；礼，服也；智，烛也；信，符也。处宅、由路、正服、明烛、执符，君子不动，动斯得矣。"

"道德仁义礼，譬诸身乎？夫道以导之，德以得之，仁以人之，义以宜之，礼义体之，天也。合则浑，离则散，一人而兼统四体者，其身全乎？"(《问道》)道、德等犹全身整体的不同部分，不可或缺，扬雄在此强调要努力精进，以求达到人格的完善。

在具体的修养方法上，扬雄提出了"取四重，去四轻"的说法。

"或问：何如斯谓之人？曰：取四重，去四轻，则可谓之人。曰：何谓四重？曰：重言，重行，重貌，重好。言重则有法，行重则有德，貌重则有威，好重则有观。敢问四轻。曰：言轻则招忧，行轻则招辜，貌轻则招辱，好轻则招淫。"（《修身》）

所谓"四重""四轻"，指的是言语、行为、仪表和爱好四个方面，都能够体现出一个人的道德修养。

通过不断学习和修身，朝廷政治也会由此而建立根本。"政之本身也，身立则政立矣。""先自治而后治人之谓大器。"（《先知》）这显然继承了孔子为政以德的思想。孔子曾讲"不学礼，无以立。"（《论语·季氏》）"非礼勿视，非礼勿听，非礼勿言，非礼勿动。"（《颜渊》）扬雄也仿照讲："由于礼义，入自人门。"（《修身》）"非正不视，非正不听，非正不言，非正不行。"（《渊骞》）扬雄的人性论及其修性思想，和他欲以儒家思想来匡正西汉末期衰坏的社会政治有关。

扬雄认为人性先天就有善恶，反映了他独特的学术见解。扬雄的人性论是在孟荀人性论的基础上进一步深化和提升，并力图克服孟荀人性论片面的基础上提出的。和秦汉时期的主流人性论相比，扬雄强调通过后天的学习和修养，可以走向成圣的道路，在道德实践方面有着积极的意义。

第四章

东汉时期的人性论

一、性三品：王充的唯物主义人性论

王充（27—97），字仲任，会稽上虞（今浙江上虞）人。王充的祖辈因军功受封会稽阳亭，但后因事变失掉爵位，再加上祖辈好勇任气，致使家道中落。王充 6 岁开始读书，接受儒家经典教育。18 岁到京师拜班彪为师，并深受桓谭的思想影响。王充一生业儒，博览群书，精通百家之言，以求实精神为学，反对谶纬迷信。他一生仕途不顺，只做过几任郡县僚属。王充是东汉出色的唯物主义哲学家，其代表作有《论衡》。

1. 性禀元气

王充从其唯物主义观点出发，对他的人性理论进行了系统阐发。首先，他认为自然万物都是由元气生成的，"万物之生，皆禀元气"（《论衡·言毒》），人与万物无异，也是由元气而生。"人，物也，万物之中有智慧者也。其受命于天，禀气于元，与物无异。"（《辨祟》）"夫人，物也，虽贵为王侯，性不异于物。"（《道虚》）即使是贵为王侯，在本性上也与物无异。在生成过程中，元气中的阴气和阳气，分别生成人的骨肉和精神。"夫人所以生者，阴阳气也。阴气主为骨肉，阳气主为精神。人之生也，阴阳气具，故骨肉坚、精气盛。"（《订鬼》）这是王充的元气生成万物说。

万物由元气所生，人也不例外，存于人身的人性自然也是由元气所生。在王充看来，人性禀元气而生，元气是人性生成的物质基础，但不同的人所禀元气的多少，成为人性善恶有别的决定因素。"小人君子，禀性异类乎？譬诸五谷皆为用，实不异而效殊者，禀气有厚泊，故性有善恶也。残则受不仁之气，泊而怒则禀勇渥也。仁泊则戾而少愈，勇渥则猛而无义。而又和气不足，喜怒失时，计虑轻愚。妄行之人，罪故为恶。"（《率性》）小人君子在本性上是相同的，只是禀受元气的厚薄多少决定了人性的善恶差别。人禀受的气有厚有薄，所以德性有善有恶。凶残的人则承受仁的气少，而容易发怒的人则承受勇的气多。仁气少就凶狠而缺少仁慈，勇气多就凶暴而没有情谊，再加上阴阳协调和谐的气不足，变得喜怒失常，考虑问题轻率、愚昧。行为胡乱的人，并非有意作恶而是生性如此。他还以酒为喻，对此做了形象说明。"人受五常，含五脏，皆具于身。禀之泊少，故其操行不及善人，犹或厚或泊也。非厚与泊殊其酿也，曲蘖多少使之然也。是故酒之泊厚，同一曲蘖；人之善恶，共一元气，气有少多，故性有贤愚。"（《率性》）人禀受元气的多少，决定了性的善恶贤愚。酒的厚薄，也在于曲蘖含量的多寡。人有仁、义、礼、智、信五常之气，包容在五脏里，都具备于人体，只因禀受的气薄而少，所以他们的操行不如善人，就像酒有的味浓有的味淡，这并非由于酿造方法不同，而是因为酒曲的多少使它变得这样。因此，酒味的浓淡，是同样的酒曲酿造出来的；人性的善恶，是同一元气形成的。从天承受的气有多有少，所以人性有贤有愚。"至德纯渥之人，禀天气多，故能则天，自然无为。禀气薄少，不遵道德，不似天地，故曰不肖。不肖者，不似也。不似天地，不类圣贤，故有为也。天地为炉，造化为工，禀气不一，安能皆贤？"（《自然》）道德最高尚、淳厚的人，承受天的气最多，所以能效法天，就能达到自然无为的境界。承受天的气薄而又少的人，不遵从道德规范，与天地不相似，所以叫不肖。不肖，就是不相似。与天地不相似，与圣贤不相同，所以就有意识的活动。天地像熔炉，自然的变化像工匠，承受天的气不一样，怎么能人人都是圣贤呢？王充从唯物主义出发，把元气用来分析人性，这是王充人性论所具有的一个重要特点。

2. 性三品说

人禀气的厚薄不同，使人性产生了差异。于是，王充把人性分为善、中、恶三等。"实者，人性有善有恶，犹人才有高有下也。高不可下，下不可高，谓性无善恶，是谓人才无高下也。禀性受命，同一实也。命有贵贱，性有善恶，谓性无善恶，是谓人命无贵贱也。"（《本性》）事实上人性有善有恶，就像人的才能有高有低一样。高超的不能说它低下，低下的也不能说它高超。认

为人性没有善恶，就像认为人的才能没有高低一样。禀受自然之
气形成的命与性，实际上是一样的。命有贵与贱之分，性有善与
恶之别。认为人性没有善与恶，就是认为人命没有贵与贱。

"……生而兆见，善恶可察，无分于善恶可推移者，谓中人
也。不善不恶，须教成者也。故孔子曰：中人以上，可以语上也；
中人以下，不可以语上也。告子之以决水喻者，徒谓中人，不指
极善极恶也。孔子曰：性相近也，习相远也。夫中人之性，在所
习焉。习善而为善，习恶而为恶也。至于极善极恶，非复在习。
故孔子曰：惟上智与下愚不移。性有善不善，圣化贤教不能复移
易也。"（《本性》）生下来就有征兆呈现，是善是恶可以明察。对
于善恶无法区分，而可以改变的，称为平常人。他们不善不恶，
要等待教育才能成为性善的人。所以孔子说："具有中等以上智力
的人，可以告诉他们高深的道理；中等以下智力的人，不能够告
诉他们高深的道理。"告子用决水来比喻人性，仅仅说的是平常
人，并不指最善与最恶的。孔子说："人性本来是相近的，只因受
不同习气的影响，才彼此相差很远。"这样看来，平常人的人性，
在于习气。习气好就成为好人，习气坏就成为坏人。至于最善最
恶的，那就不再决定于习气。所以孔子说："只有上等聪明的人与
下等愚蠢的人才不可能改变。"人性有善与不善，即使圣贤教化，
它也不会再改变。显然，王充在这里把人分为了善、中、恶三等，
其中，中人的人性是不善不恶且可善可恶的，能够改变。但善恶
两种，则是不能在后天加以改变的。

　　人性何以产生如此三种，王充对其中原因进行了解释。"……
有三性：有正，有随，有遭。正者，禀五常之性也；随者，随父
母之性；遭者，遭得恶物象之故也。故妊妇食兔，子生缺唇。《月
令》曰：是月也，雷将发声。有不戒其容者，生子不备，必有大
凶。瘖聋跛盲，气遭胎伤，故受性狂悖。羊舌似我初生之时，声
似豺狼，长大性恶，被祸而死。在母身时，遭受此性，丹朱、商
均之类是也。性命在本，故礼有胎教之法：子在身时，席不正不
坐，割不正不食，非正色目不视，非正声耳不听。及长，置以贤
师良傅，教君臣父子之道，贤不肖在此时矣。受气时，母不谨慎，
心妄虑邪，则子长大，狂悖不善，形体丑恶。素女对黄帝陈五女
之法，非徒伤父母之身，乃又贼男女之性。"（《命义》）有三种性：
有正，有随，有遭。正，就是禀承仁、义、礼、智、信的性；随，
就是顺从，任凭父母的性；遭，就是遭受恶物的性。所以孕妇吃
兔子肉，孩子生下来嘴唇是缺的。《月令》上说："这个月（即夏
历二月），要开始打雷，有同房行为是不谨慎的，生下来的子女形
体会有缺陷，而且肯定要有大的灾祸。"嗓哑、耳聋、脚跛、目
盲，是因为气碰上恶物，使胎儿受到损伤，所以受气形成的性狂
乱悖理。羊舌似我刚生下来的时候，声音像豺狼，长大之后性恶
劣，遭受凶祸而死。在母体内时，遭受这种性的，与丹朱、商均
是一类。性和命是最初承受气时形成的，所以《礼记》上有胎教
的各种礼法：妇女有身孕时，座席不在正中不坐，割下的肉不方
正不吃，不纯正的颜色眼睛不看，不正当的声音耳朵不听。等到

孩子长大，安排个贤良的老师，教授其君臣父子的道理。是贤良
还是不肖，都在母体内时形成。父母交合时，如果母亲不谨慎，
心中胡乱想邪恶的事，以后子女长大，就会狂妄悖理，行为恶劣，
相貌难看。素女对黄帝陈述御女淫乱的行为，不只是损伤了父母
的身体，而且还伤害了子女的性。

3. 批判旧说

王充的人性观，是在批判继承历史上的各种人性学说的基础
上提出的。"周人世硕以为人性有善有恶，举人之善性养而致之，
则善长；恶性养而致之，则恶长。如此，则情性各有阴阳，善恶
在所养焉。故世子作《养书》一篇。宓子贱、漆雕开、公孙尼子
之徒亦论情性，与世子相出入，皆言性有善有恶。"（《本性》）王
充认为历史上的性善恶论是合理的，故对其做了继承和发展。

对于孟子的性善论，王充评论道："孟子作性善之篇，以为人
性皆善，及其不善，物乱之也。谓人生于天地，皆禀善性，长大
与物交接者，放纵悖乱，不善日以生矣。""……性善之论，亦有
所缘，……一岁婴儿，无争夺之心，长大之后，或渐利色，狂心
悖行由此生也。"（《本性》）孟子的性善论通过婴儿的例子进行论
证，不善则是后天各种外在因素干扰所致。王充对此反驳道："纣
之恶，在孩子之时；食我之乱，见始生之声。孩子始生，未与物
接，谁令悖者？丹朱生于唐宫，商均生于虞室。唐、虞之时，可
比屋而封，所与接者，必多善矣；二帝之旁，必多贤矣。然而丹
朱傲，商均虐，并失帝统，历世为戒。"（《本性》）王充通过此番

论证，指出人性本是有善有恶的，孟子以婴孩表现的论证，并不能证明人性完全为善，还可以证明人性恶的一面。

王充还对告子的人性论进行了分析评价。"告子与孟子同时，其论性无善恶之分。譬之湍水，决之东则东，决之西则西。夫水无分于东西，犹人无分于善恶也。"（《本性》）"夫告子之言，亦有缘也。《诗》曰：彼姝之子，何以与之？其传曰：譬犹练丝，染之蓝则青，染之朱则赤。夫决水使之东西，犹染丝令之青赤也。丹朱、商均已染于唐、虞之化矣，然而丹朱慠而商均虐者，至恶之质，不受蓝朱变也。"（《本性》）王充从其性分三等出发，认为告子的人性论其实讨论的只是中人之性，可像水那样决诸东西，但并没有顾及善、恶两种，而这两种性是不会发生改变的，因而是不够全面的。

王充对荀子的人性恶观点也进行了批驳。"孙卿有反孟子，作《性恶》之篇，以为人性恶，其善者伪也。性恶者，以为人生皆得恶性也。伪者，长大之后，勉使为善也。"（《本性》）王充认为，荀子的性恶论认为人生来即是恶性，长大之后违背本性才成为善。在王充看来，荀子的论据并不严密，其性恶论并非全然正确。"若孙卿之言，人幼小无有善也。稷为儿，以种树为戏；孔子能行，以俎豆为弄。石生而坚，兰生而香。禀善气，长大就成。故种树之戏，为唐司马；俎豆之弄，为周圣师。禀兰石之性，故有坚香之验。夫孙卿之言，未为得实。"（《本性》）不过，王充同时也看到了荀子所说的恶性方面，从此一面观之，荀子的观点有其合理之处。"然而性恶之言有缘也。一岁婴儿，无推让之心，见食号，欲食之；睹好啼，欲玩之。长大之后，禁情割欲，勉厉为善矣。"（《本性》）

此外，王充还对董仲舒的性善情恶论进行了批评。"董仲舒览孙、孟之书，作情性之说曰：天之大经，一阴一阳；人之大经，一情一性。性生于阳，情生于阴。阴气鄙，阳气仁。曰性善者，是见其阳也；谓恶者，是见其阴者也。"（《本性》）"若仲舒之言，谓孟子见其阳，孙卿见其阴也。处二家各有见，可也。不处人情性，情性有善有恶，未也。夫人情性同生于阴阳，其生于阴阳，有渥有泊。玉生于石，有纯有驳。情性生于阴阳，安能纯善？仲舒之言，未能得实。"（《本性》）董仲舒以阳气为善、为性，以阴气为恶、为情，而王充主张以禀气的厚薄来说明性情的善恶，性情都生于同一元气，不分阴阳。

王充对陆贾的人性论也做了评价。"陆贾曰：'天地生人也，以礼义之性。人能察己所以受命则顺，顺之谓道。'夫陆贾知人礼义为性，人亦能察己所以受命。性善者，不待察而自善；性恶者，虽能察之，犹背礼畔义，义挹于善，不能为也。故贪者能言廉，乱者能言治。盗跖非人之窃也，庄跷剌人之滥也，明能察己，口能论贤，性恶不为，何益于善？陆贾之言，未能得实。"（《本性》）

王充还对刘向的人性论做了评议。"刘子政曰：'性，生而然者也，在于身而不发；情，接于物而然者也，出形于外。形外则谓之阳，不发者则谓之阴。'夫子政之言，谓性在身而不发。情接于物，形出于外，故谓之阳；性不发，不与物接，故谓之阴。夫如子政之言，乃谓情为阳、性为阴也。不据本所生起，苟以形出与不发见定阴阳也。必以形出为阳，性亦与物接，造次必于是，颠沛必于是。恻隐，不忍；不忍，仁之气也。卑谦辞让，性之发也。有与接会，故恻隐卑谦，形出于外。谓性在内，不与物接，恐非其实。不论性之善恶，徒议外内阴阳，理难以知。且从子政之言，以性为阴，情为阳。夫人禀情，竟有善恶不也？"（《本性》）

王充从自己的人性观出发，通过分析评论历史上的各种人性论，他认为人性应该是有善有恶的，并根据禀气的厚薄多少，将人分为善、中、恶三等。其中，极善、极恶两种生来既定，无法在后天加以改变。中人之性是不善不恶且可善可恶的，既可向善发展，也可向恶发展，这种人性存在改变的可能。"论人之性，定有善有恶。其善者，固自善矣；其恶者，故可教告率勉，使之为善。凡人君父，审观臣子之性，善则养育效率，无令近恶；近恶则辅保禁防，令渐于善。善渐于恶，恶化于善，成为性行。"（《率性》）人的德性，一定有善有恶。善的，固然开始就善；恶的，还能经过教育、劝告、引导、勉励，使他们成为善的。凡是做君主和父亲的，都会仔细观察臣与子的德性，善的就培养、教导、勉励、引导，不使他靠近恶的；恶的就教育、安抚、制止、防范，使他向善的方面逐渐转化。善的向恶的方面逐渐转化，恶的向善的方向逐渐转化，就会成为和生就的品行一样。"使人之性有善有恶，彼地有高有下，勉致其教令之善，则将善者同之矣。善以化渥，酿其教令，变更为善，善则且更，宜反过于往善，犹下地增加镢、锸，更崇于高地也。"（《率性》）人性有善有恶，就像地有高有低一样，如果努力使他接受教化，不善的人就会变得和性善的人一样。并且好德性变得深厚，培养着他的政教风化，使他变得善良，这种善应该比过去的善更善，如同增加大锄和铁锹去低处填土，就会比高处更高一样。"今夫性恶之人，使与性善者同类乎，可率勉之，令其为善；使之异类乎，亦可令与道人之所铸玉，随侯之所作珠，人之所摩刀剑钩月焉。教导以学，渐渍以德，亦将日有仁义之操。"（《率性》）现今性恶的人，假使他们与性善的人同类，可以引导勉励他们，使其变得性善；假使他们与性善的人不同类，也可以使他们跟道人铸玉，跟随侯制作玉珠，像人磨刀剑和半月形的钩一样，以学习去教育开导，以德去逐渐感化，这样他们就会逐渐具备仁义的操行了。

4. 教化向善

在王充看来，人性的改变就如染丝一样，接近善便会成为善，接近恶便会成为恶，环境的影响非常重要。"传言：'譬犹练丝，染之蓝则青，染之丹则赤。'十五之子，其犹丝也，其有所渐化为善恶，犹蓝丹之染练丝，使之为青赤也。青赤一成，真色无异。是故杨子哭歧道，墨子哭练丝也。盖伤离本，不可复变也。人之性，善可变为恶，恶可变为善，犹此类也。蓬生生麻间，不扶自直；白纱入缁，不练自黑。彼蓬之性不直，纱之质不黑，麻扶缁染，使之直黑。夫人之性犹蓬纱也，在所渐染，而善恶变矣。"
(《率性》)比如像洁白的丝，用青色染料染它就是青色，用红色
染料染它就是红色。十五岁的人像丝一样，会逐渐转化为善的或
恶的，如同青色染料、红色染料染白丝，会使它变成青色、红色
一样。一旦染成青色、红色，就跟真的颜色没有区别。所以杨子
因怕走岔路而哭泣，墨子因怕丝染错颜色而哭泣，这大概是伤心
一旦离开了正道或本色，就不能再改变。人的德性，善的能变成
恶的，恶的也能变成善的，就像这种情况。飞蓬长在麻中间，不
用扶持自然会直；白纱放进黑色的染缸，不用染色自然会黑。那
飞蓬的生性不直，白纱的质地不黑，但大麻的扶持，黑色的染缸，
使它们变直、变黑了。人的德性就像飞蓬和白纱一样，在逐渐浸
染之下，善恶是会改变的。

　　王充的环境影响论其实是教育影响论，这种观点尤其看重圣
人的教化对于人性向善的重要作用。"王良、造父称为善御，不能
使不良为良也。如徒能御良，其不良者不能驯服，此则驵工庸师
服驯技能，何奇而世称之？故曰：王良登车，马不罢驽；尧舜为
政，民无狂愚。传曰：'尧舜之民，可比屋而封；桀纣之民，可比
屋而诛。''斯民也，三代所以直道而行也。'圣主之民如彼，恶
主之民如此，竟在化不在性也。闻伯夷之风者，贪夫廉而懦夫有
立志；闻柳下惠之风者，薄夫敦而鄙夫宽。徒闻风名，犹或变节，
况亲接形面相敦告乎！孔门弟子七十之徒，皆任卿相之用，被服
圣教，文才雕琢，知能十倍，教训之功，而渐渍之力也。未入孔

子之门时，闾巷常庸无奇，其尤甚不率者，唯子路也。世称子路无恒之庸人，未入孔门时，戴鸡佩豚，勇猛无礼，闻诵读之声，摇鸡奋豚，扬唇吻之音，聒贤圣之耳，恶至甚矣。孔子引而教之，渐渍磨砺，阖导牖进，猛气消损，骄节屈折，卒能政事，序在四科。斯盖变性使恶为善之明效也。"（《率性》）意思是，王良、造父被认为是善于驾驭车马的好手，能把不好的马驯成好马。如果只能驾驭好马，不好的马不能够驯服，这只能是普通马夫驾车的本领，有什么奇特的地方可以让世人称赞呢？所以说：王良一登上车，马就不会疲塌跑不快；尧舜治理国家，百姓就不会狂妄愚蠢。传注上说："尧舜的百姓，能挨家挨户地被封赏；桀纣的百姓，可挨家挨户地被诛杀。""有夏、商、周这样的百姓，所以三代能够按正道而行。"圣明君主的百姓像那样，凶残君主的百姓像这样，归根到底在于教化而不在于本性。听到伯夷的品格，贪恋的人会廉洁，怯懦的人会立志；听到柳下惠的品格，刻薄的人会厚道，庸俗的人会宽容。仅仅是听到他们品格崇高，就有的变得有节操，何况是亲自接触本人，面对面地诚恳地告诫呢？相传孔门弟子中贤人有七十二人，都有胜任卿相的才能，他们蒙受圣人教诲，文才得到精心培养，智慧和才能超过常人十倍，这都是教育训导的功绩，逐渐感化的功劳。他们没有进到孔子门下学习时，只是社会上平凡而不出奇的人，其中尤其最不顺服的是子路。世人说子路是做事没有恒心的庸人，在没有到孔子门下学习时，头戴鸡冠，臂挂猪尾，凶猛无礼。听见朗读书的声音，就摇头摆尾，噘嘴怪叫，吵闹之声直刺读书人的耳朵，可恶到极点。孔子把他叫来教育他，逐渐感化、磨炼、启发、教导他，这样他凶暴的气势消失了，骄横的现象收敛了，终于能办理政事，列入四科之内。这就是改变本性把恶人变成善人的证明。

从历史事实来看，教化对于改变人性的作用是非常明显的。“且阖庐尝试其士于五湖之侧，皆加刃于肩，血流至地。句践亦试其士于寝宫之庭，赴火死者不可胜数。夫刃火，非人性之所贪也，二主激率，念不顾生。是故军之法，轻刺血，孟贲勇也，闻军令惧。是故叔孙通制定礼仪，拔剑争功之臣奉礼拜伏。初骄倨而后逊顺，教威德，变易性也。不患性恶，患其不服圣教，自遇而以生祸也。”（《率性》）阖庐曾经在太湖边训练他的士兵，叫他们都把刀口按在肩上，让血直流到地。句践也在他寝宫的院子里架起火训练他的士兵，结果跳进火里死的人多得数不清。刀割，火烧都不是人性所贪图的，由于二位君主的激励引导，他们顷刻间就不顾惜自己生命了。所以，军法轻的处分是刺出血，重的处分是砍头，就像孟贲那样的勇士，听到军令也会害怕。所以，叔孙通为朝廷制定了礼仪，那些拔剑争功的大臣，也只得遵奉朝仪、甘愿屈服，起初傲慢的到后来也都恭顺了，是圣人的教化和皇帝的威严使他们改变了性情。不担心他们性恶，担心的是他们不服从圣人的教化，自以为是而因此发生祸害。

再如，“魏之行田百亩，邺独二百，西门豹灌以漳水，成为膏腴，则亩收一钟。夫人之质犹邺田，道教犹漳水也，患不能化，不患人性之难率也。雒阳城中之道无水，水工激上洛中之水，日夜驰流，水工之功也。由此言之，迫近君子，而仁义之道数加于身，孟母之徙宅，盖得其验。人间之水污浊，在野外者清洁。俱为一水，源从天涯，或浊或清，所在之势使之然也。南越王赵佗，本汉贤人也，化南夷之俗，背畔王制，椎髻箕坐，好之若性。陆贾说以汉德，惧以圣威，蹶然起坐，心觉改悔，奉制称蕃。其于椎髻箕坐也，恶之若性。前则若彼，后则若此。由此言之，亦在于教，不独在性也。"意思是，魏国每个劳力分配无主荒田一百亩，邺县土地贫瘠，每个劳力要分配二百亩，西门豹引用漳水灌溉，使之成了肥沃的土地，每亩要收庄稼一钟。人的本质就像邺县的荒田，仁义之道的教化如同漳水灌溉，让人担心的是不能变化，而不是担忧人性难于引导。雒阳城中的河道里没有水，治水工人就截断雒河中的水，使它上涨，于是河道里有水日夜奔流，这是治水工人的功劳。这样说来，接近君子，仁义之道就会屡次施加在你身上，孟子的母亲三次搬家，大概就能证明这个道理。人聚居地方的水污浊，在野外的水清洁。同样是一种水，来源于天边，有的污浊，有的清洁，这是所处的环境使它这样。南越王赵佗，本来是汉朝贤良的人，被南夷的风俗所化，背叛汉朝制度，梳成椎状发髻，两腿伸直张开地坐着，就像天生喜欢这样。陆贾用汉的道德劝说，又用皇帝的威严恐吓，赵佗很快起来坐好，从内心悔悟，于是奉行汉朝制度，改称属国。他对于梳椎髻坐如箕，又像是天生厌恶了。前面像那样，后面却又像这样。这样说来，人还是在于教化，不单一在本性。

二、郑玄的性有善有恶论

郑玄（127—200），字康成，北海高密（今山东高密市）人，东汉儒家学者，经学大师，有"经神"之赞。他一生不慕名利、潜心经籍，以古文经说为主，兼采今文经说，编注群经，他注有《易》《尚书》《毛诗》《仪礼》《礼记》《论语》《孝经》《乾象历》等，凡百余万言。郑玄以"述先圣王之元意，思整百家之不齐"为己任，打破了西汉以来今古文经学的长期纷争，成为汉代经学的集大成者，形成了汉代经学的最高成就"郑学"，对后世经学的发展产生了深远影响。郑玄不仅是中国历史上著名的文献学家，也是杰出的训诂学家和教育家。

1. 性有善恶

在人性论上，郑玄主张性有善有恶。郑玄在注释《诗》"有鹜在梁，有鹤在林"句时说："鹜也，鹤也，皆以鱼为美食者也。鹜之性贪恶，而今在梁。鹤絜白，而反在林。兴王养褒姒而馁申后，近恶而远善。"（郑玄笺：《毛诗·小雅》）郑玄认为，鹜与鹤同为禽类，却有截然不同的两种性，人也是如此，褒姒和申后各具恶与善两种性。郑玄还说："凤皇之性，非梧桐不栖，非竹实不食。"（郑玄笺：《毛诗·大雅》）意为凤凰有高贵的本性，不同于寻常鸟类，栖息和食物都有特别要求。他进一步引申，"贤者在朝则用其善道，不顺之人则行暗冥，受性于天，不可变也"（郑玄笺：《毛诗·大雅》)，郑玄此处明确提出，朝廷之上有贤者和不顺之人两种本性不同的人，他们的不同之性都来自天。贤者用善道，不贤者行暗冥，这是不可以改变的。

2. 生之本质

何谓性？郑玄在注解《中庸》的"天命之谓性，率性之谓道"时讲道："天命，谓天所命生人者也，是谓性命。木神则仁，金神则义，火神则礼，水神则信，土神则知。《孝经》说曰：'性者生之质。'命，人所禀受度也。率，循也，循性行之是谓道。"（郑玄注：《礼记·中庸》）郑玄认为，性是天命所生于人身者，是生之本质，是天赋予人的善质。遵循天所赋予人的善质而行，人就会走上天下的正道。人之性善，郑玄认为是得之于天的仁义礼智信五行。"天之生众民，其性有物象，谓五行仁、义、礼、智、信也。其情有所法，谓喜、怒、哀、乐、好、恶也。然而民所执持有常道，莫不好有美德之人。"（郑玄笺：《毛诗·大雅》）在郑玄看来，众民之性得自仁义礼智信，"内有其性，乃可以有为德也"（郑玄笺：《毛诗·大雅》）。正是因为有了这种善性，人才会践行出美好的德行。所以，郑玄认为，只要始终保持自己的善性，人就不会产生情欲而变坏，最终会得到完美的成长，"铫弋之性，始生正直，及其长大，则其枝猗傩而柔顺，不妄寻蔓草木。兴者，喻人少而端悫，则长大无情欲"（郑玄笺：《毛诗·国风》）。人若如同"铫弋"之草那样发展，自然就会成长为德行高尚之人。因此，人们有此善性，是人发展出美好德行的根本。

3. 环境影响

然而，人还有喜、怒、哀、乐、好、恶之情，在一定条件下会影响到善性的自然发展，尤其是在受到外界环境的影响下。若不受外界环境的影响，人是能够保持自己的善性的，"性不见物则无欲"。但是，人难免会与物质相接触，便容易受到物质的诱惑。郑玄在注解"物至知知，然后好恶形焉"一句时说："至，来也。知知，每物来则又有知也。言见物多则欲益众。形犹见也。"（郑玄注：《礼记·乐记》）与外物接触越多，则欲望也会由无欲转变为多欲，使人性发生根本的变化。东汉末年的社会恶俗，在郑玄看来也是使人性变坏的重要因素，对人性的发展产生了不良影响。"天之生此众民，其教道之，非当以诚信使之忠厚乎？今则不然，民始皆庶几于善道，后更化于恶俗。"（郑玄笺：《毛诗·大雅》）郑玄认为，人性是可以发展变化的，由善而恶，外部环境的影响最大。郑玄还意识到政治对人性也有着重要的影响，好的政治会引导百姓走向善，所以要论社会治理的好坏，百姓行为的善恶，就要特别注意施政者的政治举措。"如行至诚之道，则民鞠讻之心息。如行平易之政，则民乖争之情去。言民之失，由于上可反复也"（郑玄笺：《毛诗·小雅》），《毛诗》："鱼藻，刺幽王也，言万物失其性。"郑玄笺说："万物失其性者，王政教衰，阴阳不和，群生不得其所也。"（郑玄笺：《毛诗·小雅》）社会变乱、万物失性，是王政教化失败的结果，故而要保持人的善性，需要保持政治的清明、教化的昌隆。

4. 教化为善

郑玄非常强调教化对于人们保持善性的重要性。对于《中庸》"变则化"一语，郑玄注云："变，改恶为善也。变之久，则化而性善也。"在注释《诗》"毋教猱升木，如涂涂附"一句时，郑玄论道："毋，禁辞。猱之性善登木，若教使其为之，必也。附，木桴也。涂之性善著，若以涂附，其著亦必也。以喻人之心皆有仁义，教之则进。"（郑玄笺：《毛诗·小雅》）意为，猿类善攀爬，若教它爬树，它一定会爬得很好。人也一样，虽有善性，然待教而始进。不过，教化者自身的素质需要重视。"梅之树善恶自有，徒以鸮集其上而鸣，人则恶之，树因恶矣。以喻陈佗之性本未必恶，师傅恶，而陈佗从之而恶。"（郑玄笺：《毛诗·国风》）梅树不一定有恶性，但是鸮在这树上鸣叫，人们讨厌它的叫声，遂而也讨厌这棵梅树。比喻陈佗的性本来未必是恶的，但他的师傅性恶，陈佗跟从他学习也就变得恶了。

总之，郑玄认为人生而具有仁义礼智信，这是人有德行的内在依据。但若受到外部环境的影响，人之善性也会变恶。因此，需要采取教化等措施来保持人的善性。

三、性情相应：荀悦的性三品说

荀悦（148—209），字仲豫，颍川颍阴（今河南许昌）人，出身名儒世家，为战国时期著名思想家荀况的第十三世孙。东汉末年思想家、史学家和政论家。荀悦自幼聪颖好学，"家贫无书，每之人间，所见篇牍，一览多能诵记"（《后汉书·荀韩钟陈列传》）。后来，荀悦应召至曹操府，任黄门侍郎。"献帝颇好文学，悦与彧及少府孔融侍讲禁中，旦夕谈论。累迁秘书监、侍中。"（《后汉书·荀韩钟陈列传》）一生经历了桓帝、灵帝、少帝、献帝四位君主，见证了东汉政权由盛转衰的过程。他的著作有《申鉴》《汉纪》《崇德》《正论》等。在这些著作中，荀悦面对动荡的政局、腐败的吏治等，提出了一系列治国理政的方案和策略，以图建立一个天下和谐的太平盛世。而提出这些政治思想的依据，则是荀悦丰富的人性学说。

1. 生之谓性

关于人性之说，荀悦首先主张的是"生之谓性"，即人所生而具有的为性，包括人的形体和精神。有人问荀悦有关"性命"的问题，他回答道："生之谓性也，形神是也。所以立生、终生者之谓命也，吉凶是也。夫生我之制，性命存焉尔。"（《申鉴·杂言下》）"生之谓性"，是历史上告子曾提出的观点，但与告子不同的是，荀悦将性直接定义为"形神"。形是形体，指人存在的物质载体；神是意念，指人存在的精神形态。两者兼具才是人性。

2. 性情相应

关于人性是善还是恶，荀悦没有直接回答。通过他对历史上人性论的评论，可以看出他所持的观点是"性情相应说"，而不是纯粹的性善或性恶说。他说："孟子称性善，荀卿称性恶，公孙子曰性无善恶，扬雄曰人之性善恶浑，刘向曰性情相应，性不独善，情不独恶。"(《申鉴·杂言下》)他还对历史上的这些人性论进行了评论，认为性善、性恶、性无善恶和善恶混这些观点都不成立。"性善则无四凶，性恶则无三仁。人无善恶，文王之教一也，则无周公、管、蔡。性善情恶，是桀、纣无性，而尧、舜无情也。性善恶皆浑，是上智怀惠，而下愚挟善也。"(《申鉴·杂言下》)意思是，如果人性是善的，就不应该有圣人都无法教化的四种凶恶之人，荀悦这是在反驳孟子的性善说。如果人性是恶的，怎么在商纣王朝会出现微子、箕子、比干三个仁人，荀悦这是在反驳荀子的性恶论。如果人性没有善恶之分，那么在周文王的教化下，大家应该是一样的，怎么会出现周公这样的善人，又出现管叔、蔡叔这样的恶人，荀悦这是在反驳公孙子的性无善无恶说。如果性善情恶，尧舜这样的圣人便是有性无情，桀纣这样的恶人便是有情无性，荀悦这是在反驳董仲舒的性善情恶论。如果人性是善恶相混的话，那么最上好的人性也有恶的成分，最下等的人性也有善的因素，这是在反驳扬雄的性善恶混说。荀悦最后下结论说，这些说法"理也未究也，唯向言为然"，他赞同的是刘向的"性情相应说"。

对于此说，荀悦认为，情是性的外在表现，人们的好恶都是人性的选择，所以性善情即善，性恶情也恶。"好恶者，性之取舍也，实见于外，故谓之情尔，必本乎性矣。"(《申鉴·杂言下》)为了证明性情相应，情为性之外现，荀悦以好利还是好义进行了论证。"人之于利，见而好之。能以仁义为节者，是性割其情也。
性少情多，性不能割其情，则情独行为恶矣。"(《申鉴·杂言下》)
即仁义是性的实现，而恶则是情导致的结果。荀悦不同意这种看
法。他认为："好利好义，义胜则义取焉，利胜则利取焉。此二者
相与争，胜者行矣，非情欲得利，性欲得义也。"(《申鉴·杂言
下》)意思是，好利或好义都是性的选择，情只是对此选择的体
现，两者是相应的关系，而不是善恶的对立关系。荀悦还以酒和
肉为喻，进一步说明他的"性情相应说"。他讲道："有人于此，
嗜酒嗜肉，肉胜则食焉，酒胜则饮焉。此二者相与争，胜者行矣，
非情欲得酒，性欲得肉也。"(《申鉴·杂言下》)喜欢喝酒和吃肉
是人性本就有的，至于选择爱酒还是嗜肉，看两者哪个胜出，并
非情喜欢喝酒，性喜欢吃肉，性情的选择是一致的。

　　所以，若论善恶的话，荀悦认为性有善有恶，相应的，情亦
是如此。也就是说，性不完全善，情也非全恶。"昆虫草木皆有性
焉，不尽善也。天地圣人皆称情焉，不主恶也。"(《申鉴·杂言
下》)昆虫草木都有性，其性不全是善。天地圣人也都有情，其情
也非全恶。根据其"性情相应说"，荀悦进一步批评了性善情恶
论。"或曰：仁义，性也；好恶，情也。仁义常善，而好恶或有
恶，故有情恶也。曰：不然。好恶者，性之取舍也，实见于外，
故谓之情尔，必本乎性矣。仁义者，善之诚者也，何嫌其常善；
好恶者，善恶未有所分也，何怪其有恶。凡言神者，莫近于气。
有气斯有形，有神斯有好恶喜怒之情矣。故神有情，由气之有形

也。气有白黑，神有善恶。形与白黑偕，情与善恶偕，故气黑非形之咎，情恶非情之罪也。"(《申鉴·杂言下》)对于这种性善情恶说，荀悦认为理非如此，好恶是性的选择，表现在外，即是情的选择，情与性是一致的，而其一致性的根据则在于性统形神，而神有情，即性有情，性情一致。

荀悦的性情相应说也援引经典来作为依据。有人质疑他的性情说是否有所依据，他答道："《易》称'乾道变化，各正性命'，是言万物各有性也。观其所感，而天地万物之情可见矣。是言情者，应感而动者也。昆虫草木，皆有性焉，不尽善也；天地圣人，皆称情焉，不主恶也。又曰：'爻、象以情言。'亦如之。凡情意心志者，皆性动之别名也。情见乎辞，是称情也；言不尽意，是称意也；中心好之，是称心也；以制其志，是称志也。惟所宜，各称其名而已。情何主恶之有？"(《申鉴·杂言下》)天地万物都各有其本性，而情则是性的外在表现，因此昆虫草木都有性，但不能说都是善的。圣人都有情，但不能说都是恶的，情意心志都是性的别名而已。

出于这种性情相应说，荀悦主张对情既不能放任不管，也不能一概摒弃。"纵民之情谓之乱，绝民之情谓之荒。曰：'然则如之何？'曰：'为之限，使勿越也，为之地，亦勿越。故水可使不滥，不可使无流。'"(《申鉴·政体》)由于人的性情可能是善的，也可能是恶的，是潜在的善与恶，不能用善恶来界定，所以，对其既不能放任又不能杜绝，而是要对它进行合理的制约。先秦诸子及汉代的思想家，在人性问题上论说纷纭，却一直没有形成共识，这给荀悦提供了一个另辟蹊径认识人性问题的思路。荀悦更加重视情，而不是将其与性对立起来，有回归早期儒学的意味。

3. 性三品说

荀悦从其人性论出发，认为人的性可分为上中下三品。"或问天命人事。曰：有三品焉，上下不移，其中则人事存焉尔。命相近也，事相远也，则吉凶殊矣。"（《申鉴·杂言下》）除了极善与极恶，即上下两种性不可改变，中间还有种人性，它是善恶相间的，这就是一般民众之性，并认为教化的重点则在此。因为它既可能是善的，也可能是恶的，所以是统治者进行治理的重点所在。荀悦的性三品说有着历史渊源。孔子曾说"唯上智与下愚不移"，"性相近也，习相远也"。董仲舒把人性分为"圣人之性""斗筲之性""中民之性"。荀悦则明确说人性有三品，上智与下愚不可改变，中间大多数人都可用法教得以改变。

4. 教化刑罚

在荀悦看来，性并非全善，情也非全恶，善恶取决于性的选择，所以外部因素才是影响人性善恶的关键，其中就包括时间条件、地理位置和政治环境。"或曰：'三皇民至敦也，其治至清也，天性乎？'曰：'皇民敦，秦民弊，时也。山民朴，市民玩，处也。桀、纣不易民而乱，汤、武不易民而治，政也……'"（《申鉴·时事》）这段话表明，时间、地理和政治都能成为影响人性的因素。时间和地理因素不是人所能够改变的，唯有政治属于人为的因素，因此，改善政治环境是推动人性向善的最佳途径，"善治民者，治其性也"（《申鉴·政体》）。而道德教化和法律刑罚，又是历代儒家所传承的两种重要的治国举措。

荀悦对道德教化和法律刑罚这两种治国措施进行过论述。"人有不教而自成者，待教而成者，无教化则不成者，有加教化而终身不可成者。故上智下愚不移，至于中人，可上下者也。"（《汉纪卷六》）"故凡政之大经，法教而已。"（《申鉴·政体》）"或曰：善恶皆性也，则法教何施？曰：性虽善，待教而成；性虽恶，待法而消。唯上智与下愚不移，其次善恶交争。于是教扶其善，法抑其恶，得施之九品，从教者半，畏刑者四分之三，其不移大数九分之一也。一分之中，又有微移者矣。然则法教之于化民也，几尽之矣。"（《申鉴·杂言下》）荀悦认为，性善需要教化才能真正完成，性恶需要刑罚才能真正消除。除去上等的智者和下等的愚者无法改变，其他人本性里的善恶在互相争斗，需要教化扶助其善性的成长，同时用刑罚抑制其恶性的扩大，这样就可以做好国家的治理工作。"法教不纯，有得有失，则治乱其中矣。纯德无慝，其上善也；伏而不动，其次也；动而不行，行而不远，远而能复，又其次也；其下者，远而不近也。凡此皆人性也，制之者则心也，动而抑之，行而止之，与上同性也；行而弗止，远而弗近，与下同终也。"（《申鉴·杂言下》）教化和刑罚施行的好坏程度，直接影响着人性的善恶，进而导致国家的治乱与否。特别是伪、私、放、奢四种乱政要清除，这是祸乱人性的不好的因素。

"伪乱俗，私坏法，放越轨，奢败制。四者不除，则政末由行矣。俗乱则道荒，虽天地不得保其性矣。法坏则世倾，虽人主不得守其度矣。轨越则礼亡，虽圣人不得全其道矣。制败则欲肆，虽四表不能充其求矣。是谓四患。"（《申鉴·政体》）与此相应，荀悦提出了"崇五政"的主张，"兴农桑以养其生，审好恶以正其俗，宣文教以章其化，立武备以秉其威，明赏罚以统其法，是谓五政"（《申鉴·政体》）。

　　教化和刑罚作为两种有效的政治措施，为历代儒家所广泛重视，董仲舒、扬雄等已形成共识，那就是先教化后刑罚，教化为主、刑罚为辅。荀悦在肯定先儒这些主张的同时，认为应根据不同的历史状况，来决定教化与刑罚的先后次序。"凡世之论政治者，或称教化，或称刑法；或言先教而后刑，或言先刑而后教；或言教化宜详，或曰教化宜简；或曰刑法宜略，或曰刑法宜轻，或曰宜重，皆引为政之一方，未究治体之终始，圣人之大德也。圣人之道，必则天地，制之以五行，以通其变，是以博而不泥。夫德刑并行，天地常道也。先王之道，上教化而下刑法，右文德而左武功，此其义也。或先教化，或先刑法，所遇然也。拨乱抑强，则先刑法；扶弱绥新，则先教化。安平之世，则刑教并用。大乱无教，大治无刑。乱之无教，势不行也；治之无刑，时不用也。"（《汉纪·孝元皇帝纪下》）荀悦认为，对教化与刑罚何者为先，要根据当时的历史条件来实行，不仅要注意其次序，而且要对教化的详或简、刑罚的轻或重进行变通，不能泥古不化。

对于教化和刑罚如何才能运用得恰到好处，荀悦曾进一步加以说明。"问德刑并用。常典也，或先或后，时宜。刑教不行势极也。教初必简，刑始必略，事渐也。教化之隆，莫不兴行，然后责备。刑法之定，莫不避罪，然后求密。未可以备，谓之虚教。未可以密，谓之峻刑。虚教伤化，峻刑害民，君子弗由也。设必违之教，不量民力之未能，是招民于恶也，故谓之伤化。设必犯之法，不度民情之不堪，是陷民于罪也，故谓之害民。莫不兴行，则一毫之善可得而劝也，然后教备。莫不避罪，则纤介之恶可得而禁也，然后刑密。"（《申鉴·时事》）荀悦认为教化与刑罚都有一个从简单粗略到完备严密的发展过程，在这个过程中，要注意两点，一是在教化与刑罚推行的初期不可以太严，二是要根据百姓的实际情况制定合适的教化与刑罚。荀悦德刑并用的主张，汉代早已实行，汉宣帝就曾说过"霸王道杂之"。但荀悦的说法仍有新意，就是针对统治的详情进行辩证的运用。

从对象上来说，荀悦认为教化和刑罚不是适用于所有人的，教化是对君子而言，刑罚则针对小人。"君子以情用，小人以刑用。荣辱者，赏罚之精华也。故礼教荣辱以加君子，化其情也；桎梏鞭扑以加小人，治其刑也。君子不犯辱，况于刑乎！小人不忌刑，况于辱乎！若夫中人之伦，则刑礼兼焉。教化之废，推中人而坠于小人之域；教化之行，引中人而纳于君子之涂，是谓章化。"（《申鉴·政体》）"君子循其性以辅其命，休斯承，否斯守，无务焉，无怨焉。"（《申鉴·杂言下》）在教化中，荀悦重视学习的重要性，并把它看作社会治乱的关键所在。"或问曰：'君子曷敦乎学？'曰：'生而知之者寡矣，学而知之者众矣。悠悠之民，泄泄之士，明明之治，汶汶之乱，皆学废兴之由，敦之不亦宜乎？'"（《申鉴·杂言上》）

汉献帝时期，东汉朝廷实际上已经成为曹操的傀儡，"时政移曹氏，天子恭己而已。悦志在献替，而谋无所用，乃作《申鉴》五篇"（《后汉书·荀韩钟陈列传》）。因此，作为东汉朝廷的秘书监，荀悦著《申鉴》的一个重要目的，就是从国家的立场出发探讨治理问题，而人性论则是其整个政治策论的基石和出发点。

第五章

唐代时期的人性论

一、韩愈的性三品说

韩愈（768—824），字退之，河南河阳（今河南孟州市）人，祖籍昌黎郡（今河北省昌黎县），世称"昌黎先生""韩昌黎"。出身官宦之家，从小接受儒家正统教育，勤学苦读。贞元八年（792），擢进士第。官至吏部侍郎，屡因直谏被贬黜。唐代著名文学家、儒家代表人物，与柳宗元创导古文运动，主张文以载道，复古崇儒，抵排异端，攘斥佛老，是唐宋八大家之一。苏轼称赞他"文起八代之衰，而道济天下之溺；忠犯人主之怒，而勇夺三军之帅"。死后谥号文，故又称为韩文公。著作有《韩昌黎集》等。

1. 性三品说

韩愈的人性论是针对当时佛教的人性观而发的。在韩愈其时，佛教在社会上影响巨大，并产生了许多社会弊病，如坐逃赋役、破坏伦理纲常等，对朝廷的统治造成了诸多隐患。不仅如此，佛教的传播还对儒家思想产生了巨大冲击，尤其是佛教的哲学思辨更是为儒学所不及，导致了儒门淡薄皆归释氏的局面。为了维护正常的统治秩序并复兴儒学，韩愈从儒家思想出发提出了辟佛的主张，并从人性论的角度进行了论证。他说："性也者，与生俱生也；情也者，接于物而生也。性之品有三，而其所以为性者五；情之品有三，而其所以为情者七。曰：何也？曰：性之品有上中下三。上焉者，善焉而已矣；中焉者，可导而上下也；下焉者，恶焉而已矣。其所以为性者五：曰仁、曰礼、曰信、曰义、曰智。上焉者之于五也，主于一而行于四；中焉者之于五也，一不少有焉，则少反焉，其于四也混；下焉者之于五也，反于一而悖于四。性之于情视其品。情之品有上中下三，其所以为情者七：曰喜、曰怒、曰哀、曰惧、曰爱、曰恶、曰欲。上焉者之于七也，动而处其中；中焉者之于七也，有所甚，有所亡，然而求合其中者也；下焉者之于七也，亡与甚，直情而行者也。情之于性视其品。"（《原性》）

　　在人性的产生问题上，韩愈认为人性是生而即有的，与告子的"生之谓性"、荀子的"生之所以然者谓之性"、董仲舒的"性者生之质也"及荀悦的"生之谓性"意思相同。在情的产生及性与情的关系上，韩愈认为情是性在与物相接的过程中产生的，这与荀子"性之好、恶、喜、怒、哀、乐，谓之情"及刘向"情，接于物而然者也"的思想相同，情源于性而不同于性。韩愈认为，性有三品，相应的，情也有三品，并相互对应。韩愈性三品说的根据是《论语·阳货》中孔子说的"性相近也，习相远也""惟上智与下愚不移"。后世儒家的性三品说均以此为据。如董仲舒的圣人之性、中民之性、斗筲之性，以及后来的扬雄、王充等。在韩愈看来，性是仁义礼智信五种德性，是人生来即有的天然本性。由此可见，韩愈的性是一种道德之性，而不是一种自然欲望。韩愈对性如此这般规定，是对佛老性空说的一种反对。孟子将人性对应于仁义礼智四端，《白虎通》明确说"五性者何谓？仁、义、礼、智、信也"，王充也说"人含五常之性"。韩愈选择孟子作为孔子之后的正统，"求观圣人之道必自孟子始"，他的人性论也是循着孟子的路向，从人之异于禽兽之处来将人性定义为五常，因此，宋儒朱熹特别赞同韩愈以五常为性的思想，"韩文《原性》，人多忽之，却不见他好处。如言'所以为性者五：曰仁、义、礼、智、信'。此语甚实"（《朱子语类》卷一百三十七）。韩愈之实正是对佛老之虚的反对。朱熹认为韩愈能从仁义礼智上谈性，是一种识见本体的认识。"韩文公云人之所以为性者五，其说最为得之。却为后世之言性者，多杂佛老而言。所以将性字作知觉心意看之，非圣贤所说性字本指也……凡此四者，具于人心，乃是性之本体。"（《朱子全书》卷四十八）不过，朱熹认为这不过是韩愈偶然瞥见，才高识卓而已。"问：韩文公说'人之所以为性者五'是他实见得到后如此说耶？为复是偶然说得著？曰：'看他文集中说，多是闲过日月，初不见他做工夫处。想只是才高，偶然见得如此。及至说到精微处，又却差了。'"（《朱子语类》卷一百三十七）宋明理学家接过此说发展出后来的"性即理"说。韩愈以五常为性，那恶从何而来？在韩愈看来，以五常作为人性是一个普遍的存在，具体到每个人，其所具备的五常要素各不相同，因此出现了三种品级的人性。上品的性对于这五种德来说，擅长于其中的一种，并通行于其他的四种；中品的性对于这五种德来说，对某一德稍有亏欠或违反，并影响到其他四种；下品的性对于这五种德来说，不仅违反了其中一种，同时违背了其他四种。韩愈对何为一、何为四没做进一步解释，孙汝听在解释此句时将一定为仁，"主于一，谓主于仁也"（《原性》）。后来的宋儒二程也是如此解释："仁义礼智信五者，性也。仁者，全体。四者，四支。""仁者，浑然与物同体，义、礼、智、信、皆仁也。"（《二程遗书·元丰己未吕与叔东见二先生语》）性的三品要由情来决定。与性三品相对应，情也有三品。情有七种，喜、怒、哀、惧、爱、恶、欲。上品的情对这七情能控制得恰当自如；中品的情对这七种情，有的掌握得过分，有的却不够，但还是能够调节适当；下品的情对这七种情，有的过度，有的缺乏，而且任由其情来行动。情的三品要由性来相应地决定。韩愈的七情说，最早出现在《礼记·礼运》中："何谓人情？喜、怒、哀、惧、爱、恶、欲，七者弗学而能。"后来，荀子讲六情，"形具而神生，好恶喜怒哀乐臧焉，夫是之谓天情"（《荀子·天论》）。董仲舒讲四情，"春喜夏乐，秋忧冬悲"，佛教传入中国后，称眼、耳、鼻、舌、身五根为五情，以人的欲望来规定情。佛老主张灭情见性，对社会伦理道德造成了巨大冲击。与此相对，韩愈提出了性情相应的主张，既肯定性，又重视情，通过修养使人得以"动而得其中"。韩愈的性情相统一的主张，是他在辟佛中的一大理论贡献，后来的理学家则沿着这个方向继续探讨性情问题，如朱熹提出了心统性情的说法。

2. 评论前说

韩愈对历史上几种著名的人性论进行了批评，认为它们都没有得到恰当的结论，性三品才是对人性的一种合理划分。"孟子之言性曰：人之性善；荀子之言性曰：人之性恶；扬子之言性曰：人之性善恶混。夫始善而进恶，与始恶而进善，与始也混而今也善恶，皆举其中而遗其上下者也，得其一而失其二者也。叔鱼之生也，其母视之，知其必以贿死。杨食我之生也，叔向之母闻其号也，知必灭其宗。越椒之生也，子文以为大戚。知若敖氏之鬼不食也。人之性果善乎？后稷之生也，其母无灾。其始匍匐也，则岐岐然、嶷嶷然；文王之在母也，母不忧。既生也，傅不勤；既学也，师不烦。人之性果恶乎？尧之朱、舜之均、文王之管蔡，习非不善也，而卒为奸。瞽叟之舜、鲧之禹，习非不恶也，而卒为圣。人之性善恶果混乎？故曰：三子之言性也，举其中而遗其上下者也，得其一而失其二者也。"（《原性》）孟子主张人性善，荀子提出人性恶，扬子讲人性善恶混。韩愈认为他们的主张都是得性之一，而失去其二。孟子的由善而变为恶，荀子的由恶而变为善，扬雄的从开始善恶混合而到成善成恶，都是选取中品之性，而遗漏上下两种，即得到其中一个而失去另外两个。韩愈继而举例论证道，叔鱼刚出生时，他的母亲看他的相貌，就知道他必定会因为受贿而死。杨食我刚出生时，叔向的母亲听到他的哭号声，就知道他必定会使宗族毁灭。越椒出生时，子文非常难过，知道若敖氏的祖先不再享有祭祀。韩愈由此质疑孟子所说的，人性果真是善的吗？后稷出生时，他的母亲没有遭遇灾祸，他开始学习爬行，就表现出一副聪慧的样子。周文王在母亲怀孕期间不曾让母亲担忧；出生后，不让傅父操劳；学习时，不让老师烦恼。韩愈由此质疑荀子讲的，人性果真为恶的吗？尧的儿子丹朱，舜的儿子商均，文王的儿子管叔蔡叔，学习环境不是不好，然而最终成为奸恶之人。瞽叟的儿子舜，鲧的儿子禹，学习的环境不是不坏，然而最终成为圣人。韩愈由此质疑扬雄的观点，人性果真是善恶相混的吗？因此，韩愈下结论说，这三人谈论人性，都是提到了中品却遗漏了上、下二品，得到其中的一个方面却失掉另外两个方面。"曰：今之言性者异于此，何也？曰：今之言者，杂佛老而言也。杂佛老而言也者，奚言而不异！"（《原性》）有人又问：当今社会的人们谈论人性和你的观点不同，为什么呢？韩愈回答说：今人的观点，夹杂佛家、道家的观点谈论；夹杂佛家、道家的观点谈论，怎么会没有不同！这是韩愈从儒家观点出发来谈论人性。

3. 辟佛之功

韩愈提出人性三品的主张，是为了加强君主专制的统治，是出于辟佛的需要。"曰：然则性之上下者，其终不可移乎？曰：上之性，就学而愈明；下之性，畏威而寡罪。是故上者可教，而下者可制也。其品则孔子所谓不移也。"(《原性》)有人问：那么上品人性和下品人性，难道最终不能改变吗？韩愈回答说：上品人性，通过学习就会越发聪明；下品人性，畏惧权威就会减少罪过。因此上品可教导，下品可约束。这两种人性，就是孔子所说的不能改变的那两种。上智与下愚不可改变，决定了上智者统治下愚者的关系永远不变，韩愈的人性论是在为君主专制制度进行合法性论证。"是故君者，出令者也；臣者，行君之令而致之民者也；民者，出粟米麻丝，作器皿，通货财，以事其上者也。君不出令，则失其所以为君；臣不行君之令而致之民，则失其所以为臣；民不出粟米麻丝，作器皿，通货财，以事其上，则诛。"(《原道》)不过，韩愈此说有其深刻的社会思想背景，即佛教泛滥的严峻现实严重影响着社会统治秩序的稳定。"古之时，人之害多矣。有圣人者立，然后教之以相生相养之道，为之君，为之师，驱其虫蛇禽兽，而处之中土。寒，然后为之衣；饥，然后为之食。木处而颠，土处而病也，然后为之宫室。为之工，以赡其器用；为之贾，以通其有无；为之医药，以济其夭死；为之葬埋祭祀，以长其恩爱；为之礼，以次其先后；为之乐，以宣其湮郁；为之政，以率其怠倦；为之刑，以锄其强梗。相欺也，为之符玺、斗斛、权衡以信。相夺也，为之城郭、甲兵以守之。害至而为之备，患生而为之防。今其言曰：圣人不死，大盗不止。剖斗折衡，而民不争。呜呼！其亦不思而已矣。如古之无圣人，人之类灭久矣。何也？无羽毛鳞介以居寒热也；无爪牙以争食也。"（《原道》）"今其法曰：必弃而君臣，去而父子，禁而相生相养之道，以求其所谓清净寂灭者。呜呼！其亦幸而出于三代之后，不见黜于禹、汤、文、武、周公、孔子也。其亦不幸而不出于三代之前，不见正于禹、汤、文、武、周公、孔子也。"（《原道》）这是韩愈不同于佛教说法的地方，更体现了韩愈儒家立场的入世情怀。

　　韩愈的人性论，是出于排斥佛老的目的而特别提出的，其功不可没。然而，他并没有对人性问题做出更深入的研究，其讨论性情的各种观点也没有进一步展开，故其人性论并没有前后各时代儒家的那般精深，然其价值是有承前启后的作用，通过对儒家人性论的新创造，开启了宋代儒学复兴的先河。如韩愈承继孟子以仁义礼智信五种先天道德来论性，同时又以现实中人所禀赋的五常多寡程度，将性分为三品，从而为宋儒提出"天地之性"和"气质之性"做了先导。对此，朱熹肯定道："退之说性，只将仁义礼智来说，便是识见高处。如论三品亦是。"（《朱子语类》卷一百三十七）"性分三品，正是说气质之性。"（《朱子语类》卷九十六）北宋李觏也对韩愈的人性论有着高度评价："古之言性者四：孟子谓之皆善，荀卿谓之皆恶，扬雄谓之善恶混，韩退之谓性之品三：上焉者善也，中焉者善恶混也，下焉者恶而已矣。今观退之之辨，诚为得也。"

二、性善情恶：李翱的人性论

李翱（772—841），字习之，陇西成纪（今甘肃秦安东）人，唐代著名的文学家、哲学家。幼年勤奋读书，后师从韩愈，唐德宗贞元十四年（798）登进士及第，历任校书郎、庐州刺史、户部侍郎、山南东道节度使等职。死后谥曰文，世称"李文公"。著作有《李文公集》十八卷，《论语笔解》（与韩愈合著）两卷。唐代佛教炽盛，儒学势衰，李翱追随其师韩愈尊儒辟佛。李翱发现佛教有着高度的思辨哲学，其表现在心性理论上尤为明显，儒学与之相比，理论的体系化相去甚远，这也是佛教久排不去的重要原因。于是，他通过总结融合儒家传统思想，开始构建一个有关儒家心性思想的理论体系，以期从思想理论上达到排佛的目的。

1. 性善情恶

受韩愈排佛及其道统说的影响，李翱在继承儒家传统人性论的基础上提出了他的人性论主张。"他（李翱）认为孔子有'尽性命之道'的道。孔子的孙子子思，得了这个'道'，作《中庸》传给孟子。孟子死后，《中庸》的文字固然还有人了解，可是其中所谈的'性命之源'就没有传人了。""他认为孟轲以后的'道统'就是归于他自己。"[1]李翱在人性论上如何继承儒家的道统？首先，

1　冯友兰：《中国哲学史新编》（中卷），北京：人民出版社2001年版，第696页、第698页。

他对人性进行了善的规定:"人之所以为圣人者,性也。人之所以惑其性者,情也。喜怒哀惧爱恶欲七者,皆情之所为也。情既昏,性斯匿矣。非性之过也,七者循环而交来,故性不能充也。水之浑也,其流不清;火之烟也,其光不明。非水火清明之过,沙不浑,流斯清矣;烟不郁,光斯明矣;情不作,性斯充矣。……情之动弗息,则不能复其性而烛天地,为不极之明。"(《李文公集·复性书上》)李翱认为,人皆有性情,不过,性是至善的,"性无不善",人人皆同且具备善性,"桀、纣之性,犹尧、舜之性也"。性是人之所以为圣人的根本依据,人人所禀赋的都是圣人之性,可见,李翱和孟子一样,都是从性善论出发来探讨性情问题的。而情则是凡人迷失性的根据,是与性相对而惑性的;喜怒哀惧爱恶欲都是情之所为,不过七者却并不等同于情。情发动就会使性蒙蔽,这是性善不能完全实现的原因。就像水不清、火不明是因为有沙泛起、烟遮蔽,等沙沉淀、烟散去后水就会清澈、火就会光明。性善不能实现是因为情的影响,情若退去,性的本善自然就会彰显。那么,情究竟是什么内容?李翱说:"弗虑弗思,情则不生。情既不生,乃为正思。……此斋戒其心者也,犹未离于静焉。有静必有动,有动必有静,动静不息,是乃情也。……方静之时,知心无思者,是斋戒也。知本无有思,动静皆离,寂然不动者,是至诚也。"(《复性书中》)要成为圣人,首先要做到"弗虑弗思",接着要从"知心无思"进一步达到"知本无有思,动静皆离",就是由动的对立面静,上升到超越动静的绝对的静。

由此可知，凡是思虑都是情。所以，只要未达到"动静皆离，寂然不动"的境界，所有心识活动都是情。因此，情相当于识。

对于情的来源，李翱认为，"无性则情无所生矣。是情由性而生，情不自情，因性而情，性不自性，由情以明。"（《复性书上》）性是情产生的根据，有性才有了情，情是性的表现，性不自我表现，由情来表现。李翱的另一种说法是，"情者，妄也，邪也。邪与妄则无所因矣……情本邪也，妄也，邪妄无因，人不能复"（《复性书中》）。这两种说法并不矛盾，前者讲情以性为根据，后者说情生于性，而不是性主动产生情，性在迷惑的状态中产生情。李翱还讲了二者的关系："性与情不相无也。虽然，无性则情无所生矣。是情由性而生。情不自情，因性而情；性不自性，由情以明。性者，天之命也，圣人得之而不惑者也；情者，性之动也，百姓溺之而不能知其本者也。"（《复性书上》）性与情是一个心的两个状态，还是两个心？李翱没有明确回答。但学者们多认为是同一心的两种状态，即性是心之静，情是心之动。所以，灭情复性不是将所有心识消除，而是改变心识的状态，使之寂然不动。

2. 天之命也

对于性的来源，李翱认为性来源于天命，即《中庸》所谓"天命之谓性"。但是《中庸》并没有将天命之性直接与圣人之性等同起来，也没有讲天命之性是人人皆同。对此，李翱是基于传统儒家思想做了一种创新性的诠释。在这种理解中，李翱认为性是天直接赋予人的，这样人性则等同于天，天道性命从此通而为一。可以说，李翱的性本善就是从孟子的性善论发展而来的，而又有了新的解释和创造。李翱认为百姓之性与圣人之性没有差别，都是性本善的，而百姓不能成圣的原因则在于情蒙蔽了本善之性。"性者，天之命也，圣人得之而不惑者也；情者，性之动也，百姓溺之而不能知其本者也。圣人者，岂其无情耶？圣人者，寂然不动，不往而到，不言而神，不耀而光，制作参乎天地，变化合乎阴阳，虽有情也，未尝有情也。然则百姓者，岂其无性者耶？百姓之性，与圣人之性弗差也。虽然，情之所昏，交相攻伐，未始有穷，故虽终身而不自睹其性焉。"常人为情所困，则不能自睹其性；然其性亦未尝无有，只是隐而不能见而已。圣人也有情，不过圣人之情，"虽有情也，未尝有情也"，意思是由于圣人的性有诚，使情不能蒙蔽本善的性。"桀纣之性，犹尧舜之性也。其所以不睹其性者，嗜欲好恶之所昏也，非性之罪也。……水之性清澈，其浑之也，沙泥也。方其浑也，性岂遂无有邪？久而不动，沙泥自沉。清明之性，鉴于天地，非自外来也。故其浑也，性本弗失。及其复也，性亦不生。人之性，亦犹水也。"（《复性书中》）性不见时，实未尝亡失；能去其情，则本来之性自然显露。李氏虽认为情是害性的，但亦以为情生于性。《中庸》说："诚者天之道也，诚之者人之道也。"李翱将诚纳入先天之性中，以贯通天道和人道，使圣人之性能够超越情，不受情的困扰和障蔽。因为诚"无思也，无为也，寂然不动，感而遂通天下"（《易》），即诚有着能够使天道和人道天然贯通的本领。李翱借用《中庸》和《易》中的诚，更合而观之，赋予了诚新的意境。由于诚的关系，李翱认为，圣人的情与其性是一致的，动而皆中节，故而不会显现，"虽有情也，未尝有情也"（《复性书上》）。其他人的情则是有害于性的，所以李翱认为"情有善有不善"，善情是圣人之情，不善之情则是凡人的情。

3. 复性主张

凡人的性善，情却是恶的，如何才能复性？李翱认为，要想恢复到原初的性，只有通过诚才能实现，即达到诚的"无思也，无为也，寂然不动，感而遂通天下"，也就是"寂然不动则情性两忘"的境界。为此，就要"弗虑弗思"，"弗虑弗思，情则不生；情既不生，乃为正思"。（《复性书中》）弗虑弗思，则使情无所发动，情不能产生，这才是一种正确的思路。"谓人性本相近于静，及其动感外物，有正有邪，动而正则为上智，动而邪则为下愚。寂然不动，则情性两忘矣。"（《论语笔解》）人性本来是接近于静的，及其动，便会感外物，从而产生正确与邪恶。《中庸》曾道："喜怒哀乐之未发，谓之中；发而皆中节，谓之和。中也者，天下之大本也；和也者，天下之达道也。致中和，天地位焉，万物育焉。"情发而皆中节，即李翱说的"动则正"，并认为此为上智。不过，李翱的看法不止于此，他认为最高境界是"寂然不动则情性两忘"。他引《易经》道："吉凶悔吝，生乎动者也。焉能复其性邪？"人性动而生情，就会有吉凶悔吝，即使动而皆中节，也已无法避免，更无法恢复到人性原初的静。他认为不动则不会有情，没有情则性无所表现，从而实现两忘。不思不虑，则情就不会产生；寂然不动，则情性两相忘却。"方静之时，知心无思者，是斋戒也。知本无有思，动静皆离，寂然不动者，是至诚也。"（《复性书中》）李翱的这种复性的方法，颇似庄子的心斋坐忘，其中透露出李翱援道入儒的思想进路。"情者，性之邪也，知其为邪，邪本无有。心寂不动，邪思自息。惟性明照，邪何所生？"（《复性书中》）性在寂然不动的状态中具有特殊的认识能力明照，即诚。"觉则明，否则惑，惑则昏。明与昏，谓之不同。明与昏，性本无有，则同与不同，二皆离矣。夫明者，所以对昏，昏既灭，则明亦不立矣。"（《复性书上》）觉悟到了至诚的境界，才能透彻明白本善之性。否则仍会为情所迷惑，从而产生昏乱，迷失本性。所以，达到了至诚之境，性之本善自然就会得以实现。

4. 佛教影响

李翱的心性论还借鉴了佛教的思想内容，尤其是天台宗"一心二门"的思维方法。"一心二门"是印度马鸣菩萨总结出的佛教心性论。一心指的是众生心，它总摄世间一切法，是一种本体的存在。二门是心真如门和心生灭门。心真如门先天具足一切，不动不寂，不生不灭。心生灭门会随条件的变化而生灭，形成各种染净的差别。与此相对照，李翱的诚就近似于天台宗的一心，性和情则近似于真如心和生灭心。朱熹曾说："李翱复性则是，云'灭情以复性'则非。情如何可灭？此乃释氏之说，陷于其中不自知。"（《朱子语类》卷五十九）冯友兰也谈道："（李翱）性情二名词，然其意义中所含之佛学的分子，灼然可见。性当佛学中所说的本心；情当佛学中所说之无明烦恼。众生与佛，皆有净明圆觉之本心，不过众生之本心为无明烦恼所覆，故不能发露耳。"[1]李翱借鉴佛教的相关理论来创建儒家的心性思想体系，为后来宋代新儒家心性思想的发展提供了模式，在儒学发展史上有着重要意义。由此，冯友兰说："宋明道学之基础和轮廓，在唐代已由韩愈李翱确定矣，而李之所贡献，尤较韩为大。"[2]

总之，李翱以儒家传统经典为基础，通过吸收佛教的形上思维和道家的修养方法，建立了以诚为本体的心性论思想体系，在思想上直接开启了宋明新儒学，为宋代新儒学的复兴做出了历史性贡献。

1　冯友兰：《中国哲学史》下册，北京：商务印书馆 2011 年版，第 283 页。

2　冯友兰：《中国哲学史》下册，第 288 页。

第六章

北宋时期的人性论

一、"天地之性"和"气质之性"：张载的性两元论

张载（1020—1077），字子厚，凤翔郿县（今陕西眉县）横渠镇人，世称横渠先生。北宋大儒，关学的创始人，理学的奠基者之一。宋仁宗嘉祐二年（1057）进士，曾任著作郎、记室督、中书侍郎等职。神宗熙宁二年（1069），除崇文院校书，次年移疾。十年春，复召还馆，同知太常礼院。同年冬告归，十二月乙亥卒于道，年五十八。宁宗嘉定十三年（1220），赐谥明公。其学术思想在中国儒学史上占有重要地位，对后世的儒学思想产生了很深的影响。他提出"太虚即气"的学说，肯定"气"是充塞宇宙之实体，"气"之聚散变化，形成各种事物现象，反对佛家、道家关于"空""无"的观点。在人性学说上，他从天道观出发探讨人性问题，提出"天地之性"和"气质之性"两个对立的命题，开创了"知礼成性"的人性修养论等。著作有《正蒙》《经学理窟》《易说》，后被编入《张子全书》中。

1. 合虚与气

张载的人性论是一个广大而精微的思想体系。他在天道论的基础上提出人性问题，认为"人受于天则为性"（《张子语录》中），"性与天道合一"（《正蒙·诚明》），从而解决了人性的来源问题。从张载的天道论来看，世界万物都是由气构成的，而气的本体则是"虚"，"凡可状皆有也，凡有皆象也，凡象皆气也。气之性本虚而神，则神与性乃气所固有，此鬼神所以体物而不遗也。"（《正蒙·乾称》）"太虚不能无气，气不能不聚而为万物，万物不能不散而为太虚。"（《正蒙·太和》）虚与气是体用、本末、隐显的关系。对此，张岱年曾说："此总一之性，乃即人的本然之性。人人物物皆禀有此性，不过有显露与不显露之别。""张子的性论，最不易了解，因其合宇宙之性与人性为一。"[1]他反对佛老以虚空说性的思想，佛教"欲直语太虚，不以昼夜、阴阳累其心"（《正蒙·王禘》），道家"谓虚能生气，则虚无穷，气有限，体用殊绝"（《正蒙·太和》），他认为二者的过失在于，"略知体虚空为性，不知本天道为用"（《正蒙·太和》），佛老以虚空来讲性，而不用气，使虚空与气两者隔离，其目的就是否认现世，追求成佛成仙。这恰如朱熹所批评的："佛老氏却不说著气，以为此已是查滓，必外此然后可以为道，遂至于绝灭人伦，外形骸，皆以为不足恤也。"（《朱子语类》卷九十八）对此，张载提出了自己的主张。

1　张岱年:《中国哲学大纲》，南京:江苏教育出版社2005年版，第209—210页。

"性者，万物之一源，非有我之得私也。"（《正蒙·诚明》）"合虚与气，有性之名"（《正蒙·太和》），"有无虚实，通为一物者，性也"（《正蒙·诚明》）。在张载对性的规定中，虚即"太虚"，"太虚者天之实也"（《张子语录》中），是"气之本体"，也即"性体"。与佛老的以空寂、虚无为性体不同，张载的太虚是万物之本、价值之源，是一种看似为无却实为大有之物。而且，太虚并非独立存在，它表现为现实世界的气，与气是一种体与用的关系。张载的性论是针对佛老的"体虚空为性"而发展出来的虚气"兼而不偏举"的性论，"得天而未始遗人"（《正蒙·乾称》）。"性其总，合两也"（《正蒙·诚明》），这是张载对秦汉以来的学者"知人而不知天"的弊端提出的人性论。明儒徐必达对此曾解释道："性者万物之一源，故曰其总；然有天地之性、气质之性两者，故曰合两。"张载在人性论上自立新说，就在于他提出了天地之性和气质之性的"合虚与气"的人性"合两"说。

张载的人性论也是在总结先儒的性论基础上提出的新学说。宋儒关于人性论的看法主要有两派，一是服膺孟子的性善说，一是认同扬雄的性善恶混。王安石对此一语概之，"今学者是孟子则非扬子，是扬子则非孟子"（《宋文选·扬孟论》）。张载的人性论则同时吸取了上述两种人性论的观点，不仅承认人性善的本体论依据，同时又不忽略人性的现实层面即气的一层，因此开启了宋儒"天地之性"和"气质之性"的理论。张载对扬雄等以气言性进行了批评，认为"今之性灭天理而穷人欲，令复返归其天理。古之学者便立天理，孔孟而后，其心不传，如荀扬皆不能知"
（《张子全书》卷六《义理》）。陈淳据此也评价道："孟子道性善，
是专就大本上说来，说得极亲切，只是不曾发出气禀一段，所以
启后世纷纷之论。""孟子不说到气禀，所以荀子便以性为恶，扬
子便以性为善恶混，韩文公又以为性有三品，都只是说得气。"
（《北溪字义·性》）张载的人性论具有不同于以往儒者的创新处，
他说："当自立说以明性，不可以遗言附会解之。"（《张子语录》
中）即是说他不以前儒人性论为标准，而立志要发明新说，从而
开创了不同于秦汉诸儒的新人性论。

2. 天地之性和气质之性

对于天地之性，张载认为它是根源于天道本体的太虚，所以
人性的本原是至善的，它有着仁义礼智等道德内涵。"天所性者通
极于道，气之昏明不足以蔽之。"（《正蒙·诚明》）性与天道相通，
这是性之本原，即天地之性。气质之性不是人性的本原，无法从
根本上遮蔽人的本原之性。"性通极于无，气其一物尔。"（《正
蒙·乾称》）王夫之解释道："无，谓气未聚，形未成，在天之神
理。此所言气，谓成形以后形中之气，足以有为者也。气亦受之
于天，而神为之御，理为之宰，非气之即为性也。"（《张子正蒙
注》卷九）王夫之肯定无即太虚是性的体，而不以成形后的气为
性。故而，张载将未形之前称为天地之性，既形而后称为气质之
性，"形而后有气质之性，善反之，则天地之性存焉。故气质之
性，君子有弗性者焉"（《正蒙·诚明》）。张载说："大学之道在止

于至善，此是有本也。思天下之善无不自此始，然后定止于此，发源立本。"（《张子语录》下）张载认为，作为天地之性本原的太虚就是至善，"天地以虚为德，至善者虚也"（《张子语录》中），"虚者，止善之本也，若实，则无由纳善矣"（《张子语录》上）。天地之性来自"虚"，"虚"同时又是至善，因此，张载将超越而永恒的天地之性作为人性的本原和根据。

气质之性存在于人的形体生成之后。因而人的天地之性虽同，但气质之性在每个人身上的表现则殊异。"人之性虽同，气则有异。天下无两物一般，是以不同。"（《张子语录》下）张载还将气质之性称为"攻取之性"，其内容指的是人的生理欲望，"湛一，气之本；攻取，气之欲。口腹于饮食，鼻舌于臭味，皆攻取之性也。知德者属厌而已，不以嗜欲累其心，不以小害大、末丧本焉尔"（《正蒙·诚明》）。攻取之性即气质之性，与天地之性有大小、本末的关系。正是由于两种性的关系，人在成性之前是"性未成则善恶混"的状态，是天地之性和气质之性的自然而混沌的状态。之所以善恶混，则是气质之性对天地之性的"缠绕"，由此造成了对天地之性的遮蔽，此状态张载称之为"性同气异"。如果任其发展，则会出现人欲横流的局面，所以他主张通过修养即"变化气质"使人达到天地之性，此即成性。"上达反天理，下达徇人欲者与！"（《正蒙·诚明》）天地之性根源于太虚，为至善，这是一种形上的天理，"性只是理，非是有这个物事；若性是有底物事，则既有善，亦必有恶。惟其无此物，只是理，故无不善"（《张子语录·后录》下）。这是成性何以可能的根据。气质之性即攻取之性，也就是人欲则有善有恶。张载说："有天生性美，则或能孝友廉节者，不美者，纵恶而已。性元不曾识磨砺。"（《经学理窟·礼乐》）意为天生的性美与不美，都是气质之性的表现。"天姿美，不足为功"（《经学理窟·气质》），天生的气质之善，虽与人性本原之善相通，但它还是不能作为道德的根据。气质之性虽不能作为人之性善的依据，但却也不是完全相对立之物，非要彻底铲除干净，须知天地之性与气质之性是体用的关系。总之，张载绝无否定气质之性存在合理性的意思，"饮食男女皆性也，是乌可灭？"（《正蒙·乾称》）饮食男女都是人生来禀受的气质之性，这些也都是人生所必需的生理欲求。"大凡宽褊者，是所禀之气也。气者，自万物散殊时，各有所得之气，习者，自胎胞中以至于婴孩时，皆是习也。"（《张子语录》下）"气有刚柔、缓速、清浊之气也。质，才也。气质是一物，若草木之生，亦可言气质。"（《经学理窟·学大原》）也就是说，气质之性是在人形成后才有的，每人的禀受不同才产生了性格等方面的差异。所以，张载的成性主张，主要是从"变化气质"即改变气质之性的道德实践入手，但绝不是用根除气质之性的极端做法。

3. 成性主张

张载在将性区别为天地之性和气质之性的同时，还提出了由性的"通蔽开塞"程度区别人物的主张。张载说："天下凡谓之性者，如言金性刚，火性热，牛之性，马之性也，莫非固有。凡物莫不有是性。由通蔽开塞，所以有人物之别；由蔽有厚薄，故有智愚之别。塞者牢不可开，厚者可以开而开之也难，薄者开之也易，开则达于天道，与圣人一。"（《张子全书》卷十四《性理拾遗》）物都有其性，但由于有开通闭塞与否的缘故，才有了人和物的区别。同样，也造成了人与人的智愚的差别。闭塞者不能通达天道，较厚者打开会很困难，较薄者才容易达到圣人的至善。张载于是批评告子以生为性的主张，认为"以生为性，既不通昼夜之道，且人与物等，故告子之妄，不可不诋"（《正蒙·诚明》）。告子的性论，实际上是以自然属性的气为性，而张载重视的是"学者当须立人之性"（《张子语录》中），即要以天地之性为贵，而不可将人与物的性等同来看。

张载在变化气质过程中，非常强调学的重要性，"气者在性、学之间"。由于人"多为气所使而不得为贤者"（《经学理窟·气质》），即人为气质之性所限制而不能成为贤人，所以要变化气质之性进行道德修养。而变化气质的重要方法就是学。"明者，所学也。""苟志于学，则可以胜其气与习，此所以褊不害于明也。"（《张子语录》下）"为学大益，在自求变化气质。"（《张子语录》中）"但学至于成性，则气无由胜。"（《经学理窟·气质》）张载主张通过学来克服气质之性对人的限制，达到天地之性的道德目标，进而达到天人合一的最高精神境界。

张载的这种达致天地之性的道德实践即他的成性论。在人性成长过程中，张载认为需要经过三个阶段。"由学者至颜子一节，

由颜子至仲尼一节，是至难进也。二节犹二关……"（《经学理
窟·义理》）从学者到颜子阶段是一个关口，从颜子到孔子阶段是
一个关口。每个阶段不同，其道德实践的工夫也有差别。首先是
学者阶段，这个阶段的目标是德性的培养，"学者常存德性"（《正
蒙·天道》）。这需要"知礼"，并"以礼性之"，即要了解和把握
人所应遵循的礼仪规范，在实践行动中以礼成就自身德性，从而
做到知行统一，"合内外之道"。"礼非止著见于外，亦有无体之
礼，盖礼之原在心。"（《经学理窟·礼乐》）"修持之道，既须虚
心，又须得礼，内外发明，此合内外之道也。"（《经学理窟·气
质》）张载认为，德性的养成，需要将内在精神理念和外在道德
实践合而为一。其次是颜子即大人阶段，这个阶段仍是以德性的
培养为目标。不过，此阶段的修养工夫有"勉勉以成性"的特点。
张载说："如颜子者，方勉勉于非礼勿言，非礼勿动。勉勉者，勉
勉以成性也。"（《经学理窟·礼乐》）"惟知学然后能勉，能勉然
日进而不息可期矣。"（《正蒙·中正》）大人与学者相比，能够更
好地运用修养方法，也即"术正"。张载说："惟大人为能尽其道，
是故立必俱立，知必周知，爱必兼爱，成不独成。"（《正蒙·诚
明》）成不独成，就是大人在成性过程中，超出成己的范围，推展
到成人及成物的儒家忠恕精神。最后就是圣人的阶段。此阶段的
成性工夫要求则更高。同之前一样，圣人也要知礼。张载说："圣
人亦必知礼成性。"（《横渠易说·系辞上》）"学礼，学者之尽也，
未有不须礼以成者也。学之大，于此终身焉，虽德性亦待此而长。

惟礼乃是实事，舍此皆悠悠，圣庸共由此途，成圣人不越乎礼，进庸人莫切乎礼，是透上透下之事也。"（《礼记集说》）知礼而后，圣人则与大人有着不同的工夫形态，大人需要"思虑勉勉"，圣人则能够做到"不思不勉，从容中道"（《正蒙·三十》），这是圣人"德盛仁熟之致，非智力能强也"（《正蒙·神化》）。由于圣人能够彻悟宇宙根源，因此，圣人的尽性工夫就是彻悟宇宙万物的根源。张载说："须知自诚明与明诚者有异。自诚明者，先尽性以至于穷理也，谓先自其性理会来以至穷理；自明诚者，先穷理以至于尽性也，谓先从学问理会，以推达于天性也。"（《张子语录》下）自明诚是学者和大人阶段的穷理工夫，自诚明则是圣人阶段的尽性工夫。所以，圣人的成性目标是"至诚""位天德"的最高境界。由此，张载把圣人与宇宙本体的天相连通。"必学至于如天，则能成性"（《经学理窟·气质》），"学必如圣人而后已"（《横渠先生行状》）。"大人成性则圣也化，化则纯是天德也"，"成性则跻圣而位天德"。（《横渠易说·上经》）"圣人之诚，天德也"（《正蒙·诚明》），"至诚，天性也"（《正蒙·王禘》）。"所谓诚明者，性与天道，不见乎小大之别也。""性与天道合一存乎诚。"（《正蒙·诚明》）张载成性主张的最后阶段，就是通过达到圣人至诚、天德的道德境界，从而恢复人本身所存有的天地之性。张载批评秦汉以来的儒者"求为贤人而不求为圣人"，即成性的目标就是要达到圣人的天德境界。后儒对他的成性论颇为赞赏，如南宋朱熹曾说："横渠说做工夫处，更精切似二程。"（《朱子语类》卷一

百十三）明末清初的黄宗羲肯定道："横渠气魄甚大，加以精苦之工，故其成就不同。"（《横渠学案》）

4. 穷理尽性

张载在讲"变化气质"以成性时，还讲到尽性，如"穷理尽性以至于命"。当然，成性与尽性是不同的，成性就是在改变气质之性上做工夫，从而达到天地之性。尽性则是穷尽天地之性，使天地之性展露无遗。知礼成性是从人的道德修养来讲，而穷理尽性则不仅从道德修养上来讲，还包括了社会之理乃至天地之理。张载说："释氏之言性不识易，识易然后尽性。盖易则有无动静可以兼而不偏举也。""乾坤，天地也。易，造化也。圣人之意，莫先乎识造化。既识造化，然后有理可穷。彼惟不识造化，以为幻妄也……不见易则不识造化，不识造化则不知性命，既不识造化，则将何谓之性命也？……有谓心即是易，造化也。心又焉能尽易之道？"（《横渠易说·系辞上》）穷理就是识易，识造化，即天地万物之理，此理不在人之心内，而在人身之外。穷理而后方可尽性。张载说："吾儒以参为性，故先穷理而后尽性。"（《横渠易说·说卦》）"仲尼自志学至老，德进何晚？窃意仲尼自志学固已明道，其立固已成性，就上益进，盖由天之不已。为天已定，而所以为天不穷。如有成性则止，则舜何必孜孜？仲尼何必不知老之将至，且叹其衰，不复梦见周公？"（《张子语录》上）张载认为，孔子在三十岁时就已成性，为何孔子还进德不已，是因为"为天不穷"。"穷理尽性，然后至于命。尽人物之性，然后耳顺，与天地参。无意、必、固、我，然后范围天地之化，从心不逾矩。老而安死，然后不梦周公。"(《正蒙·三十》)张载认为，穷理尽性以至于命，不是只尽自己之命，还是尽他人之命，尽万物之命，即要赞天地之化育，与天地参。张载说："尽其性，能尽人物之性；至于命者，亦能至人物之命。莫不性诸道，命诸天。我体物未尝遗，物体我知其不遗也。至于命，然后能成己成物，不失其道。"(《正蒙·诚明》)尽性即穷尽天地之性，以此性则能够穷尽他人他物之性，从而与天地合一，这就是儒家的圣人，修己不仅是为了自己，还要推及他人，推及他物，乃至天地万物，从而帮助天地化育万物。

张载的人性论是一个精深完备的理论体系，他为宋代儒家人性思想的开展奠定了重要基础。他从天人合一的角度阐释人性的概念，提出了天地之性和气质之性的说法，将道德价值的本体与人性的现实层面统一起来，并由此出发，提出强调学习以变化气质，从而知礼成性的道德修养之路。不仅如此，张载突破了前儒人性论只讲道德修养的思想，还主张尽性，包括尽人之性，尽物之性，从而达到赞天地化育以与天地参的境界，这便进一步深化了儒家人性论的内容，构筑起后世儒家人性论的重要理论框架，对其后的宋明理学产生了深远的影响。

二、"天命之性"和"气禀之性"：程颢程颐的性两元论

程颢（1032—1085），字伯淳，世称明道先生，今河南洛阳人。北宋理学家、教育家。北宋嘉祐二年（1057）进士，历任鄠县主簿、上元县主簿、泽州晋城令、太子中允、监察御史、监汝州酒税、镇宁军节度判官、宗宁寺丞等职。因与王安石政见不合，不被重用，遂潜心于学术。

程颐（1033—1107），字正叔，今河南洛阳人，世称伊川先生。生于湖北黄陂，为程颢之胞弟，北宋理学家和教育家。自幼受家学熏陶，熟读圣贤之书。二十四岁随父入京师，在太学一举成名，并开始在京师授徒讲学。北宋嘉祐四年（1059），程颐受诏，赐进士出身。历任汝州团练推官、西京国子监教授、秘书省校书郎、崇政殿说书。受父亲的影响，程颐在政治上反对王安石新法。

熙宁五年（1072），程颢退休回乡，兄弟二人便住在一起，以读书劝学为事。程颢和其弟程颐曾受学于周敦颐，世称"二程"，是北宋理学的奠基者，他们的学说后来为朱熹所继承和发展，世称"程朱学派"。"二程"的学术思想基本相同，认为"理"是先于万物的"天理"，"万物皆只是一个天理"，"万事皆出于理"。（《二程遗书》卷二）现行社会秩序为天理所定，遵循它便合天理，否则便是逆天理。强调人性本善，"性即理也"，由于气禀不

同，因而人性有善有恶。浊气和恶性，其实都是人欲。人欲蒙蔽了本心，便会损害天理。"无人欲即皆天理"（《二程遗书》卷十五），因此教人"存天理、灭人欲"。要"存天理"，必须先"明天理"。对此，程颢提出了"传心"说，"天者理也"（《二程遗书》卷十一）和"只心便是天，尽之便知性"，"仁者，浑然与物同体"（《二程遗书》卷二）。程颐提出了即物穷理说，认识事物之理，积累多了，天理就豁然贯通。

二程从事学术活动多年，培养了大批理学人才，特别是跟随程颐求学的弟子很多，其中著名人物有谢良佐、杨时、游酢、吕大中、吕大均、吕大临、侯仲良、刘立之、朱光庭、邵伯温、苏昺等人。由于兄弟二人长期讲学于洛阳，遂形成了著名的洛学学派，在中国思想史上产生了深远的影响。1085 年 4 月，宋哲宗即位，召程颢为宗正丞。程颢未行而卒，享年 54 岁。程颢撰有《定性书》《识仁篇》等，后人集其言论所编的著述有《遗书》《文集》等。绍圣三年（1096），新党再度执政，程颐被贬到四川涪州（今四川绵阳市），并累及他的儿子和学生。崇宁元年（1102），恢复新法的宋哲宗下令追毁程颐的全部著作。在其门人保护之下，程颐的著作才被保留下来。在此境遇下，程颐不久病死家中。其著作有《周易程氏传》《遗书》《易传》《经说》，被后人辑录为《程颐文集》。明代后期与程颢的著作合编为《二程全书》。

1. 性即理也

（1）"五行之性"和"五常之性"

在继承前代儒家的基础上，二程提出了自己的人性论。他们从五行思想角度对性的概念进行了阐述，认为凡是生物，包括人类，都有"五行之性"和"五常之性"："天有五气，故凡生物，莫不具有五性，居其一而有其四。"（《二程遗书》卷十五）五气，指的是金木水火土五行之气，五气杂糅和合产生各种事物；五性，就是五气所成的事物所具有之性。人的产生就是因为禀受五行之气的结果。"天有五行，人有五藏。心，火也，著些天地间风气乘之，便须发燥。肝，木也，著些天地间风气乘之，便须发怒。推之五藏皆然。"（《二程遗书》卷二）人的性情是由五脏所发，而五脏又与五行有关。他们认为，这些都是人和其他生物所共有的自然本性。"万物皆有良能，如每常禽鸟中做得窠子，极有巧妙处，是他良能，不待学也。"（《二程遗书》卷十九）"良能"也称"真性"，指的是人和生物的各种生命欲求，如声色嗅味等耳目口鼻之欲。程颐说："口目耳鼻四支之欲，性也。"（《二程遗书》卷十九）"祭先本天性，如豹有祭，獭有祭，鹰有祭，皆是天性。"（《二程遗书》卷二十二）从自然的本性出发，人和其他生物都有"五行之性"。二程说："仁、义、礼、智、信五者，性也。仁者，全体。四者，四支。仁，体也。义，宜也。礼，别也。智，知也。信，实也。"（《二程遗书》卷二）"仁者，公也，人此者也。义者，宜也，权量轻重之极。礼者，别也。知者，知也。信者，有此者也。

万物皆有信，此五常性也。"（《二程遗书》卷九）五常性就是万物所具有的仁义礼智信五种本性，自然也是人性所固有的本质，这是人之善所由来处。"圣人因其善也，则为仁义礼智信以名之，以其施之不同也，故为五者以别之。合而言之皆道，别而言之亦皆道也。舍此而行，是悖其性也，是悖其道也。而世人皆言性也，道也，与五者异，其亦弗学欤！其亦未体其性也欤！其亦不知道之所存欤！"（《二程遗书》卷二十五）而人之所以和其他生物不同，就是因为人能够不断扩充此五常性，"凡有血气之类，皆具五常，但不知充而已矣"（《二程遗书》卷二十一），"君子所以异于禽兽者，以有仁义之性也。苟纵其心而不知反，则亦禽兽而已"（《二程遗书》卷二十五）。

（2）"生之谓性"和"天命之谓性"

他们还对"生之谓性"和"天命之谓性"进行了阐述。"'生之谓性'与'天命之谓性'同乎？性字不可一概论。'生之谓性'，止训所禀受也。'天命之谓性'，此言性之理也。今人言天性柔缓，天性刚急，俗言天成，皆生来如此，此训所禀受也。若性之理也，则无不善，曰天者，自然之理也。"（《二程遗书》卷二十四）"生之谓性"在二程看来就是气质的禀受；"天命之谓性"则是性之理，本原之性。二程认为，"天下之理，原其所自，未有不善"（《二程遗书》卷二十二），所以本原之性自然是善的。程颢认为："性相近也，习相远也。性一也，何以言相近？"（《二程遗书》卷十八）意思是人的天命之性都是一样的，都是善的。可见，他们的"天命之性"和"气禀之性"观点来源于张载的"天地之性"和"气质之性"的思想。不过，他们还融合了告子"生之谓性"的观点。他们曾说："告子云'生之谓性'则可，凡天地所生之物，须是谓之性，皆谓之性则可。于中却须分别牛之性、马之性。是他便只道一般；如释氏说蠢动含灵，皆有佛性，如此则不可。"（《二程遗书》卷二）二程同意告子的生之谓性的观点，但他们认为告子只看到了人、物的共性，而没有看到人、物的特殊性，因而把牛马之性与人之性混为一谈。在二程看来，这种观点与佛教的"蠢动含灵，皆有佛性"的说法相似。二程的人性论由此看来确较前人更为深刻。"天命之性"是二程对《中庸》"天命之谓性"所做的发挥。他们说："'天命之谓性，率性之谓道'者，天降是于下，万物流形，各正性命者，是所谓性也。循其性而不失，是所谓道也。"（《二程遗书》卷二）如果"生之谓性"是万物受生之后称为性，"天命之谓性"则是受生之前就存在的性，是天降在万物身上而体现出来的，就是性。二程根据自己的人性观念，对孔孟的人性论进行了评述。他们认为孔子的性相近说只是讲了气禀之性，而没有讲天命之性，孟子的性善说才讲到了本原之性。"'性相近也'，此言所禀之性，不是言性之本。孟子所言，便正言性之本。"（《二程遗书》卷十九）在二程看来，孔子、孟子各讲了人性的一个方面，而讲人性还是应兼及气禀之性和天命之性两个方面。二程认为，"性即气，气即性，生之谓也"（《二程遗书》卷一），"论性不论气，不备；论气不论性，不明"（《二程遗书》卷六），"人生气禀，理有善恶，然不是性中元有此两物相对而生也。

有自幼而善，有自幼而恶，是气禀有然也"（《二程遗书》卷一）。二程认为，人生所禀受的气不同，而形成善恶不同的个人。人的天命之性没有差别，但气有清浊、厚薄、偏正等不同，从而人有缓急、刚柔、才不才等特点。

（3）性即理也

程颐还提出了"性即理"的哲学观点。他说："性即理也，所谓理，性是也。"（《二程遗书》卷二十二）"性即是理，理则自尧舜至于途人，一也。"（《二程遗书》卷十八）性是天赋予人而在人身上的表现。二程说："天之付与之谓命，禀之在我之谓性，见于事业之谓理。"（《二程遗书》卷六）"理也，性也，命也，三者未尝有异。"（《二程遗书》卷二十一）理、性、命三者是一件东西，只是名称不同，在天为命，在人为性，在事为理。"在天为命，在义为理，在人为性，主于身为心，其实一也。"（《二程遗书》卷十八）后来理学家陈淳对"性即理"解释道："性即理也，何以不谓之理而谓之性？盖理是泛言天地间人物公共之理，性是在我之理，只这道理受于天而为我所有，故谓之性。性字从生从心，是人生来具是理于心，方名之曰性。其大目只是仁义礼智四者而已。……性与命本非二物，在天谓之命，在人谓之性，故程子曰：'天所付为命，人所受为性。'"（《北溪字义·性》）陈淳的解释与二程思想是一致的。朱熹则评价道："性即理也，自孔孟后无人见得到此，亦自古无人敢如此道。……性即理也一语，直是自孔子后，惟是伊川说得尽。这一句便是千万世说性根基。"（《近思录集注》卷一）后来，朱熹继承了程颐"性即理"的思想，而陆九渊则主张"心即理"的说法，遂成为此后朱陆之争的核心思想问题，理学与心学的主要分歧所在。

2. 人性本善

（1）性是善的

对于人性善恶问题，二程都主张性本善说，因为在他们看来，"理则天下只是一个理"（《二程遗书》卷二），"天下之理，原其所自，未有不善"（《二程遗书》卷二十二）。人性是理之在人身者，所以人性是善的，但他们的具体说法有异。程颢将这种本原的性称为天德，"元是天然完全自足之物"（《二程遗书》卷一）。他进一步解释道："'生生之谓易'，是天之所以为道也。天只是以生为道，继此生理者，即是善也。善便有一个元底意思。'元者善之长'，万物皆有春意，便是'继之者善也'。'成之者性也'，成却待佗万物自成其性须得。"（《二程遗书》卷二）程颐说："自性而行皆善也，圣人因其善也，则为仁义礼智信以名之，以其施之不同也，故为五者以别之。合而言之皆道，别而言之亦皆道也。"（《二程遗书》卷二十五）程颐将性善进一步分为仁义礼智信，这是人所固有的善性，不能违反这五种常性。

（2）以气释恶

人性本善，然而恶从何而来？二程以气禀说阐释恶的形成。"生之谓性，性即气，气即性，生之谓也。人生气禀，理有善恶，然不是性中元有此两物相对而生也。有自幼而善，有自幼而恶，是气禀有然也。善固性也，然恶亦不可不谓之性也。盖生之谓性、人生而静以上不容说，才说性时，便已不是性也。凡人说性，只是说继之者善也，孟子言人性善是也。夫所谓继之者善也者，犹水流而就下也。皆水也，有流而至海，终无所污，此何烦人力之为也？有流而未远，固已渐浊，有出而甚远，方有所浊。有浊之多者，有浊之少者。清浊虽不同，然不可以浊者不为水也。如此，则人不可以不加澄治之功。故用力敏勇则疾清，用力缓怠则迟清，及其清也，则却只是元初水也。亦不是将清来换却浊，亦不是取出浊来置在一隅也。水之清，则性善之谓也。故不是善与恶在性中为两物相对，各自出来。此理，天命也。顺而循之，则道也。循此而修之，各得其分，则教也。自天命以至于教，我无加损焉，此舜有天下而不与焉者也。"（《二程遗书》卷一）从这段话可以看出，程颢将告子的"生之谓性"与气禀说联系起来，认为性即是气，气即是性。由此一来，善恶都成为气禀说表现出来的性。程颢进而解释，善恶并不是在性中相对而生，性中原无善恶的对立。在程颢看来，人出生之前，没有生命，自然谈不上有性。等到出生后，可以说有性了，但这已不是天命之性，而是气禀之性。他用水作比喻，水有清、浊的不同，但清水、浊水都是水。因此，善恶都是性。不过，水的源头是清的，性之本是善的。而恶的出现，则是在流行过程中由于气禀的缘故而产生的。程颢这是以气禀说和天命论结合来论述人性的善恶问题。朱熹认为二程的天命之性和气质之性的结合，在孟子性善论基础上使儒家人性论达到了一个新高度，"孟子未尝说气质之性，程子论性，所以有功于名教者，以其发明气质之性也。以气质论，则凡言性不同者，皆冰释矣"（《朱子语类》卷四）。总之，二程关于人性善恶的观点是相同的，不过，具体的解释则各有侧重，总体而言，他们认为性本善，而以气禀说解释恶的出现。

（3）性情才说

程颐在解释人性善恶问题上，提出了性情才的学说。程颐说："性无不善，其所以不善者，才也。受于天之谓性，禀于气之谓才，才之善不善，由气之有偏正也。乃若其情，则无不善矣。今夫木之曲直，其性也；或以为车，或可以为轮，其才也。然而才之不善，亦可以变之，在养其气以复其善尔。故能持其志，养其气，亦可以为善。故孟子曰：'人皆可以为尧舜。'惟自弃自暴，则不可与为善。"（《二程外书·胡氏本拾遗》）在程颐看来，人性是善的，不善的恶是由于才，程颐将恶从人性中去除了。对于才，程颐还解释道："如材植是也。譬如木，曲直者，性也；可以为轮辕，可以为梁栋，可以为榱桷者，才也。今人说有才，乃是言才之美者。才乃人之资质，循性修之，虽至恶可胜而善。"（《二程遗书》卷二十二）在程颐看来，才就是气禀之质，即气质之性，只是换了种说法而已。如此，性是受于天，故是善；而才则禀于气，并随气之偏正，而为善或恶。

对于情，程颐常以性情相对来讲，所以情在其人性论中也是一个重要概念。从整体来看，程颐认为情有善有不善。他青年游太学时曾写过一篇文章——《颜子所好何学论》，其中讲到了情："天地储精，得五行之秀者为人，其本也真而静，其未发也五性具焉，曰仁义礼智信。形既生矣，外物触其形而动于中矣，其中动而七情出焉，曰喜怒哀乐爱恶欲。情既炽而益荡，其性凿矣。是故觉者约其情使合于中，正其心，养其性，故曰性其情。愚者则不知制之，纵其情而至于邪僻，梏其性而亡之，故曰情其性。"（《二程集·文集卷第八》）在此文中，程颐认为，天命之性未发之时有仁义礼智信五性，既发以后，产生喜怒哀乐爱恶欲七情。也就是说，人性本善，而情是感于物从性而发，情任其发展便会流向恶。所以对于情，必须要进行节制，否则会使本原的善性灭亡。

后来，程颐对情做了更多的论述，"问：'喜怒出于性否？'曰：'固是。才有生识，便有性，有性便有情。无性安得情？'又问：'喜怒出于外，如何？'曰：'非出于外，感于外而发于中也。'问：'性之有喜怒，犹水之有波否？'曰：'然。湛然平静如镜者，水之性也。及遇沙石，或地势不平，便有湍激，或风行其上，便为波涛汹涌，此岂水之性也哉？人性中只有四端，又岂有许多不善底事？然无水安得波浪，无性安得情也？'"（《二程遗书》卷十八）程颐认为，情就是性的发动，性是情的根本。"情者性之动也。"（《二程粹言·心性》）"自性之有动者谓之情。""发而中节，则无往而不善。""不能顺其情而悖天理，则流而至于恶。"（《二程遗书》卷二十五）意思是，情有善有不善，发中节、顺天理则为善，反之则流为恶。所以，程颐非常重视对人情的调节和控制，"人情不修治则邪恶生，犹道路不修治则荆棘生。"（《程氏经说》卷三）二程关于情的观点，与他们的天理观念密切相关，即要"灭私欲，明天理"。所以到宋代二程，关于情的思想已与前人有很大不同。

在孔子时，虽然没有提出情，但在其思想中却显露出对情的关注，《论语》中常见这样的语句，"乐而不淫，哀而不伤"，"唯仁者能好人，能恶人"。张岱年曾讲："孔子是一个感情很丰富的人，他很注重情之正当的流露。"新出土文献《性自命出》记载了儒家关于情的思想，"道始于情，情生于性"。孟子从恻隐、羞恶、是非等后人所称的情出发阐述他的性善论。荀子则将情规定为"性之好恶喜怒哀乐"，并对情与性之间的关系这样进行描述："性者，天之就也；情者，性之质也；欲者，情之应也。"西汉董仲舒认为应以性节情。魏晋道家提出忘情的主张，其实是以自然为情。王弼提出"有情而无累""应物而不累于物"的主张。隋唐佛教认为性是净，情是染，即一切烦恼的源头，只有灭情才能显性。韩愈有性情相应说，性有三品，情也有三品。李翱认为，人性是善的，由于情的迷惑才会有恶。可见，儒家对情的认识有个发展变化的过程。先秦对情还有正面积极的认识，隋唐之后，则逐渐强调情的弊端一面。程颐则对儒家性情说进一步做了深刻的阐发。

3. 心性一也

（1）心即性也

程颐的人性论还非常重视心，并认为心和性在本质上是一致的，只是论说的角度不同而已。"自理言之谓之天，自禀受言之谓之性，自存诸人言之谓之心。"（《二程遗书》卷二十二）"在天为命，在义为理，在人为性，主于身为心，其实一也。""心即性也。在天为命，在人为性，论其所主为心，其实只是一个道。"（《二程遗书》卷十八）可见，在程颐看来，理、天、命、性、心、道，名称虽殊而本质则一。程颐强调心的作用，与佛教在历史上产生的影响有关。佛教的天台宗认为，"自性清净心，即是正因为佛体"[1]，禅宗认为，"真如之性，即是本心"[2]，都将本心作为佛性，即成佛的内在根据。这种心、性一致的观点，程颐从佛教吸取了过来。为此，程颐还对张载"性大心小"的说法做了批评："正叔言'不当以体会为非心。以体会为非心，故有心小性大之说。……此心即与天地无异，不可小了佗，不可将心滞在知识上，故反以心为小。"（《二程遗书》卷二）此处意为，不可将心理解为知识之心，它与天地没什么不同，这是程颐将心在本质上同于性的自然结果。而性本善，所以心也是善的。"心本善，发于思虑，则有善有不善。""今习俗如此不美，然人却不至大故薄恶者，只是为善在人心者，不可忘也……只为秉彝在人，虽俗甚恶，亦灭不得。""心譬如身，四端如四支。四支固是身所用，只可谓身之四支。四端固具于心，然亦未可便谓之心之用。"心是善的，仁义礼智四端是心的表现，如同身体和四肢的关系一样。

1　石峻等编：《中国佛教思想资料选编·隋唐五代卷》，《法华玄义》，北京：中华书局2014年版，第64页。

2　石峻等编：《中国佛教思想资料选编·隋唐五代卷》，《神会》，第89页。

（2）心为身主

程颐虽然强调心性一体，但还是注意到它们的一些不同。首先，他强调心的主体意识和精神。历代儒家已发现心的主体意识和认识功能，如孟子讲"心之官则思"，荀子说"心有征知"。程颐在强调心的这种主体意识时说："人之身有形体，未必能为主。若有人为系虏将去，随其所处已有不得与也。唯心，则三军之众不可夺也。若并心做主不得，则更有甚？"身体不能做人的精神主体，只有心才是。此心的精神主体与性是一致的。从这一角度而言，现代新儒家徐复观说："中国文化认为人生价值的根源即是在人的自己的心。"

（3）心之体用

心有已发和未发的区别。程颐非常重视《中庸》，尤其是其中的"喜怒哀乐之未发，谓之中；发而皆中节，谓之和。中也者，天下之大本也；和也者，天下之达道也"一句。程颐开始认为"凡言心者，指已发而言"，之后认识到心有体用，"大本言其体，达道言其用，体用自殊，安得不为二乎？"认为"凡言心者，指已发而言，此固未当。心一也，有指体而言者，有指用而言者，惟观其所见如何耳"。（《二程文集·答吕进伯简三》）不仅如此，程颐认为"中止可言体，而不可与性同德"（《二程文集·答吕进伯简三》），即心的未发并不与性相同。再者，心性的另一不同在于人心和道心的差别。程颐非常重视《古文尚书·大禹谟》中"人心惟危，道心惟微，惟精惟一，允执厥中"一句话。他解释道："'人心'，私欲也。'道心'，正心也。'危'言不安，'微'言精微。惟其如此，所以要精一。"（《二程遗书》卷十九）"人心私欲，故危殆。道心天理，故精微。灭私欲则天理明矣。"（《二程遗书》卷二十四）"心，道之所在；微，道之体也。心与道，浑然一也。对放其良心者言之，则谓之道心；放其良心则危矣。惟精惟一，所以行道也。"（《二程遗书》卷二十一）这里道心本是统一的，而人的私欲的出现，致使道心和人心分离，也即天理和私欲的区别。

4. 修养工夫

二程非常重视人性修养问题。他们认为人的天命之性是善的，只是由于后天的气禀问题造成了偏正，需要修治以恢复人的本善之性，程颢说："敬以治之，使复如旧。"（《二程遗书》卷一）"人须要复其初。"（《二程遗书》卷六）只要复旧就可以回到性本善，"所以能使如旧者，盖为自家本质元是完足之物"（《二程遗书》卷一）。程颐说："形易则性易，性非易也，气使之然也。"（《二程遗书》卷二十五）他认为，人的本性是不变的，变的是气质之性，对于如何变化气质，有三个方面：

（1）学以复性

程颐主张通过学习来变化气质，"学至气质变，方是有功"（《二程遗书》卷十八），"为学三年而不至于善，是不善学也"（《二程外书》卷六）。程颐说："大凡所受之才，难加勉强，止可少进，而钝者不可使利也。惟理可进，除是积学既久，能变得气质，则愚必明，柔必强。"（《二程遗书》卷十八）只有通过学习，明白了这些道理，才能变化气质之性。二程反对自暴自弃："唯自暴者，拒之以不信；自弃者，绝之以不为；虽圣人与居，不能化而入也。"（《伊川易传》卷四）"孔子谓上智与下愚不移，然亦有可移之理，惟自暴自弃者则不移也……使肯学时，亦有可移之理。"（《二程遗书》卷十八）

（2）环境影响

程颐重视环境对人的影响。他曾说："人只是一个习。今观儒臣自有一般气象，武臣自有一般气象，贵戚自有一般气象，不成生来便如此，只是习也。"（《二程遗书》卷十八）程颐认为，人各有不同的气象，这些气象不是先天即有的，而是后天的成长环境和生活习惯养成的。他还说："某尝进说，欲令人主于一日之中，亲贤士大夫之时多，亲宦官宫人之时少，所以涵养气质，熏陶德性。"[1]程颐曾任崇政殿说书，他希望皇帝能够在好的环境中成长，成为圣君仁主，在程颐看来，生活环境对于人性修养有着重要作用。

（3）持志养气

二程认为，人的志和气能相互产生作用，志能够统率气，气也能够影响志。"志，气之帅"（《二程遗书》卷十五），"志可克气"（《二程遗书》卷十一），"气亦能动志"（《二程遗书》卷一），

1　［清］江永：《近思录集注》卷九，上海：华东师范大学出版社2015年版，第205页。

甚至"气胜志"(《二程遗书》卷十八)。二程认为,要使志不为气所动,"在持其志而已"(《二程遗书》卷十一)。在持志的同时,还要养气。程颐说:"浩然之气,天地之正气,大则无所不在,刚则无所屈。以直道顺理而养,则充塞于天地之间。"(《二程遗书》卷十一)在程颐看来,气有善和不善,人不知善是不善之气充塞导致,所以,要持志克气,压制不善之气,同时还要养气,养人之善气,即浩然之气,不善之气自是去矣。程颐说:"气有善不善,性则无不善也。人之所以不知善者,气昏而塞之耳。孟子所以养气者,养之至则清明纯全,而昏塞之患去矣。"(《二程遗书》卷二十一)

对于如何养浩然之气,程颐认为要注意渐积、集义和去私。渐积就是逐渐积累,最后充塞天地。"浩然之气,所养各有渐,所以至于充塞天地,必积而后至。"(《二程遗书》卷十五)养气还要注意"勿忘""勿助长",既不要掉以轻心,又不要拔苗助长。集义就是义与气相合。程颐说:"'配义与道',谓以义理养成此气,合义与道。方其未养,则气自是气,义自是义。及其义成浩然之气,则气与义合矣。本不可言合,为未养时言也。"(《二程遗书》卷十八)在养气渐积和集义过程中,还需要去私。程颐说:"气直养而无害,便塞乎天地之间。有少私意,即是气亏。无不义便是集义,有私意便是馁。"(《二程遗书》卷五)"一为私心所蔽,则欿然而馁,知其小也。"(《二程遗书》卷二)"气须是养,集义所生。积集既久,方能生浩然气象。人但看所养如何,养得一分,

便有一分；养得二分，便有二分。"（《二程遗书》卷十八）

　　在继承前代儒家人性论的基础上，尤其是融合孟子的性善论、告子的生之谓性和张载的气禀说后，二程提出了"性即理"的人性论，使儒家人性论上升到了本体论的高度。将性善论与人性二重说进行了结合，即在坚持人性本善的基础上，对天命之性和气质之性进行了分别，并提出了人性修养的各种主张。他们的人性思想进一步丰富和发展了儒家的人性学说。朱熹称赞他们，"极有功于圣门，有补于后学"（《朱子语类》卷四）。

第七章
南宋时期的人性论（一）

一、性无善恶：胡宏的性本体论

胡宏（1105—1161），字仁仲，号五峰，世称五峰先生，建宁崇安（属今福建武夷山市）人，南宋初年著名理学家，湖湘学派的开创者和奠基者。他的父亲胡安国是著名的经学家，胡宏从小就跟随父亲学习程氏理学。20 岁时，入京师太学，师从程门高足杨时，与樊光远、张九成等理学家交往密切。胡宏曾荫补右承务郎，因投降派秦桧当权，胡宏不愿与之同流合污，遂辞官归隐，游学讲道于湘潭、衡山一带二十余年，潜心研究和学习理学。他和父亲一起创办了碧泉书堂和文定书堂，还独自于宁乡建立道山书院，培养了一批学问造诣颇深的学生，如张栻、彪居正、吴翌、孙蒙正、毛以谟、赵师孟、赵棠、方畴、向语等人，开创了影响深远的湖湘学派。北宋"五子"或"六先生"所开创的宋代理学曾经显扬于时，但是自程颐去世之后，其声势便日渐下降，虽有门弟子杨时等数人继承师说，但他们基本上只能谨守师传，缺乏创新精神。特别是经过"靖康之乱"的冲击，理学便走入低潮。在南宋王朝处于内忧外患的情势下，不少的理学传人虽然孜孜于其道，但并未出现冒尖人物。胡宏是南宋初期一位爱国主义和影响较大的进步思想家，他的理学思想对宋代理学的形成和发展具有承上启下的作用，是这一时期理学阵营中居于重要地位的理学家。胡宏的著作有《知言》6卷、《五峰集》5卷、《皇王大纪》80卷。《知言》是他的哲学著作。

1. 性本体论

胡宏有着性本论的心性论思想。人性论是宋明理学的重要思想内容，它是连接天人的关键部分。胡宏的人性论，既不以外在的理为根据，也不以内在的心为根据，而是以人性为根据，建立起联系天人的思想体系。先秦时期，以孟子为代表的性善论和以荀子为代表的性恶论，分别从人的自然属性和社会属性探讨了人性问题，并奠定了其后的人性论发展理论方向。但到了宋代，宋儒对人性论的思考已不满足于自然属性和社会属性，而是试图解决天道和人道的连接问题，性就成为连接二者的中介和桥梁。胡宏就是其中的重要代表。首先，胡宏认为性是宇宙本体。他说："天命之谓性。性，天下之大本也。"[1]"性也者，天地之所以立也。"[2]"非性无物，非气无形，性，其气之本乎！"[3]"万物皆性

---

1 ［宋］胡宏：《胡宏集》，北京：中华书局1987年版，第328页。

2 ［宋］胡宏：《胡宏集》，第333页。

3 ［宋］胡宏：《胡宏集》，第22页。

所有也"[1]。胡宏认为，性是宇宙万物的本体，是天地之所以立的根据，有性方能为物，无性则不能成物。胡宏将性上升为最高哲学范畴。在传统哲学中，道、天往往是宇宙的本体，胡宏则以性取代道和天。"道不能无物而自道，物不能无道而自物。道之有物，犹风之有动，犹水之有流也……"[2]道与物是形而上和形而下的关系，二者不可分离。道之所以成为物的本体，是因为它是性的体现。胡宏说："有是道则有是名也……圣人指名其体曰性，指名其用曰心。"[3]性，在此就成为天和道的本体。在程朱理学中，天理赋在人身而为性，但胡宏以性为本体，理只能存于性中。他说："大哉性乎！万理具焉，天地由此而立矣。世儒之言性者，类指一理而言尔，未有见天命之全体者也。"[4]胡宏认为万物之本体是性，是天命的全体。有了性本体论，胡宏就抛弃了从传统的宇宙生成论来讲性。传统理学家喜欢将本体论和宇宙生成论合而为一，这样理不仅是宇宙的形上本体，还是万物化生的规律。所以，胡宏反对传统的宇宙生成论。他说："'一阴一阳之谓道'，有一则有三，自三而无穷矣。老氏谓'一生二，二生三'，非知太极之蕴者也。"[5]胡宏不仅对道家的生成论持反对意见，而且对传统理学家的"无极—太极—阴阳五行"的宇宙生成论也不赞成。他认为这种

---

1 ［宋］胡宏：《胡宏集》，北京：中华书局 1987 年版，第 28 页。

2 ［宋］胡宏：《胡宏集》，第 4 页。

3 ［宋］胡宏：《胡宏集》，第 336 页。

4 ［宋］胡宏：《胡宏集》，第 28 页。

5 ［宋］胡宏：《胡宏集》，第 7 页。

生成论"多寻空言，不究实用"，他是比较注重经世致用的学者。在宇宙的本原问题上，程朱学派以"理"为宇宙本体，陆王学派以"心"为宇宙主体，而胡宏则提出以"性"为宇宙本体。他认为"性"是"天下之大本"，"性也者，天地所以立也"，性在宇宙万物之先又派生宇宙万物，它独立于宇宙万物之外而又主宰着宇宙万物。没有"性"则无"物"，没有"气"则无"形"，"性"是"气"之本。胡宏所说的"性"与程朱所说的"理"，本质是相同的，都属于客观唯心主义的范畴。在性与物的关系上，胡宏把性看作最根本的东西。首先，他认为二者是有密切联系的，"性外无物，物外无性"[1]。就是说，性即是物，物即是性，二者一体不可分割。其次，性和物是形上和形下的区别。"形而在上者谓之性，形而在下者谓之物。"[2]性是无形无相的本体，所以是形而上。物是有形有相的具体事物，所以是形而下。再者，性主宰气，支配气。胡宏说："性也者，天地之所以立也，""大哉性乎，万理具焉，天地由此而立矣。""非性无物，非气无形，性，气之本也。""气之流行，性为之主，"[3]"万物皆性所有也。"[4]性是主宰，客观事物依赖性而存在。这些观点同二程的"天下无性外之物"和后来朱熹的性具万理的思想没有二致。但他认为"性"是"天命之全体"，而

1　［宋］胡宏：《胡宏集》，第 6 页。

2　［宋］胡宏：《胡宏集》，第 319 页。

3　［宋］胡宏：《胡宏集》，第 22 页。

4　［宋］胡宏：《胡宏集》，第 28 页。

"理"只是天命的局部，性具万理，性一理殊，二者的关系相当于哲学上的一般与特殊的关系，这与程朱理一性殊的理性观正好相反。

2. 性无善恶

对于性的善恶问题，胡宏主张性无所谓善恶，反对以善恶言性。他说："性也者，天地鬼神之奥也，善不足以言之，况恶乎？"[1]"好恶，性也。小人好恶以己，君子好恶以道。察乎此，则天理人欲可知。"[2]朱熹认为胡宏的性论是"性无善恶之意"。现代新儒家牟宗三认为胡宏的性是"超越的绝对体"的至善，这不是与恶相对的善。胡宏的性，指的是宇宙万物的本体，"性立天下之有"[3]，"大哉性乎！万理具焉，天地由此而立矣"[4]。这样的性超越了社会伦理道德关系，是宇宙万物的最高本体，所以用批判社会伦理道德的善恶，不适合用来评价胡宏的性。胡宏的性是宇宙本体，所以也是人的本体，是人所禀赋的宇宙本体。"观万物之流行，其性则异；察万物之本性，其源则一。"[5]人生于宇宙中，为万物之灵，人的本体自也是性。而且，也只有人的本性才是全的。"性有大体，人尽之矣。一人之性，万物备之矣。"[6]万物都有本性，

---

1 ［宋］胡宏：《胡宏集》，第333页。

2 ［宋］胡宏：《胡宏集》，第330页。

3 ［宋］胡宏：《胡宏集》，第21页。

4 ［宋］胡宏：《胡宏集》，第28页。

5 ［宋］胡宏：《胡宏集》，第14页。

6 ［宋］胡宏：《胡宏集》，第319页。

但它们的本性不全，惟有人性得天地之全，所以胡宏得出了"万物皆备于吾之性"的结论。对于人类社会而言的性，胡宏认为它是未发的中。"窃谓未发只可言性，已发乃可言心。"[1] 未发、已发来自《中庸》："喜怒哀乐之未发谓之中，发而皆中节谓之和。"对于此性，即人所禀赋的宇宙本体，也还是不可以言善恶。胡宏自己也道："凡人之生，粹然天地之心，道义全具，无适无莫，不可以善恶辨，不可以是非分，无过也，无不及也。此中之所以名也。"[2] 胡宏还说："中者，性之道。"[3] 人类社会的性，和宇宙本体的性是同一个性，也是圣人和庸人所禀赋的同样的性，它不分善恶、是非、过与不及。

要讲善恶，在胡宏看来，要从已发的心来讲。未发的是性，不可言善恶；已发的是心，此可言善恶。胡宏说："天命为性，人性为心。"[4] 此处胡宏说的人性，指的是已发状态的性，不是未发状态的，未发的是天命之性。而已发状态的性，胡宏称之为心。胡宏说："人性为心。"未发的性没有善恶可分，已发的心则有善恶之分。所以，胡宏论善恶都是讲的心。他说："窃谓未发只可言性，已发乃可言心。故伊川曰'中者，所以状性之体段'，而不言状心之体段也。心之体段，则圣人无思也，无为也，寂然不动感

1　[宋]胡宏：《胡宏集》，第 115 页。

2　[宋]胡宏：《胡宏集》，第 332 页。

3　[宋]胡宏：《胡宏集》，第 1 页。

4　[宋]胡宏：《胡宏集》，第 4 页。

而遂通天下之故是也。未发之时，圣人与众生同一性；已发，则无思无为，寂然不动感而遂通天下之故是也，圣人之所独。夫圣人尽性，故感物而静，无有远近幽深，遂知来物。众生不能尽性，故感物而动，然后朋从尔思，而不得其正矣。"[1]这段话，胡宏将性和心的关系阐述得非常清楚，未发的是性，而已发的是心。这个观念来自程颢："'人生而静'以上不容说，才说性时，便已不是性也。"[2]在胡宏看来，善恶只在于是否发而中节，中节则表现为正为善，不中节则表现为邪为恶。胡宏说："圣人发而中节，而众人不中节也。中节者为是，不中节者为非。挟是而行则为正，挟非而行则为邪。正者为善，邪者为恶。"已发为心，而善恶可辨。中节者为善，不中节者为恶。善恶只能从心上说，而不能从性上说。他指出，圣人、凡人的区别并不是先天的"性"所决定的，而是由后天修养的差异造成的。宋代理学家多恪守孟子的性善论，因此胡宏的性无善恶说在当时颇受非难，不过，胡宏也以其性论批评世儒道："而世儒乃以善恶言性，邈乎辽哉！"[3]

1 ［宋］胡宏：《胡宏集》，第115页。

2 ［宋］程颢、程颐：《二程集》，第10页。

3 ［宋］胡宏：《胡宏集》，第334页。

3. 性体心用

胡宏对性与心的体用关系做了阐述。对二者关系，他认为：
"有是道，则有是名也，圣人指明其体，曰性；指明其用，曰心。"
他把性看作体，把心看作用，性支配心，心体现性，用体用关系
来说明心性关系。他说："此心本于天性，不可磨灭，妙道精义俱
在于是。圣人则寂然不动感而遂通。"[1]此心是以天性为本，不能有
性无心，体之用皆在于心，所以妙道精义俱在。而圣人最会处理
与心的关系，知道要从性体心用来认识。"性譬诸水乎，则心犹水
之下，情犹水之澜，欲犹水之波浪。"[2]在胡宏看来，心以性为本，
性以心为用。水之下、水之澜、水之波浪是水的不同形态，但它
们的本体都是水。心体现性，是说性不能自己体现，要通过心来
体现。"夫性无不体者，心也。"[3]"心也者，知天地，宰万物，以成
性者也。六君子，尽心者也，故能立天下之大本。"[4]"人尽其心，
始可与言仁矣；心穷其理，始可与言性矣；性存其诚，则可与言
命矣。"[5]心能够知晓天地，宰制万物，所以古代圣人做到了尽心，
即体现了性，从而为天下立下了大本。只有尽心才可说把握到仁，
用心穷尽万物之理才可说性。只有用其诚来体性才可以说命。胡
宏从性心的体用关系出发，因而始终坚持儒家体用合一的思想，

---

1 ［宋］胡宏：《胡宏集》，第 120—121 页。

2 ［宋］胡宏：《胡宏集》，第 13 页。

3 ［宋］胡宏：《胡宏集》，第 16 页。

4 ［宋］胡宏：《胡宏集》，第 328 页。

5 ［宋］胡宏：《胡宏集》，第 26 页。

"学圣人之道，得其体，必得其用。有体而无用，与异端何辨？"[1]他认为，要将格致诚正用于修齐治平，否则就会沦为多寻空言的世儒之学。

在心、性的问题上，胡宏与朱熹的观点有所不同。朱熹评价胡宏的性论为性无善恶。对胡宏的"好恶，性也。小人好恶以己，君子好恶以道，察乎此，则天理人欲可知矣"一段话，朱熹认为，"此章即性无善恶之意"[2]。胡宏还说："天理人欲同体而异用，同行而异情。"朱熹说："此章亦性无善恶之意。"[3]朱熹晚年则对胡宏的性论有了新的评价："久不得胡季随诸人书，季随主其家学，说性不可以善言。本然之善，本自无对；才说善时，便与那恶对矣。才说善恶，便非本然之性矣。本然之性是上面一个，其尊无比。善事下面底，才说善时，便与恶对，非本然之性矣。孟子道性善，非是说性之善，只是赞叹之辞，说'好个性'，如佛言'善哉'！某尝辨之云，本然之性，固浑然至善，不与恶对，此天之所赋予我者然也。然行之在人，则有善有恶；做得是者为善，做得不是者为恶。岂可谓善者非本然之性？只是行于人者，有二者之异，然行得善者，便是那本然之性也。若如其言，有本然之善，又有善恶相对之善，则是有二性矣！方其得于天者，此性也；及其行得善者，亦此性也。只是才有个善底，便有个不善底，所以

1　［宋］胡宏：《胡宏集》，第 131 页。

2　［宋］胡宏：《胡宏集》，第 330 页。

3　［宋］胡宏：《胡宏集》，第 329 页。

善恶须着对说。不是元有个恶在那里，等得他来与之做对。只是行得错的，便流入于恶矣。此文定之说，故其子孙皆主其说，而致堂五峰以来，其说益差，遂成有两性：本然者是一性，善恶相对者又是一性。他只说本然者是性，善恶相对者不是性，岂有此理！"[1]对胡宏的性论——从最初的性无善恶，到后来的本然之性和善恶相对，朱熹指责胡宏将性分成了两部分，只将本然之性当作性，却不把善恶相对之性当作性。这是朱熹根据他的天地之性和气质之性的理论来进行分析评判的。朱熹在早年和晚年都在讨论胡宏的性论，可见朱熹对其性论的重视程度。吕祖谦在和朱熹一起读《知言》时也没有看懂，不过十年后，吕祖谦又有了新的变化。他给朱熹的信中说："十年前，初得五峰知言，见其间渗漏张皇处多，遂不细看。后来翻阅，所知终是短底，向来见其短而忽其长，正是识其小者。"[2]吕祖谦后来发现《知言》并非初看时那样，甚至他还称赞《知言》胜似《正蒙》[3]。朱熹说吕祖谦："伯恭旧看知言云：'只有两段好，其余都不好。'……后来却又云，都好。不知伯恭晚年是如何地看。"[4]虽然朱熹和吕祖谦晚年对《知言》的认识有非常大的变化，但却没有对它做出新的认定。南宋灭亡至明末清初的近四百年间，胡宏的思想几近失传，后来王船山继承了他的思

1　[宋]黎靖德编：《朱子语类》（第七册），北京：中华书局1994年版，第2585—2586页。

2　[明]黄宗羲：《黄宗羲全集》（第四册），杭州：浙江古籍出版社1992年版，第691页。

3　[明]黄宗羲：《黄宗羲全集》（第四册），第669页。

4　[宋]黎靖德编：《朱子语类》（第七册），第2589—2590页。

想，并把传统的人性论推向新的高度。

4. 天理人欲

胡宏的性论在他对待天理和人欲的关系上也得到了充分体现。天理和人欲问题，历来是理学家们讨论的重点话题。对这一问题，程朱理学提出了"天理存则人欲亡，人欲胜则天理灭"的绝对否定人欲的禁欲主义主张，而胡宏则认为，天理和人欲同出于天性，都为人之本性所有，二者同体，不应把天理人欲绝对地对立起来。他提出了"天理人欲，同体而异用，同行而异情"的命题。他说："天理人欲同体而异用，同行而异情。进修君子宜深别焉。"[1]胡宏认为天理和人欲同以"性"为体，本质相同，因此，他反对理欲势不两立的观点。胡宏说："凡人之生，粹然天地之心，道义完具，无适无莫，不可以善恶辨，不可以是非分，无过也，无不及也。此中之所以名也。夫心宰万物，顺之则喜，逆之则怒，感于死则哀，动于生则乐。欲之所起，情亦随之，心亦放焉……众人昏昏，不自知觉，方且为善恶乱，方且为是非惑。惟圣人超拔人群之上，处见而知隐，由显而知微，静与天同德，动与天同道，和顺于万物，浑融于天下，而无所不通。此中和之道所以圣人独得。"[2]天地之心此处指的是未发之性，不能分善恶、是非、无过无不及。心宰万物的心，是指已发的心，此心有善恶是非之分，只有圣人能够发而皆中节，得中和之道。在未发之性中，天理和人

---

1 ［宋］胡宏：《胡宏集》，第329页。

2 ［宋］胡宏：《胡宏集》，第332页。

欲共存，且不分善恶，所以胡宏认为人欲也是本性所有，是符合天理的。他说："目于五色，耳于五声，口于五味，其性固然，非外来也。"[1] 意思是，人的色、声、味的生理欲望，是本性固有的，不该用善恶来评价。这些生理欲望是善还是恶，还要看发动的动机和之后的结果。"小人好恶以己，君子好恶以道。察乎此，则天理人欲可知。"[2] 这是从动机来看，小人从自己的私利出发，君子是从社会道义出发，天理人欲有了善恶是非之分。及至"性"之发，或"发而中节"，或发而不中节，于是有是非、正邪、善恶之分，胡宏称之为"同体异用"。同是天理人欲，由于人们主观修养上的差别，同一件事做起来不一样，同一行为所得到的结果也迥然不同，这就是所谓的"同行异情"。胡宏"同体异用"的命题，说明了天理人欲是不可分离的，是互相包含的，天理中自有人欲，人欲中自有天理；天理人欲并有，同属天命，无先后主次之别。这些实际上是反对笼统地视人欲为恶，承认人的正常需要的合理性。由于圣人深知在未发之性的阶段不分善恶，所以圣人肯定人的正常生理欲求。胡宏说："人以情为有累也，圣人不去情；人以才为有害也，圣人不病才；人以欲为不善也，圣人不绝欲；人以术为伤德也，圣人不弃术；人以忧为非达也，圣人不忘忧；人以怨为非宏也，圣人不释怨。"[3] 这段话表明，圣人和普通人一样，都有

---

1 ［宋］胡宏：《胡宏集》，第 9 页。

2 ［宋］胡宏：《胡宏集》，第 330 页。

3 ［宋］胡宏：《胡宏集》，第 333—334 页。

生理需求和情感欲望，这是人的本性所固有的。圣人明白未发之性和已发之心的不同，所以圣人对其生理需求和情感欲望都能持合理的态度，"因其性而导之，由于至善"[1]。根据未发之性，因势利导，使人的行为中节，趋向为善，这就是在已发之心上做工夫。由于人们对未发之性和已发之心多不了解，所以胡宏认为人们对天道人道多不得正。他说："道充乎身，塞乎天地，而拘于墟者，不见其大；存乎饮食男女之事，而溺于流者，不知其精。诸子百家臆之以意，饰之以辩，传闻习见蒙心之言，命之理，性之道，置诸茫昧则已矣。悲夫！此邪说暴行所以盛行，而不为其所惑者鲜也。"[2]胡宏还说："夫妇之道，人丑之者，以淫欲为事也；圣人安之者，以保和为义也。接而知有礼焉，交而知有道焉，惟敬者为能守而勿失也。语曰'乐而不淫'则得性命之正矣。谓之淫欲者，非庸陋而何？"[3]因此之故，胡宏不像程朱理学处理天理人欲关系那样对立，他认为要从生活日用中来修养道德以识得本心，"不必隔绝现实生活，单在静中闭关以求之"。由此可见，胡宏从已发之心出发进行修养的工夫论，有其切近现实和易见成效之处。这种方法比坐禅式的静默涵养更有客观现实意义。胡宏的弟子吾翌在回应朱熹的批评时就说："若不令省察苗裔，便令培壅根本，夫苗裔之未萌，且未能知，而还将孰为根本而培壅哉？此亦何异

1　［宋］胡宏：《胡宏集》，第9页。

2　［明］黄宗羲：《黄宗羲全集》（第四册），第670页。

3　［宋］胡宏：《胡宏集》，第7页。

闭目坐禅，未见良心之发，便敢自谓我已见性者？"[1]

5. 评性本论

胡宏的性本论，与理学的天本论和心本论相比，有着后两者所不具备的优点。首先，胡宏的性，既是内在的，又是超越的。所以，既能像天本论的天那样，树立起客观的道德权威，又能像心本论的心那样，建立起道德的主体性。而且兼而有之，既能高扬道德主体性，又能成为客观的道德权威。这是一种比较完善的本体论。其次，胡宏的性本论，还有助于克服后来理学脱离经世致用的问题。古代儒学本来有着经世致用的传统，"窃惟古圣人之言，无不入时事者"[2]。但理学后来的发展，出现了沉溺于哲学辨析而放弃经世传统的趋向。胡宏对此深为忧虑，"后知学者多寻空言，不究实用，平居高谈性命之际，亹亹可听，临事茫然，不知性命之所在者，多矣"[3]。胡宏的性本体论，可以避免天本体论对天的一味玄思、多寻空言的弊端，又可以避免心本体论对心趋向玄虚的弊端，从而使主体性和客观性紧密联系在一起，"性外无物，物外无性"[4]。这样一来，就可以使学者们将学术和致用一并重视。他说："子思子曰：'率性之谓道。'万事万物，性之质也；因质以致用，人之道也。"[5]如此一来，性与事物、人道和天道就结合起来

1　[明]黄宗羲：《黄宗羲全集》（第四册），第695页。

2　[宋]胡宏：《胡宏集》，第126页。

3　[宋]胡宏：《胡宏集》，第124页。

4　[宋]胡宏：《胡宏集》，第6页。

5　[宋]胡宏：《胡宏集》，第14页。

了。所以，胡宏的性本体论，在经世致用方面也有重要价值。"学圣人之道，得其体，必得其用。有体而无用，与异端何辨？"[1]胡宏就把他的思想和国家事功统一起来，他曾上书皇帝说："陛下幸听臣言，反求诸心，神而明之，施于有政，灭仇雠，诛叛逆，恢复中原，仁覆天下，乃其功矣。"[2]反求诸心，明确道德本体，然后用于政治事功，施于有政，使内圣和外王联系起来。当然，胡宏反对不明道德本体而一味追逐事功的人，也反对一味追求内圣修养而不做事功的人。他说："'维天之命，于穆不已。'圣人知天命存于身者，渊源无穷，故施于民者溥博无尽，而事功不同也。知之，则于一事功可以尽圣人之蕴；不知，则一事功而已矣，不足以言圣人也。庄周乃曰：'圣人之道，真以治身，其绪余土苴以治天下。'岂其然乎？"[3]在胡宏看来，圣人是将内圣与外王即道德和事功合二为一的人，所以他批评庄子自命圣人却否定事功的态度。总之，以性为本体的理学思想和重践履的经世务实学风，是胡宏开创的湖湘学派的主要特征。胡宏从其性本论观点出发，强调体用合一，他在《知言·好恶》一文中云："人虽备天道，必学然后知，习然后能，能然后用，用无不利。"提倡"体用合一"，把性理哲学与经世之学相结合，从而形成了湖湘一派的学风。他认为古代的圣人之道就是明体以致用，致知以力行，去指导现实社会

1　［宋］胡宏：《胡宏集》，第 131 页。

2　［宋］胡宏：《胡宏集》，第 103 页。

3　［宋］胡宏：《胡宏集》，第 9 页。

政治问题的解决。胡宏虽一生无意于做官，但他对现实政治十分关心，时刻以国家安危为念。胡宏的学术思想，为湖湘学派奠定了坚实的理论基础。他的学术思想后来为王夫之所继承和发展。

在历史上，胡宏的性本论，没有像程朱陆王等人的思想那样产生巨大的影响，这是因为虽然性本论集合了天本论和心本论的长处，却也有着二者的短处。胡宏以性为本，少了天本论许多哲学思辨的麻烦，但其学说却也显得很单薄，不像另外两家那样深厚而广博。朱熹就曾批评胡宏的思想规模小，"《正蒙》规模大，《知言》小"[1]。而且，胡宏的性本论虽然避免了心本论主观任意性的弊端，但却达不到那种道德主体性的高度自由。所以，最终没有产生深远影响而为人所熟知。

二、"天地之性"和"气质之性"：朱熹的性两元论

朱熹（1130—1200），字元晦，又字仲晦，号晦庵，晚称晦翁，谥文，世称朱文公。祖籍江南东路徽州府婺源县（今江西省婺源），出生于南剑州尤溪（今属福建省尤溪县）。南宋著名的理学家、思想家、哲学家、教育家、诗人，闽学派的代表人物，宋代理学集大成者，世尊称为朱子。朱熹是唯一非孔子亲传弟子而享祀孔庙、位列大成殿十二哲者中者。绍兴十八年（1148）进

---

1 ［宋］黎靖德编：《朱子语类》卷一百一，《程子门人》，北京：中华书局1986年版，第2582页。

士，31 岁正式拜程颐的三传弟子李侗为师，专心儒学，成为程颢、程颐之后儒学的重要人物。淳熙二年（1175），与吕祖谦、陆九渊等会于江西上饶铅山鹅湖寺，就两学派之间的哲学分歧展开辩论，是为著名的鹅湖之会，从此有了"理学"与"心学"两大派别。朱熹在"白鹿国学"的基础上，建立白鹿洞书院，订立学规，讲学授徒，宣扬道学。绍熙四年（1193），朱熹任职湖南，主持修复了岳麓书院，使之与白鹿洞书院一样，成为朱熹讲学授徒、传播理学的场所。书院在南宋盛行，几乎取代官学，这种盛况是与朱熹的提倡有直接关系的。他继承二程，又独立创新，形成了自己的思想体系，后人称为程朱理学。朱熹认为，在客观世界有一种"天理"，它是人们一切行为的标准。只有去发现（格物穷理）和遵循天理，才能达到真、善、美。而破坏这种真、善、美的是"人欲"。因此，他提出"存天理，灭人欲"的主张，这是朱熹的核心思想。在人性论上，朱熹发挥了张载和程颐的天地之性与气质之性的观点，认为"天地之性"或"天命之性"专指理言，是至善的、完美无缺的；"气质之性"则以理与气杂而言，有善有不善，两者统一在人身上，缺一则"做人不得"。与"天命之性"和"气质之性"有联系的，还有"道心、人心"的理论。朱熹认为，"道心"出于天理或性命之正，本来便禀受得仁义礼智之心，发而为恻隐、羞恶、是非、辞让。"人心"出于形气之私，是指饥食渴饮之类。如是，虽圣人亦不能无人心。不过圣人不以人心为主，而以道心为主。他认为"道心"与"人心"的关系既矛盾又联结，是一而二、二而一的关系，"道心"需要通过"人心"来安顿，"人心"须听命于"道心"。朱熹曾任江西南康和福建漳州知府、浙东巡抚，虽然为官时间不长，但他做官清正有为，力主抗金，恤民省赋，节用轻役，限制土地兼并和高利盘剥，努力设法缓和社会矛盾，并大力推动书院建设。后官拜焕章阁侍制兼侍讲，为宋宁宗讲学。朱熹在从事教育工作期间，对于经学、史学、文学、佛学、道教以及自然科学，都有所涉猎，著述甚多，有《四书章句集注》《太极图说解》《通书解说》《周易读本》《楚辞集注》，后人辑有《朱子大全》等。其中《四书章句集注》成为钦定的教科书和科举考试的标准。

1. 性即理也

（1）性之本体

朱熹是宋代理学的集大成者，他在继承北宋张载和二程的思想后，提出了自己的人性论主张。关于人性论，他有一个根本观点，即"性即理也"。朱熹的这个观点可用来解决人性的本体根据问题。他发现传统儒家人性论没有在性和天之间建立紧密的联系，如"孟子不曾推原原头，不曾说上面一截，只是说'成之者性'也"，而且传统的儒家人性论没有解决人性的善恶问题，像孟子的性善论就缺乏足够的说服力。朱熹肯定孟子的性善论立场，但还批评孟子"只见得大本处，未说得气质之性细碎处"，"孟子之论尽是说性善……后来方有不善耳，若如此，却似论性不论气，有些不备"，而荀子的性恶论、扬雄的性善恶混、韩愈的性三品说等，在朱熹看来"虽是论性，其实只说得气"，传统的人性论没有根本解决善恶的来源问题。这个问题到了北宋程颢、程颐兄弟这里，他们提出了"性即理也"的观点，强调人性和理（宇宙的天道）是一致的，使人性的本体论依据得以夯实。"伊川性即理也，自孔孟后无人见得到此，亦是从古无人敢如此道。""如'性即理也'一语，直自孔子后惟是伊川说得尽。"同时张载的天地之性和气质之性说，论证了善恶的源头之各自由来，从而对善恶的道德来源做出了较圆满解答。所以，朱熹说："伊川'性即理也'，横渠'心统性情'二句，颠扑不破。"朱熹认为，张载发明的气质之性，"极有功于圣门，有补于后学"[1]。

（2）理气合一

朱熹的"性即理"说认为人的道德本性源于宇宙本体，"性者，人之所得于天之理也"[2]，"性只是理，万理之总名。此理亦只是天地间公共之理，禀得来，便为我所有"。朱熹认为，天理禀赋在人身者就是性，所以性的本质就是天理，性的来源也是天理。朱熹论证道："命，犹令也；性，即理也。天以阴阳五行化生万物，气以成形，而理亦赋焉，犹命令也。于是人物之生，因各得其所赋之理，以为健顺五常之德，所谓性也。"[3]朱熹认为，天在生成生命的时候，以理和气分别形成了人的性体和形体，所以人性

1　[宋]黎靖德编：《朱子语类》卷四，第70页。

2　[宋]朱熹：《四书章句集注》，北京：中华书局1983年版，第326页。

3　[宋]朱熹：《四书章句集注》，北京：中华书局1983年版，第17页。

是善的。当然，人的性体和形体是二而一的，此处只是分说而已。
"大抵人有此形气，则是此理始具于形气之中而谓之性。才是说
性，便已涉乎有生，而兼乎气质，不得为性之本体。然性之本体
亦未尝杂。要人就此上面见得其本体元未尝离，亦未尝杂。"朱熹
认为理气是合一的，所以性与气不分离。朱熹又讲到理与气是分
别的，所以性与气不杂。"性是形而上者，气是形而下者。形而上
者全是天理，形而下者只是那查滓。"[1]

　　朱熹不仅认为人性是天理，还是人与物的区别所在。"性者，
人之所得于天之理也……以理言之，则仁义礼智之禀，岂物之所
得而全哉？此人之性所以无不善，而为万物之灵也。"[2]人性得自天
理，即为仁义礼智，这是物所不能得全的，这也是人为万物之灵
的原因。"这个理在天地间时，只是善，无有不善者。生物得来，
方始名曰'性'。只是这理，在天则曰'命'，在人则曰'性'。"[3]
朱熹性即理的思想，解决了人性善的根据，这是朱熹继承和发
展孟子"性善论"以来儒家传统性善论的结果。朱熹的性即理
说承自二程的思想，但又进行了更深刻的阐释和发展。陈来在
《朱子哲学研究》中说："在二程学说里虽然大谈其'性与天道'，
使性与理之间建立起了某种联系，但性与理的统一只是一种自
然的天人合一，还没有后来那种禀受天理为性的实体说法。在

1　［宋］黎靖德编：《朱子语类》卷五，第97页。

2　［宋］朱熹：《四书章句集注》，北京：中华书局1983年版，第326页。

3　［宋］黎靖德编：《朱子语类》卷五，第83页。

朱熹则把理更加以实体化，用本体论进一步论证性即是理。"[1]

（3）气质之性

性即理，人性善，但这还需要解决社会中人的道德差异问题。朱熹发挥张载的天地之性和气质之性的思想，对此做了解答。朱熹认为，"性即理也。当然之理，无有不善者。故孟子之言性，指性之本而言。然必有所依而立，故气质之禀不能无浅深厚薄之别"[2]。人身禀得天理而为性，所以人性就是天理，天理是善的，所以人性也就是善的。但是，天地之性即天理必须安顿在气质之性上，所以人与人存在道德的差别，其原因就在于禀得的气质之性的浅深厚薄的不同。朱熹的天地之性和气质之性其实是一物，而非主张性两元论，他说，"气质之性，便只是天地之性"[3]，"论天地之性，则专指理言；论气质之性，则以理与气杂而言之"[4]。故朱熹讲天地之性和气质之性，只是一个实物，天地之性就是气质之性，气质之性是天地之性的实然存在状态，天地之性是气质之性的本然状态，二者是理一和分殊的关系。"气质是阴阳五行所为，性则太极之全体。但论气质之性，则此全体在气质之中耳，非别有一性也。"[5]不过，朱熹认为气质之性不可以谓为人性，因为它是杂理与气而言之。"气不可谓之性命，但性命因此而立耳，故论天地之

1　陈来：《朱子哲学研究》，北京：生活·读书·新知三联书店 2010 年版，第 226 页。

2　［宋］黎靖德编：《朱子语类》卷五，第 67—68 页。

3　［宋］黎靖德编：《朱子语类》卷五，第 68 页。

4　［宋］黎靖德编：《朱子语类》卷五，第 67 页。

5　［宋］黎靖德编：《朱子语类》卷九十四，第 2379 页。

性则专指理言，论气质之性则以理与气杂而言之，非以气为性命也。"[1]这与前儒不同，张载以气质气禀为性，程颐以气禀为才，唯程颢以理气之和为性，朱熹以理气之杂来说气质之性，以理来说天地之性。朱熹用气质之性解决了人们道德差异的问题，"性者万物之原，而气禀则有清浊，是以有圣愚之异"[2]，"禀得精英之气，便为圣，为贤，便是得理之全，得理之正。禀得清明者，便英爽；禀得敦厚者，便温和；禀得清高者，便贵；禀得丰厚者，便富；禀得长久者，便寿；禀得衰颓薄浊者，便为愚、不肖，为贫，为贱，为夭"[3]。人的天地之性即天理是不变的，但人的气质之性却是可以变化的。人可以通过修养自身气质以接近天地之性，使得人性"尽夫天理之极，而无一毫人欲之私"，复归人性之天理本然。朱熹性即理的人性论思想，从宇宙本体处论证了人性的道德属性，即人性善，同时又从气质之性论证了人们道德不齐的原因，及改善并进而达到天理即天地之性的道德修养之路，这就是朱熹提出存天理、灭人欲思想的缘由。

2. 心统性情

（1）心兼性情

朱熹的存天理、灭人欲思想，实质上就是改善气质之性以达

---

1 曾枣庄、刘琳主编：《全宋文》卷五五六六，《朱熹一三九》，《答郑子上》，上海：上海辞书出版社 2006 年版，第 214 页。

2 ［宋］黎靖德编：《朱子语类》卷五，第 76 页。

3 ［宋］黎靖德编：《朱子语类》卷五，第 77 页。

到天地之性。但如何才能做到呢？对此，朱熹提出了"心统性情"
的思想，用心来统御人的性和情，即天地之性和气质之性，以此
确立起人的道德主体。朱熹非常重视心性问题，早在青年时期师
从李侗时，朱熹就开始思考这些问题，后来又与张南轩反复讨论
心性问题。虽然，"心统性情"这一说法是张载首先提出来的，
"心统性情者也。有形则有体，有性则有情。发于性则见于情，发
于情则见于色，以类而应也"[1]，但朱熹对此推崇备至，认为这句话
和程颐的"性即理也"同为理学经典之语。"伊川'性即理也'，
横渠'心统性情'，二句颠扑不破！"[2]不过，张载对这一重要论断
并没有深入阐发，后来朱熹经过漫长的思考，尤其经历"丙戌之
悟""己丑之悟"两次深刻变化后，最终确立了"心统性情"的思
想。"心统性情"包含两层含义，第一层是心兼性情，"心统性情，
统犹兼也"[3]。"性，其理；情，其用。心者，兼性情而言；兼性情
而言者，包括乎性情也。"[4]心兼性情就是心包括性情这两种东西。
在朱熹的思想体系中，心是意识活动的总体，其内含道德本质的
性，外现为欲望表达的情。性和情不同，但都为心所包括。"仁、
义、礼、智，性也，体也；恻隐、羞恶、辞逊、是非，情也，用
也。统性情、该体用者，心也。"[5]"心是包得这两个物事，性是心

1　[宋]张载：《张载集》，章锡琛点校，北京：中华书局1978年版，第374页。

2　[宋]黎靖德编：《朱子语类》卷五，第93页。

3　[宋]黎靖德编：《朱子语类》卷九十八，第2513页。

4　[宋]黎靖德编：《朱子语类》卷二十，第475页。

5　曾枣庄、刘琳主编：《全宋文》卷五五六四，《朱熹一三七》，《答方宾王》，第183页。

之体，情是心之用。"[1] 性的内容有仁义礼智，情的内容有恻隐羞恶辞逊是非，前者是体，后者是用，但都包含在心之中。"恻隐、羞恶、辞让、是非，情也；仁、义、礼、智，性也。心，统性情者也。端，绪也。因其情之发，而性之本然可得而见，犹有物在中而绪见于外也。"[2] "性是体，情是用，二者皆出于心，故心能统之。""'心统性情'，性情皆因心而后见。心是体，发于外谓之用……'仁人心也'，是说体；'恻隐之心'，是说用。必有体而后有用……"[3] 就性情关系来说，性是未动未发，情是已动已发，但这未动已动、未发已发都为心所包。"盖心之未动则为性，已动则为情，所谓心统性情也，欲是情发出来底。""心如水，性犹水之静，情则水之流，欲则水之波澜，但波澜有好底，有不好底。"[4] 相较于性情，心是一个内涵更为丰富的范畴，通过心实现气质之性向天地之性的转化。

对于心性情之间的关系，朱熹还用"易道神"思想做了进一步的说明。何谓"易道神"，朱熹认为，"其阖辟变化之体，则谓之易。然所以能阖辟变化之理，则谓之道；其功用著见处，则谓之神"[5]。"'易'之为义，乃指流行变易之体而言，此体生生，元无间断，但其间一动一静相为始终耳。程子曰'上天之载，无声无

1　［宋］黎靖德编：《朱子语类》卷一百一十九，第 2867 页。

2　［宋］朱熹：《四书章句集注》，第 238 页。

3　［宋］黎靖德编：《朱子语类》卷九十八，第 2513 页。

4　［宋］黎靖德编：《朱子语类》卷五，第 93 页。

5　［宋］黎靖德编：《朱子语类》卷九十五，第 2421 页。

臭。其体则谓之易，其理则谓之道，其用则谓之神'，正谓此也。此体在人，则心是已。其理则所谓性，其用则所谓情，其动静则所谓未发已发之时也。此其为天人之分虽殊，然静而此理已具，动而此用实行，则其为易一也。"[1]在朱熹看来，天地运动变化的全体为易，天地运动变化的根据则是道，各项具体的运动变化则称为神。这种解释天地运动变化的思想也可以用来解释人的心性情之间的关系。"'以其体谓之易，以其理谓之道'，这正如心、性、情相似。易便是心，道便是性。易，变易也。如弈棋相似。寒了暑，暑了寒，日往而月来，春夏为阳，秋冬为阴，一阴一阳，只管恁地相易。"[2]"其理属之人，则谓之性；其体属之人，则谓之心；其用属之人，则谓之情。"[3]"所谓易者，变化错综，如阴阳昼夜，雷风水火，反复流转，纵横经纬而不已也。人心则语默动静，变化不测者是也。""正淳问：其体则谓之易，只屈伸往来之义是否？曰：义则不是，只阴阳屈伸，便是形体……谓如以镜子为心，其光之照见物处便是情，其所以能光者是性，因甚把木板子来，却照不见？为他元没这光底道理。"[5]

（2）心主性情

心统性情的第二层含义是心主性情。心不仅包含性情，而且

1　曾枣庄、刘琳主编：《全宋文》卷五五二六，《朱熹九九》，《答吴德夫》，第393页。

2　[宋]黎靖德编：《朱子语类》卷九十五，第2422—2423页。

3　[宋]黎靖德编：《朱子语类》卷一百，第2550页。

5　[宋]黎靖德编：《朱子语类》卷九十五，第2422—2423页。

在其中起主宰作用。"性者，心之理；情者，性之动；心者，性情之主。"[1] "性是体，情是用。性情皆出于心，故心能统之。统如统兵之统，言有以主之也。"[2] 心统性情的意思是心对性情有主宰的作用，人的道德活动，无论是应乎天理，还是顺从情欲，都不能离开这一主体精神。"性以理言，情乃发用处，心即管摄性情者也。"[3] "性，本体也；其用，情也；心，则统性情、该动静，而为之主宰也。"[4] "心，主宰之谓也。动静皆主宰，非是静时无所用，及至动时方有主宰也。言主宰，则混然体统自在其中。"[5] 心的主体活动意识，并非消极被动，而是自觉主动地以天理主宰性情。"仁义礼智，性也；恻隐、羞恶、辞让、是非，情也。以仁爱，以义恶，以礼让，以智知者，心也。性者，心之理也；情者，心之用也；心者，性情之主也。程子曰：'其体则谓之易，其理则谓之道，其用则谓之神'，正谓此也。"[6] 需要注意的是，心统性情，不是说心外有个性，有个理，其实，心就是以性、以理为主宰，"心固是主宰底意，然所谓主宰者，即是理也。不是心外别有个理，理外别有个心。"[6] 心为什么能够主宰性情？朱熹说："心主性情，理亦晓

1　[宋]黎靖德编：《朱子语类》卷五，第89页。

2　[宋]黎靖德编：《朱子语类》卷九十八，第2513页。

3　[宋]黎靖德编：《朱子语类》卷五，第94页。

4　曾枣庄、刘琳主编：《全宋文》卷五六四八，《朱熹二二》《孟子纲领》，第364页。

5　[宋]黎靖德编：《朱子语类》卷五，第94页。

6　[清]李清馥撰，徐公喜、管正平、周明华点校：《闽中理学渊源考上》卷十六，《元亨利贞说》，南京：凤凰出版社2011年版，第272页。

6　[宋]黎靖德编：《朱子语类》卷一，第4页。

然。……未发而知觉不昧者，岂非心之主乎性者乎？已发而品节不差者，岂非心之主乎情者乎？"[1]"情根乎性而宰乎心，心为之宰，则其动也无不中节矣。……盖虽曰中节，然是亦情也，但其所以中节者乃心耳。"[2]"情本于性，故与性为对，心则于斯二者有所知觉，而能为之统御者也。未动而无以统之，则空寂而已。已动而无以统之，则放肆而已。"[3]心具有知觉的能力，从这方面说，心与性是认知关系，即心是能觉，性是所觉。"所觉者，心之理也；能觉者，气之灵也。"[4]

心主性情还可分为两个方面的含义。一是指心对人身体的主宰。朱熹说道："心者，人之知觉，主于身而应事物者也。"[5]意思是心是人的知觉能力，主宰着身体的各个部分，并和外物发生相应的关系。他还说："心之为物，实主于身。其体则有仁义礼智信之性；其用则有恻隐羞恶恭敬是非之情。"[6]心主宰身体，实际上就是用仁义礼智信的性来做主导，发而为恻隐、羞恶、恭敬、是非之情。朱熹说："自古圣贤相传，只是理会一个心，心只是一

1　曾枣庄、刘琳主编：《全宋文》卷五五一六，《朱熹八九·答胡广仲》，第213页。

2　曾枣庄、刘琳主编：《全宋文》卷五四八五，《朱熹五八·答张敬夫》，第130页。

3　曾枣庄、刘琳主编：《全宋文》卷五五一三，《朱熹八六·答冯作肃》，第164页。

4　［宋］黎靖德编：《朱子语类》卷五，第85页。

5　［宋］朱熹：《朱熹集》，郭齐、尹波点校，成都：四川教育出版社1996年版，第3436页。

6　［宋］黎靖德编：《朱子语类》卷二十七，第680页。

个性，性只是有个仁义礼智，都无许多般样。"[1]可见，朱熹的思想始终在儒家道德主体论的传统内，并据以提出新观点。二是通过心的超越的理来主宰万物。当天下万物禀得天理之后，天地万物也呈现出一种秩序，人在其中成了万物的主体，人心则要体现出这一主体性。朱熹说："心者，人之所以主乎身者也，一而不二者也，为主而不为客者也，命物而不命于物者也。"[2]心是身体的主宰，它有着主宰的能力，而不是被主宰，不仅主宰身体，还能够主宰他物。"心与理一，不是理在前面为一物。理便在心之中，心包蓄不住，随事而发。"[3]人的心和理是一物，所以能够主宰万物，随事而发。"心固是主宰底意，然所谓主宰者，即是理也。不是心外别有个理，理外别有个心。"[4]心的主宰作用，其实就是理的主宰作用，二者是一。超越性的天理和人的道德主体之间建立起了一种关联。人们的道德行为都是心的主体作用的结果。总之，朱熹的心统性情论，是一种内容丰富的理论主张，朱熹以性为形而上的天理，还以性为心的本体，这也是形而上的，所以朱熹心的概念既是形而下的知觉之心，又是形而上的本体之心。朱熹心统性情，就是以心之体用分别性情，这是朱熹这一理论需要理解清楚

1　［宋］黎靖德编：《朱子语类》卷二十，第 475 页。

2　［宋］朱熹撰，朱杰人、严佐之、刘永翔主编：《朱子全书》第二十三册，上海：上海古籍出版社 2002 年版，第 3278 页。

3　［宋］黎靖德编：《朱子语类》卷五，第 85 页。

4　［宋］黎靖德编：《朱子语类》卷一，第 4 页。

的基本观点。

（3）格物致知

针对这样的心性论，朱熹提出了相应的修养方法，如诚、敬、静、克己、立志、涵养省察、格物致知等，其中，格物致知则是最根本的方法。格物致知主要就是指尽心，尽心中之体，也即尽性，尽天理所在人者。心有体，也有用。心之用有知、情、意。知就是认知之心，情就是情感，意就是意念。对心之体的认识，需要从知情意出发。所以朱熹非常重视经验知识的积累。通过这种积累，可以实现"豁然贯通"，即顿悟。这就是朱熹的格物之意。朱熹强调必须内外工夫并用，才能实现格物致知。在朱熹看来，物理和性理是不同的，又是同一的，格物即识得物理，就可致知即得识性理。这种方法就是内外合一、天人合一的方法，就会意识到体用合一、性情合一。"及其真积力久，而豁然贯通焉，则亦有以知其浑然一致，而果无内外精粗之可言矣"[1]，"至于用力之久，而一旦豁然贯通焉，则众物之表里精粗无不到，而吾心之全体大用无不明矣"[2]。如此，贯通天人的理性得以实现，人生则臻至最高境界。朱熹的格物致知说，提出了许多关于认识论的问题，但并没有形成认识论的系统学说，他将认知当成了实现天理道德的工具。朱熹的格物致知，所要认识的是心的理，进而与天地之理合二为一，所以他最终要认识的是道德主体，而非自然主体。

1　[宋] 蔡模编纂：《近思续录》卷三，上海：华东师范大学出版社 2015 年版，第 32 页。

2　[宋] 朱熹：《四书章句集注》，第 4 页。

3. 鹅湖之会

为了深入探讨儒家的思想，特别是人性论，朱熹与陆九渊曾在信州鹅湖寺（属今江西上饶市）进行了一次论学，这就是中国儒学史上著名的"鹅湖之会"。宋淳熙二年（1175）六月，吕祖谦为了调和朱熹"理学"和陆九渊"心学"之间的理论分歧，使两人的观点"会归于一"，邀请陆九龄、陆九渊兄弟前来与朱熹见面。六月初，陆氏兄弟应邀来到鹅湖寺，双方就各自的哲学观点展开了激烈的辩论。此次论学所涉及的根本问题，就是如何对儒家人性论进行正确的理解。在辩论中，双方形成了尖锐对立的观点。朱熹强调"格物致知"，通过对外物的考察来发现内在的良知。格物就是穷尽事物之理，致知就是推致其知以至其极。朱熹认为，"致知格物只是一事"，是认识的内外两个方面，即尊德性与道问学是二而一。所以朱熹主张多读书，多观察事物，然后加以分析，从而得到良知。陆氏兄弟则从"心即理"出发，认为格物不是成为圣贤的必要途径，要成圣，须"先发明人之本心"，"先立乎其大"，心明则万事万物的道理自然贯通，不必多做读书穷理的工夫，也不必忙于考察外界事物，圣人自古相传的道统就是此心，只有认识本心，去此心之蔽，才可以通晓事理，所以尊德性、养心神是最重要的，所以陆九渊不坚持格物穷理的主张，以为读书不是成为圣人的必由之路。会上，双方各执己见，互不相让，最后不欢而散。对此，陆九渊门人朱亨道记载道："鹅湖讲道，诚当今盛事。伯恭盖虑朱与陆犹有异同，欲令归于一而定其所适从。……论及教人，元晦之意，欲令人泛观博览，而后归之约；二陆之意，欲先发明人之本心，而后使之博览。"[1] 此次论学，朱熹进一步明确了他的理学主张，同时也进一步彰显了朱熹和陆九渊兄弟之间的理学分歧。朱熹曾道："大抵子思以来，教人之法，惟以尊德性、道问学两事为用力之要。今子静所说，专是尊德性事，而某平日所论，却是问学上多了……自觉虽于义理上不敢乱说，却于紧要为己为人上多不得力。今当反身用力，去短集长，庶几不堕一边耳。"可见，朱熹对于陆九渊是非常尊重的，他们论学也是为了调和两家的观点，使双方归于一是，实现本末内外一切恰好的境界。这是朱熹在此问题上的认识境界。然而，陆九渊听闻此语后却说："朱元晦欲去两短合两长，然吾以为不可。既不知尊德性，焉有所谓道问学？"陆九渊此说是对的，但朱熹所表达的是尊德性和道问学不要偏于一边，在传心的道统中应加入求知的精神。两家的思想虽然最终没有实现调和一致，但其中所显现出的思想火花，却更加照亮了理学发展的道路。

4. 论性儒佛

对于朱熹的人性论，有人认为是从禅学中得来的，其实不然。其时理学家多陷溺于佛学禅学中，朱熹也深受其影响，虽然其许多思想与禅学不无相似，但是朱熹的思想却是经过了一番辟禅而得出的。朱熹早年对于禅学非常喜爱，涉猎过许多佛书，自师从

1　［清］王懋竑撰：《朱熹年谱》卷三二，北京：中华书局 1998 年版，第 69—70 页。

李延平后便一心归于儒。所以朱熹对于禅学认识非常深刻，而对于禅学的虚空及当时理学之流弊，了然于胸，所以朱熹对于禅学采取了批评的态度。朱熹说："释氏虚，吾儒实。释氏二，吾儒一。释氏以事理为不要紧而不理会。"佛学将事理和吾心分别开来，所以是二。儒家却是将此二者合而为一。"释氏只要空，圣人只要实。释氏所谓敬以直内，只是空豁豁地，更无一物，却不会方外。圣人所谓敬以直内，则湛然虚明，万理具足，方能义以方外。"佛学主张敬以直内，不说义以方外，所以成就了禅学。朱熹则采取了伊川敬义夹持的说法，同时加以重视。若只说敬，则容易成为禅学。朱熹说："吾以心与理为一，彼以心与理为二……彼见得心空而无理，此见得心虽空而万理咸备也。虽说心与理一，不察乎气禀物欲之私，是见得不真。大学所以贵格物。"朱熹讲心即理，佛家讲心空，儒家虽讲心即理，但要格物之后而得，否则就是不真。所以儒家重视格物。于是，朱熹特别批评了佛家所谓作用是性的说法。"若释氏之言，则但能识此运水搬柴之物，则虽倒行逆施，亦无所适而不可矣，何必徐行而后可以为尧哉？盖其学以空为真，以理为障，而以纵横作用为奇特，故以吾儒之论正相南北，至于如此。"[1]佛家讲的作用是性并不错，但作用还有合理不合理的分别，难道不合理的也是性？所以朱熹特别欣赏伊川性即理的说法。"须是运得水，搬得柴是，方是神通妙用。若运得不

1　［宋］朱熹撰，朱杰人、严佐之、刘永翔主编：《朱子全书》第六册，第990—991页。

是，搬得不是，如何是神通妙用！佛家所谓'作用是性'，便是如此。"[1]朱熹认为佛家的作用是性并非都是合理的，所以他主张博学，不专在心性上做工夫。所以，在理学家中能够直陈禅学弊端的只是朱熹。在朱熹看来，佛家和儒家的不同就在这两方面。朱熹说："举佛氏语，曰：千种言，万般解，只要教君长不昧，此说极好……它只是守得这些子光明……吾儒之学，则居敬为本，而穷理以充之，其本原不同处在此。"[2]还说："以为释氏大本与吾儒同，只是其末异。某与言，正是大本不同……只无'义以方外'，则连'敬以直内'也不是了。"[3]佛家与儒家的差异，在朱熹看来，并不是二者有共同的体，仅是末不同罢了，而是其本即不同，其本有别才致使其末有异。二者的不同，根本上说是它们对性的理解之有异。朱熹说："释氏自谓识心见性，然其所以不可推行者何哉？为其于性与用分为两截也。圣人之道……虽功用充塞天地，而未有出于性之外。"[4]朱熹认为佛学视作用为性，其性与用是两部分，因为它不像儒家将功用充塞天地，儒家讲修齐治平及赞天地之化育，都是性之功用，都未离性。有人问朱熹，孟子讲尽心知性，存心养性，而佛学也说识心见性，两家说法是否一样？朱熹说："佛氏之所以识心，则必别立一心以识此心。其所谓见性，

1　［宋］黎靖德编：《朱子语类》卷六十二，第1497页。

2　［宋］黎靖德编：《朱子语类》卷一百二十六，第3016页。

3　［宋］黎靖德编：《朱子语类》卷一百二十六，第3027页。

4　［宋］黎靖德编：《朱子语类》卷一百二十六，第3039页。

又未尝睹夫民之衷，物之则。既不睹夫性之本然，则物之所感，情之所发，盖以为己累而尽绝之。心者，为主而不为客，命物而不命于物。惟其理有未穷，而物或蔽之，故其明有所不照。私或未克而物或累之，故其体有所不存。圣人之教，使人穷理以极其量之所包，胜私以去其体之所害。因其一以应夫万，因其主以待夫客，因其命物者以命夫物，未尝曰反而识乎此心，存乎此心也。若释氏之云识心，则必收视反听，求其体于恍惚之中，此非别立一心而何。"理学家讲心性，禅宗也讲心性，由于理学家多深受禅学的影响，所以对两家的心性说不能辨别清楚，只有朱熹出入禅学而归宗儒家，对两家的心性说剖析精微，破解迷雾，这是朱熹对于理学的重要贡献。

朱熹的心性论是紧依着他的宇宙本体论建立起来的，性即理，也是心之本体，这是将道德所当然与所以然联系起来，合二为一。朱熹的性即理和心统性情的思想，把人的主体意识和天地之理结合起来，使人性找到了坚实的客观依据，同时为确立人的道德主体进行了充分的论证。

第八章

南宋时期的人性论（二）

一、"心即理也"：陆九渊的心性论

陆九渊（1139—1193），字子静，号象山，世人称存斋先生，今江西抚州市金溪县人。因其曾在贵溪龙虎山建茅舍聚徒讲学，此山形如象，故自号象山翁，世称象山先生、陆象山。南宋著名理学家、思想家和教育家，宋明两代"心学"的开山之祖。与当时著名的理学家朱熹齐名，史称"朱陆"。

陆九渊自幼聪颖，好学善思，喜究根问底，提出自己的见解。三四岁时，问其父"天地何所穷际"，父笑而不答，他就日夜苦思冥想。陆九渊十三岁时，在古书中读到"宇宙"二字时，终于弄明白了其中奥妙。古书中说"四方上下曰宇，往古来今曰宙"，于是省悟道：原来"无穷"便是如此啊。孝宗乾道八年（1172），陆九渊中进士，初任隆兴府靖安（今江西靖安）县主簿，后调建宁府崇安（今福建崇安）县主簿，迁国子正、敕令所删定官等职。淳熙十三年（1186），陆九渊在朝中提出任贤、使能、赏功、罚罪是医国"四君子汤"，得到孝宗赞许。有感于靖康之耻，陆九渊曾剪断指甲，学习弓马，慨然要为大宋复仇，结交志士，商议恢复大略。陆九渊曾上书陈五论：一论仇耻未复，愿博求天下之俊杰，相与举论道经邦之职；二论愿致尊德乐道之诚；三论知人之难；四论事当驯致而不可骤；五论人主不当亲细事。因给事中王信反对，陆九渊遂还乡讲学。陆九渊当时名望已高，每开讲席，学者群集，"户外屦满，耆老扶杖观听"。绍熙二年（1191），他被光宗起用为知荆门军。当时荆门是南宋边地，有着重要的战略意义，但防务极差。他"乃请于朝而城之"，经过一年左右的认真治理，创修军城，稳固边防，甚有政绩，"政行令修，民俗为变"。丞相周必大称赞说：荆门之政是陆九渊事事躬行的结果。绍熙四年（1193），陆九渊病逝于荆门任上，年五十四。归葬于金溪青田。嘉定十年（1217），赐谥"文安"。

陆九渊官位不算显要，学术上也无师承，其一生的辉煌在于创立学派，从事传道授业的活动，受到他教育的学生多达数千人。他融合孟子"万物皆备于我"和"良知""良能"的观点，以及佛教禅宗"心生""心灭"等论点，提出"心即理"的哲学命题，形成一个新的学派——"心学"。他断言天理、人理、物理只在吾心中，心是唯一实在："宇宙便是吾心，吾心即是宇宙。"陆九渊认为心即理是永恒不变的："千万世之前，有圣人出焉，同此心同此理也；千万世之后，有圣人出焉，同此心同此理也。"人同此心，心同此理。古往今来，概莫能外。这就把心和理、心和道德伦理等同起来。希望由此证明所谓"天理"都是人心所固有的，是恒久不变的。他认为治学的方法，主要是"发明本心"，不必多读书外求，"学苟知本，六经皆我注脚"。他的学说经其弟子傅子云、傅梦泉、邓约礼、杨简等人的发挥，元代赵偕、祝蕃、李存等的继承和明代陈献年、湛若水的发展，经王守仁集大成，成为宋明理学的一个重要派别，对后世产生了深远影响，这就是中国儒学史上著名的"陆王学派"。陆九渊一生不注重著书立说，其语录和少量诗文由其子陆持之于开禧元年（1205）汇编成《象山先生集》，共计36卷，并由其学生于嘉定五年（1212）刊行。

1. 理即宇宙

陆九渊在吸收孟子、二程及禅学的基础上开创了宋明理学之心学一派，同时也形成了自己鲜明的心性论思想体系。陆九渊以心为最高范畴，心即是性，性即是心，"且如情、性、心、才，都只是一般物事，言偶不同耳"[1]，所以人性论就是他的心学思想体系。宋代的理学家都是通过对理的不同规定来展开各自的思想体系的，陆九渊也是如此。理是什么？陆九渊的理含有三层含义。第一，理是宇宙的本原和运行规律。陆九渊说："天覆地载，春生夏长，秋敛冬肃，俱此理。"[2] "此理乃宇宙所固有"[3]，"此理在宇宙间，固不以人之明不明，行不行而加损。"[4] 陆九渊认为，宇宙

---

1 ［宋］陆九渊：《陆九渊集》卷三十五，北京：中华书局1980年版，第444页。

2 ［宋］陆九渊：《陆九渊集》卷三十五，第450页。

3 ［宋］陆九渊：《陆九渊集》卷二，第28页。

4 ［宋］陆九渊：《陆九渊集》卷二，第26页。

之理是客观存在的，其存在，不因人的行为而发生改变。不仅如此，理还有着包罗万有的至广之性。"塞宇宙一理耳……此理之大，岂有限量？程明道所谓有憾于天地，则大于天地者矣，谓此理也。"[1] "语大，天下莫能载焉。道大无外。若能载，则有分限矣。语小，天下莫能破焉。一事一物，纤悉微末，未尝与道相离。"[2]第二，理是宇宙万物的存在秩序，理带有必然性和强制性。"此道塞宇宙，天地顺此而动，故日月不过而四时不忒；圣人顺此而动，故刑罚清而民服。"[3]陆九渊认为，理充塞宇宙，宇宙要依据理来运行，这样才能保持秩序井然，圣人也是据此而行动的。"此理塞宇宙，谁能逃之？顺之则吉，逆之则凶。"[4]这样的秩序谁都无法逃脱，顺应的则会吉祥，违背的则会招致凶险。理不以人的意志为转移，"非人私意可差排杜撰"[5]。人只能顺之而行动，不能违逆而强行。"此理充塞宇宙，天地鬼神且不能违异，况于人乎？"[6]陆九渊认为宇宙之理有其发展的必然性，天地万物包括人都不能违背它，只有顺理而动才能保持宇宙的正常运行，这样人类社会才能处于和谐的秩序中。"此理在宇宙间，未尝有所隐遁，天地

1　［宋］陆九渊：《陆九渊集》卷十二，第 161 页。

2　［宋］陆九渊：《陆九渊集》卷三十五，第 476 页。

3　［宋］陆九渊：《陆九渊集》卷十，第 132 页。

4　［宋］陆九渊：《陆九渊集》卷二十一，第 257 页。

5　［宋］陆九渊：《陆九渊集》卷十二，第 161 页。

6　［宋］陆九渊：《陆九渊集》卷十一，第 147 页。

之所以为天地者，顺此理而无私焉耳。"[1]第三，理是社会的伦理道德。"礼者，理也。"[2]"仁即此心也，此理也。"[3]"典礼爵刑，莫非天理。洪范九畴，帝实锡之。古所谓宪章、法度、典则者，皆此理也。"[4]"爱其亲者，此理也；……可羞之事则羞之，可恶之事则恶之，此理也。是知其为是，非知其为非，此理也。宜辞而辞，宜逊而逊者，此理也。敬，此理也，义亦此理也。内，此理也，外亦此理也。"[5]"此理塞宇宙，所谓道外无事，事外无道。舍此而别有商量，别有趋向，别有规模，别有形迹，别有行业，别有事功，则与道不相干，则是异端，则是利欲。为之陷溺，为之窒臼。说即是邪说，见即是邪见。"[6]总之，在陆九渊看来，理不仅是客观世界及自然规律的总称，还是宇宙秩序和人们的道德观念，简言之，就是支配这个世界的总的原则。与朱熹相比，陆九渊的理就是宇宙，理在宇宙之中，理与宇宙同在。而朱熹认为理在事先，理在宇宙之上之外，是独立存在的本体。

2. 心即理也

心是什么？在陆九渊看来，心有三种含义。首先，心是有意识活动的精神实体，是人区别于它物的思维器官。陆九渊说："人

1　［宋］陆九渊：《陆九渊集》卷十一，第 142 页。

2　［宋］陆九渊：《陆九渊集》卷十二，第 159 页。

3　［宋］陆九渊：《陆九渊集》卷一，第 5 页。

4　［宋］陆九渊：《陆九渊集》卷十九，第 233 页。

5　［宋］陆九渊：《陆九渊集》卷一，第 5 页。

6　［宋］陆九渊：《陆九渊集》卷十五，第 474 页。

非木石，安得无心？心于五官最尊大。……心之官则思，思则得之，不思则不得也。"[1]人和木石的区别就在于人有心，能够思考，有意识活动。其次，心是天赋予人的道德本心。陆九渊说："孟子曰：'所不虑而知者，其良知也；所不学而能者，其良能也。'此天之所与我者，我固有之，非由外铄我也。故曰：'万物皆备于我矣，反身则诚，乐莫大焉。'此吾之本心也。"[2]他说："四端者，即此心也；天之所以与我者，即此心也。"[3]孟子曾提出四端说，即恻隐之心、羞恶之心、恭敬之心、是非之心，在陆九渊看来，这四端就是天所赋予人的心，认为道德理念是人心的本来状态。陆九渊在继承孟子的性善说的基础上，提出了自己的人性论主张："仁，即此心也，此理也。""仁义者，人之本心也。""人性之灵，岂得不知其非？""人生天地间，抱五常之性，为庶类之最灵者。""人性本善，其不善者迁于物也。"他的人性论思想也是性善说。再次，心是具有普遍性和永恒性的宇宙本体。陆九渊说："四方上下曰宇，往古来今曰宙，宇宙便是吾心，吾心即是宇宙。千万世之前，有圣人出焉。同此心，同此理也。千万世之后，有圣人出焉，同此心，同此理也。东南西北海，有圣人出焉，同此心，同此理也。"[4]"心只是一个心，某之心，吾友之心，上而千百

---

1 ［宋］陆九渊：《陆九渊集》卷十一，第149页。

2 ［宋］陆九渊：《陆九渊集》卷一，第5页。

3 ［宋］陆九渊：《陆九渊集》卷十一，第149页。

4 ［宋］陆九渊：《陆九渊集》卷二十二，第273页。

5 ［宋］陆九渊：《陆九渊集》卷三十五，第444页。

载圣贤之心，下而千百载复有一圣贤，其心亦只如此，心之体甚大……"[5] "圣人与我同类，此心此理谁能异之。"[1]在陆九渊的思想中，心既是宇宙本体，又是价值本体，二者是一。宇宙指的是四方上下和古往今来，因此心有着普遍性和永恒性，千百年前和千百年后都是一个心，圣人之心即同于我心。总之，陆九渊从其心即理的思想出发，认为此心即人性是善的，此善就是儒家所传的四端之善。

心何以即是理？陆九渊说："塞宇宙一理耳。……此理之大，岂有限量？程明道所谓'有憾于天地'，则大于天地者矣！谓此理也。"[2]对理的理解，朱熹曾将理和万物解释为形上之道和形下之气的关系，陆九渊则批评道："易之大传曰：形而上者谓之道。又曰：一阴一阳之谓道，一阴一阳已是形而上者。"[3]他认为道与器，形而上与形而下，只是同一事物的不同说法，其实是一物，朱熹则将二者的区分绝对化了。他还以比喻说明道："道譬则水，人之于道，譬则蹄涔、污沱、百川、江海也。海至大矣。而四海之广狭深浅，不必齐也。至其为水，则蹄涔亦水也。"[4]人之于道，就像蹄涔、污沱、百川、江海之于水，它们是形上与形下的区别，但在陆九渊看来，它们实是一物。"一事一物，纤悉微末，未尝与

1　［宋］陆九渊：《陆九渊集》卷十三，第171页。

2　［宋］陆九渊：《陆九渊集》卷十二，第161页。

3　［宋］陆九渊：《陆九渊集》卷二，第23页。

4　［宋］陆九渊：《陆九渊集》卷二十二，第274页。

道相离"，"道外无事，事外无道"。陆九渊还证明了心的无限性，至大无外，无所不包。"此心此理，我固有之，所谓万物皆备于我。"[1]陆九渊把心与理固有之，解释为万物皆备于我。但万物何能备于我？陆九渊说："道塞宇宙，非有所隐循，在天曰阴阳，在地曰刚柔，在人曰仁义。故仁义者，人之本心也。"[2]"理者礼也，此理岂不在我？"[3]这是从本原处看出来的。如何体悟道呢？陆九渊的学生通过镜中观花对此做了说明："徐仲诚请教，使思孟子'万物皆备于我矣，反身而诚，乐莫大焉'一章。仲诚处槐堂一月，一日问之云：'仲诚思得孟子如何？'仲诚答曰：'如镜中观花。'答云：'见得仲诚也是如此。'"[4]仲诚经过一个月的冥思苦想，最终通过镜中观花领悟到了"万物皆备于我"之意，得到了陆九渊的赞赏。在这里，心被比喻为镜子，万物被比喻为花木，花木可以通过镜子照出来，同理，万物就存在于心之中。陆九渊由此得出了心即理的结论。"万物森然于方寸之间，满心而发，充塞宇宙"[5]，"人皆有是心，心皆具是理，心即理也"[6]，"此心此理，实不容有二"[7]。换一种说法就是，"宇宙便是吾心，吾心便是宇宙"[8]。于

1　［宋］陆九渊：《陆九渊集》卷一，第13页。

2　［宋］陆九渊：《陆九渊集》卷一，第9页。

3　［宋］陆九渊：《陆九渊集》卷十二，第159页。

4　［宋］陆九渊：《陆九渊集》卷三十四，第428页。

5　［宋］陆九渊：《陆九渊集》卷三十四，第423页。

6　［宋］陆九渊：《陆九渊集》卷十一，第149页。

7　［宋］陆九渊：《陆九渊集》卷一，第5页。

8　［宋］陆九渊：《陆九渊集》卷三十六，第483页。

是，陆九渊提出了心即理的观点。这是从心的角度来探讨理的本
体。"盖心，一心也；理，一理也。至当归一，精义无二，此心此
理，实不容有二。"[1]从这种观点出发，陆九渊对朱熹的性即理说提
出批评，认为朱熹的说法一是支离，忽视了大本大源，再就是务
外，对内在性的理强调不够。"道未有外乎其心者。自可欲之善，
至于大而化之之圣，圣而不可知之神，皆吾心也。"[2]所以，陆九渊
认为，为学之道不是探寻外在的天理，而是"发明本心""先立乎
其大"，把握内在的本体之心。

3. 心理合一

心即理也，是陆九渊的根本哲学理念，它们是同一不二的关
系。但现实中，人们却常常将心与理区别为主体和客体，通过心
向客观事物寻求解释。陆九渊不同意这种做法。他说："宇宙不曾
限隔人，人自限隔宇宙。"[3]"道遍满天下，无些小空阙。……但是
人自有病，与他间隔了。"为什么会发生这种现象？陆九渊认为人
的禀赋和后天的习染是其原因。"人之所以病道者：一资禀，二渐
习。"[4]对于前一方面，陆九渊认为，"道不远人，人自远之耳。人
心不能无蒙蔽，蒙蔽之未彻，则日以陷溺"。人的禀赋会有蒙蔽，
致使人心与道远离。对于会产生蒙蔽的原因，陆九渊说："此理本

---

1 ［宋］陆九渊：《陆九渊集》卷一，第4—5页。

2 ［宋］陆九渊：《陆九渊集》卷十九，第228页。

3 ［宋］陆九渊：《陆九渊集》卷三十四，第401页。

4 ［宋］陆九渊：《陆九渊集》卷三十五，第448页。

天之所以与我者，非由外铄。""内无所主，一向萦绊于浮论虚说，终日只依藉外说以为主，天之所与我者反为客。主客倒置，迷而不反，惑而不解。"结果自然就是"自为支离之说以自萦缠，穷年卒岁，靡所底丽"[1]。这样就是心理分离，不能合二为一。对于后一方面，陆九渊认为，"道理无奇特，乃人心所固有，天下所共由，岂难知哉？但俗习谬见，不能痛省勇改，则为隔碍耳"[2]。理本为人心所固有，并非难知，但由于俗习谬见的影响，会使人不能知。对于产生的原因，陆九渊曾说："天下正理不容有二。若明此理，天地不能异此，鬼神不能异此，千古圣贤不能异此。若不明此理，私有端绪，即是异端，……今世却有一种天资忠厚、行事谨愨者，虽不谈学问，却可为朋友。惟是谈学而无师承，与师承之不正者，最为害道。"[3] 陆九渊认为，此理是天下之公理，在天下只有一个，只有到正宗学派那里求学才能获得。总之，陆九渊认为，把心和理分开是认识论上的巨大错误，也是道德修养上的重大失误。所以他主张心与理合一，真正使人与宇宙融为一体。

对此，陆九渊提出了两个解决办法。第一，宣扬自己是理学正宗。"塞宇宙一理耳。上古圣人先觉此理，故其王天下也，……后世圣人，虽累千百载，其所知所觉不容有异。"[4] 陆九渊认为千百

1　［宋］陆九渊：《陆九渊集》卷一，第 4 页。

2　［宋］陆九渊：《陆九渊集》卷十四，第 184 页。

3　［宋］陆九渊：《陆九渊集》卷十五，第 194 页。

4　［宋］陆九渊：《陆九渊集》卷十五，第 201 页。

年来古圣先贤所传承的理是一样的，不容许有不同。不同者是为
异端。"此理所在，岂容不同。不同此理，则异端矣。"[1]陆九渊认
为应到圣人那里学习正理，而且，他认为自己就是今日的圣人。
他说："韩退之言：'轲死不得其传。'固不敢诬后世无贤者，然
直是至伊洛诸公，得千载不传之学。但草创未为光明。到今日若
不大段光明，更干当甚事？"[2]陆九渊的门人也认为其师是儒家真
传："是先生之学，乃宇宙之达道明矣。"[3]"惟公学本之经，行通于
天，渊源之渐，伊孟之传。"[4]第二，发明本心，切己反省。如果心
与理分离，理在心外，其后果必然是舍心向外求取。陆九渊主张
心即理，要想避免这种分离情况，就要体认或发明本心。他说：
"天之所以与我者，即此心也。人皆有是心，心皆具是理，心即理
也……所贵乎学者，为其欲穷此理，尽此心也。"[5]要想尽此心，陆
九渊提出了几个具体方法：一是剥落工夫。即收拾精神，排除外
来干扰。陆九渊说："人心有病，须是剥落。剥落得一番，即一番
清明，后随起来，又剥落，又清明，须是剥落得净尽方是。"[6]剥落
就是将使心得病的物欲等剥掉，使本心恢复到清明状态。"道遍
满天下，无些小空阙。四端万善，皆天之所予，不劳人妆点。但

1　［宋］陆九渊：《陆九渊集》卷十三，第 177 页。

2　［宋］陆九渊：《陆九渊集》卷三十五，第 436 页。

3　［宋］陆九渊：《陆九渊集》卷三十六，第 530 页。

4　［宋］陆九渊：《陆九渊集》卷三十二，第 513 页。

5　［宋］陆九渊：《陆九渊集》卷十一，第 149 页。

6　［宋］陆九渊：《陆九渊集》卷三十五，第 458 页。

是人自有病，与他间隔了。"[1]在陆九渊看来，生活中的普通人都有可能存在本心被遮蔽的问题，即有病了。只有通过这种剥落工夫才能去除掉这病。剥落，还被陆九渊称为减担，即减轻由渐习等造成的负担。他说："某读书，只看古注，圣人之言自明白，且如'弟子入则孝，出则弟'。是分明说与你，入便孝，出便弟，何须得传注。学者疲精神于此，是以担子越重。到某这里，只是与他减担，只此便是格物。"[2]陆九渊的格物与朱熹的格物不同，朱熹格的是外物，陆九渊格的是心物。陆九渊认为朱熹的工夫论趋于繁琐，违背了简易原则。他说："然则学无二事，无二道，根本苟立，保养不替，自然日新。所谓可久可大者，不出简易而已。"[3]陆九渊认为，理就在人的心中，遇事便表现出来。如果认为理在圣人留下的经典中，而耗费精神流连于此，只会使人陷于蒙蔽，负担渐重。所以求理要做简易工夫，直向人的本心努力。二是对此心进行扩充，使之充塞宇宙。陆九渊认为要将清明之心向外扩充，使之充满宇宙。人心有着无限扩充的可能，"心之所为，犹之能生之物得黄钟大吕之气……重屋有所不能蔽"[4]。心有扩充的功能，待经过剥落澄明之后，要继续涵养本心，使之自然扩展出来。他说："今吾友既得其本心矣，继此能养之而无害，则谁得而御之。如木

1　［宋］陆九渊：《陆九渊集》卷三十五，第448页。

2　［宋］陆九渊：《陆九渊集》卷三十五，第441页。

3　［宋］陆九渊：《陆九渊集》卷五，第64页。

4　［宋］陆九渊：《陆九渊集》卷九，第228页。

有根，苟有培浸而无伤戕，则枝叶当日益畅茂。如水有源，苟有疏浚而无壅窒，则波流当日益充积。所谓源泉混混，不舍昼夜，盈科而后进，放乎四海，有本者如是。"[1]陆九渊认为，通过这样一番功夫，固有的本心就会得以发明，并扩展到整个宇宙，从而消除心与理、人与宇宙的隔阂，实现二者的融合。他说："'事父孝，故事天明，事母孝，故事地察'，是学已到田地，自然如此，非是欲去明此而察此也。"[2]"道塞天地，人以自私之身与道不相入，人能退步自省，自然相入。"[3]"诚以吾一性之外无余理，能尽其性者，虽欲自异于天地，有不可得也。"[4]"若能尽我之心，便与天同。"[5]三是静坐。陆九渊认为，发明本心是向内用功，不是向外去求，可以用静坐的方法。据陆九渊弟子记载："先生举'公都子问钧是人'也一章云：'人有五官，官有其职。某因思是，便收此心。然惟有照物而已。'他日侍坐无所问，先生谓曰：'学者能常闭目亦佳。'某因此无事，则安坐瞑目，用力操存，夜以继日，如此者半月。一日下楼，忽觉此心已复澄莹。中立窃异之，遂见先生。先生目逆而视之曰：'此理已显也。'某问先生：'何以知之？'曰：'占之眸子而已。'"[6]陆九渊认为，静坐可以帮助人收心，从而使人

1　［宋］陆九渊：《陆九渊集》卷七，第 92 页。

2　［宋］陆九渊：《陆九渊集》卷三十五，第 474 页。

3　［宋］陆九渊：《陆九渊集》卷三十五，第 462 页。

4　［宋］陆九渊：《陆九渊集》卷三十，第 347 页。

5　［宋］陆九渊：《陆九渊集》卷三十五，第 444 页。

6　［宋］陆九渊：《陆九渊集》卷三十五，第 471 页。

进入本心澄莹的精神状态。四是读书。陆九渊不像朱熹那样重视读书，但却不是不教人读书。在陆九渊看来，即使不识字的人，也可以通过修炼成为圣贤。"若某则不识一个字，亦须还我堂堂地做个人。"[1]别人批评他不教人读书，陆九渊辩解道："人谓某不教人读书，如敏求前日来问某下手处，某教他读《旅獒》、《太甲》、《告子》'牛山之木以下'，何尝不读书来？只是比他人读得别些子。"[2]陆九渊不是不教人读书，而是他不像朱熹那样让人读书。陆九渊的读书不是让人增加书本知识，而是作为一种发明本心的工夫。通过读书，使自己的本心与古代圣贤的本心相互印证，陆九渊将这种读书法称为"六经注我，我注六经"[3]。

陆九渊用一首诗对他的心学做了概括："此理于人无间然，昏明何事与天渊？自从断却闲牵引，俯仰周旋只事天。"[4]这首诗的意思是，理与人是没有间隔的，因为理就是人心，人心受外物影响而蒙蔽，就会与理产生距离，如果断绝了外物的影响，使本心呈露而澄明，那么心与理也即与天就会复归于一。当达到心与理一的境界时，人的精神就超脱了一切束缚，达到精神上的绝对自由境界。"有己则忘理，明理则忘己。"[5]"诚能深思俗见俗习之可恶，能埋没人灵，蒙蔽正理。思之既明，幡然而改，奋然而兴，如出

1　［宋］陆九渊：《陆九渊集》卷三十五，第447页。

2　［宋］陆九渊：《陆九渊集》卷三十五，第446页。

3　［宋］陆九渊：《陆九渊集》卷三十四，第399页。

4　［宋］陆九渊：《陆九渊集》卷十一，第143页。

5　［宋］陆九渊：《陆九渊集》卷三十五，第473页。

陷穽，如决网罗，如去荆棘，而舞蹈乎康庄，翔翔乎青冥，岂不快哉？岂不伟哉？尚谁得而御之哉？"[1] "当恻隐时自然恻隐，当羞恶时自然羞恶，当宽裕温柔时自然宽裕温柔，当发强刚毅时自然发强刚毅。"[2]意思是，真正能够达到心理合一的境界时，一举一动都会自然而然地合乎伦理道德，成为道德的化身——圣贤之人。

4. 朱陆之争

关于陆九渊和朱熹的学术争论，最著名的学术事件就是鹅湖之会。朱陆之争起于鹅湖之会，因鹅湖之会而使两家观点分歧公开化。鹅湖之会争论的焦点是"尊德性"还是"道问学"的问题，似乎只是为学方法取向不同，但最终涉及的是双方学术的重要分歧。淳熙二年（1175）春天，时吕祖谦访朱熹至武夷，二人共同读周、张、二程书，编辑《近思录》。后朱熹送吕祖谦至信州鹅湖寺，吕祖谦素知朱、陆二人在理学观点上有分歧，意欲调和他们的观点，所以约陆九龄、陆九渊来鹅湖一会，共同讨论学术问题。陆九渊应邀在江西上饶的鹅湖寺与朱熹会晤，共同研讨治学方式与态度。鹅湖之会上，二陆主张应"先发明人之本心然后使之博览"，所谓"心即理"，认为本心之性千古不变，明心工夫终究久大，毋须在读书穷理方面过多地费工夫；朱熹则主张通过问学致知的方法，主张通过博览群书和对外物的观察来启发内心的知识，先博而后约。双方各持己见，展开了一场有关"心"与"理"的

---

1 ［宋］陆九渊：《陆九渊集》卷十二，第167页。
2 ［宋］陆九渊：《陆九渊集》卷三十五，第456页。

大辩论。关于鹅湖之会的详情，《语录》中有一段陆九渊的回忆，其中说：

> 吕伯恭为鹅湖之集，先兄复斋谓某曰："伯恭约元晦为此集，正为学术异同，某兄弟先自不同，何以望鹅湖之同？"先兄遂与某议论致辩，又令某自说，至晚罢。先兄云："子静之说是。"次早，某请先兄说，先兄云："某无说，夜来思之，子静之说极是。方得一诗云：'孩提知爱长知钦，古圣相传只此心。大抵有基方筑室，未闻无址忽成岑。留情传注翻蓁塞，着意精微转陆沉。珍重友朋相切琢，须知至乐在于今。'"某云："诗甚佳，但第二句微有未安。"先兄云："说得恁地，又道未安，更要如何？"某云："不妨一面起行，某沿途却和此诗。"
>
> 及至鹅湖，伯恭首问先兄别后新功。先兄举诗，才四句，元晦顾伯恭曰："子寿早已上子静船了也。"举诗罢，遂致辩于先兄。某云："途中某和得家兄此诗云：'墟墓兴哀宗庙钦，斯人千古不磨心。涓流滴到沧溟水，拳石崇成泰华岑。易简工夫终久大，支离事业竟浮沉。'"举诗至此，元晦失色。至"欲知自下升高处，真伪先须辨只今。"元晦大不怿，于是各休息。翌日二公商量数十折议论来，莫不悉破其说。继日凡致辩，其说随屈。伯恭甚有虚心相听之意，竟为元晦所尼。

　　回忆中详述了鹅湖之会前二陆相互切磋，意见基本达成一致，以及赋诗明志的经过，略述了会上以陆九渊、陆九龄为一方，朱熹、吕祖谦为另一方讨论三天的过程。陆九渊认为，会上，吕祖谦对他与九龄的意见有虚心听取之意，但其观点竟限于朱熹的影响而不能拓展。他们讥讽朱熹格物渐修工夫为"支离"，总不免要泛观。这引起了朱熹的不满，讥讽陆氏"禅学"，两派学术见解争执不下。又据《陆九渊年谱》，朱亨道书曰："鹅湖之会，论及教人。元晦之意，欲令人泛观博览，而后归之约。二陆之意，欲先发明人之本心，而后使之博览。朱以陆之教人为太简，陆以朱之教人为支离，此颇不合。先生更欲与元晦辩，以为尧舜之前何书可读？复斋止之……"二陆主张"易简工夫"，是以确认先天心性为前提的。其所谓"孩提知爱长知钦，古圣相传只此心"和"墟墓兴哀宗庙钦，斯人千古不磨心"的诗句，都是表明先确立"心"本体，以心为一切道德价值根源的观点，主张由"明心"而扩展到读书问学的。二陆把"心"当作人生代代相传、永不磨灭的道德本体，认为千古圣人只是以心相传，不用传之文字，所以陆九渊更欲与朱熹相辩，"以为尧舜之前，何书可读"？这说明他认为朱熹的"支离"，不仅在于方法的不简易，而且在于没有找到道德价值的真正渊源——人心本体。双方辩论了三天，观点始终未得到统一。通过这场辩论，陆九渊则进一步阐发了他"尊德性"和"发明本心"的"心即理"的学说。

　　鹅湖之会后三年，朱熹才和陆诗说："德义风流夙所钦，别离三载更关心，偶扶藜杖出寒谷，又枉篮舆度远岑。旧学商量加邃密，新知培养转深沉。只愁说到无言处，不信人间有古今。"[1]诗中的"只愁说到无言处，不信人间有古今"一句，不仅婉转地批评陆学"脱略文字，直趋本根"的为学方法，也点出了陆氏心学的本体乃"不依文字而立者"。这恰可以看作朱熹对鹅湖之会上二陆所主张的心本体思想及陆九渊"尧舜之前，何书可读"这一问题的回应，说明鹅湖之会及会后，朱陆双方都已开始意识到，在工夫问题背后，他们之间还存在着关于本体的分歧。

　　虽然他们的学术观点不同，但他们友谊深厚，常书信往来，论辩不已。鹅湖之会以后，朱陆又一次重要的会晤是南康之会。淳熙八年（1181），朱熹知南康军，二月，陆九渊访朱熹于南康，朱熹请陆九渊登白鹿洞书院讲习。陆九渊讲《论语》"君子喻于义，小人喻于利"一章，听者都十分感动，甚至有泣下者，朱熹也当即离座，向众人说"熹以为切中学者隐微深痼之病"，"熹当与诸生共守，以无忘陆先生之训"，并再三表示"熹在此不曾说到这里，负愧何言"[2]。又请陆九渊书写讲义，将讲义刻于石以作纪念。南康之会，陆九渊在白鹿洞书院所讲的核心问题是"义利之辨"，而这正是陆九渊为学的一大宗旨。如《陆九渊集·语录上》曾载这样一段话："傅子渊自此归其家，陈正己问之曰：'陆先生教人何先？'对曰：'辨志。'正己复问曰：'何辨？'对曰：'义

1　［宋］陆九渊：《陆九渊集》卷三十六，第490页。

2　［宋］陆九渊：《陆九渊集》卷三十六，第492页。

利之辨。'若子渊之对，可谓切要。"[1]傅子渊这段话道出了陆九渊为学的要义，陆九渊在南康之会时于白鹿洞书院借《论语》"君子喻于义，小人喻于利"一章做了彻底的说明。他讲道："此章以义利判君子小人……窃谓学者于此，当辨其志。人之所喻由其所习，所习由其所志。志乎义，则所习者必在于义，所习在义，斯喻于义矣。志乎利，则所习者必在于利，所习在利，斯喻于利矣。故学者之志，不可不辨也。"[2]他认为，儒家以义利判君子小人，其核心问题是辨志。人的认识来源于日常生活中的习染，而习染的结果却决定于你的志向如何。志于"利"者，必被"利"所趋，志于"义"者，则以"义"为行为的准则。所以为学之要在于立志。他联系到当时科举取士选拔人才的制度谈道："科举取士久矣，名儒钜公皆由此出。今为士者固不能免此。然场屋之得失，顾其技与有司好恶如何耳，非所以为君子小人之辨也。而今世以此相尚，使汩没于此而不能自拔，则终日从事者，虽曰圣贤之书，而要其志之所乡，则有与圣贤背而驰者矣。推而上之，则又惟官资崇卑、禄廪厚薄是计，岂能悉心力于国事民隐，以无负于任使之者哉？从事其间，更历之多，讲习之熟，安得不有所喻？顾恐不在于义耳。"[3]

陆九渊与朱熹都是著名的理学家，但朱属于客观唯心主义，

---

1 ［宋］陆九渊：《陆九渊集》卷三十四，第398页。

2 ［宋］陆九渊：《陆九渊集》卷二十三，第275页。

3 ［宋］陆九渊：《陆九渊集》卷二十三，第276页。

而陆属于主观唯心主义。陆九渊以义利之辨（尊德性）为总枢纽，朱熹以读书（道学问）为总枢纽。陆学认为"人心至灵，此理至明；人皆有是心，心皆具是理"；"宇宙便是吾心，吾心便是宇宙"；"宇宙内事是己分内事，己分内事是宇宙内事"。他认为人们的心和理都是天赋的，永恒不变的，仁义礼智信等封建道德也是人的天性所固有的，不是外铄的。学的目的就在于穷此理，尽此心。人难免受物欲的蒙蔽，受了蒙蔽，心就不灵，理就不明，必须通过师友讲学，切磋琢磨，鞭策自己，以恢复心的本然。修养工夫在于求诸内，存心养心。具体方法是切己体察，求其放心，明义利之辨。陆九渊自称这种方法为"简易工夫"，是"立乎其大者"，是"知本"，是"明本心"。至于读书，陆九渊则最重视《大学》《中庸》《论语》和《孟子》，要求联系日用事物讽咏自得，反对习注疏章句之学，场屋之文，以谋求利禄。陆九渊以道德主体为本体，他所追求的实际上是一种理性的直觉。他以直觉为本体，而认为这种本体虽超越于人的知识之上，却又不离人的知识。所以他强调尊德性，而又要以求知的手段充实本体，来作为德性的补充。如果说朱熹的知性之"理"论证了伦理道德的根源性、普遍性，那么陆九渊的理性直觉则在于把带有普遍性的伦理规范变为个人的内在体验，这即是他"心即理"的内在逻辑。朱熹则以理为本，意在寻找万物之后决定万物的终极本质。他首先着眼的是自然，意在从自然规律中归结出"所以然"的本体，并把"所以然"推到"所当然"，把"形而上"的当然之理当作人生活动、道德意识的根源。这样，朱熹实际上是以"物"为认识对象，做出知性的概括，归纳为"理"。故此他重视语言的表达与传授，逻辑的概括与抽象。在方法上则崇尚读书、斟酌文字，要人以读书为穷理的主要方法。

黄宗羲曾在《宋元学案·象山学案》中这样评价朱陆两人的学术异同：

> 先生之学，以尊德性为宗，谓"先立乎其大，而后天之所以与我者，不为小者所夺。夫苟本体不明，而徒致功于外索，是无源之水也"。同时紫阳之学，则以道问学为主，谓"格物穷理，乃吾人入圣之阶梯。夫苟信心自是，而惟从事于覃思，是师心之用也"。两家之意见既不同……于是宗朱者诋陆为狂禅，宗陆者以朱为俗学，两家之学各成门户，几如冰炭矣。……况考二先生之生平自治，先生之尊德性，何尝不加功于学古笃行，紫阳之道问学，何尝不致力于反身修德，特以示学者之入门各有先后，曰"此其所以异耳"。……二先生同植纲常，同扶名教，同宗孔、孟。即使意见终于不合，亦不过仁者见仁，知者见知，所谓"学焉而得其性之所近"。

他指出，所谓"尊德性"与"道问学"，只是理学教人入门方法不同，二者本不能截然分开。况且朱陆在其中虽各强调一面，却同时兼顾另一面，所以他们这种争议，构不成根本的分歧。朱陆"同植纲常，同扶名教"，都以伦理道德为核心发挥理学精义，即使意见有所不同，也只是"仁者见仁，知者见知"，"学焉而得其性之所近"而已。他们在为学中表现了个人性情和道德实践的差别。

二、"天地之性"和"气质之性"：陈淳的性两元论

陈淳（1159—1223），字安卿，号北溪，福建龙溪人，南宋著名的理学家，朱熹晚年的得意弟子。陈淳家境贫寒，但他志趣高尚，勤学苦读，一生未考科举，一直从事教育学术活动。元脱脱在《宋史》中评价道："居乡不沽名徇俗，恬然退守，若无闻焉。然名播天下，世虽不用，而忧时论事，感慨动人。"[1]他尊奉孔孟之道，崇仰周程理学，希望能由先儒之说而通晓圣贤之旨。因而，他笃志力学濂洛遗书，不禁喟叹道："周程诸子的性道微言皆合我心意，可惜我还未能登堂入室，窥测其中的深奥之处，实感惭愧啊！"后来他听说朱熹在武夷山紫阳书院讲学，非常向往，欣喜地说："这是濂洛一派的老师，真想去亲耳恭听朱子的讲学啊！"可惜陈淳当时缺少盘缠，只能翘首北望。陈淳前半生在乡村从事儿童的训蒙教育，曾编写《训童雅言》《启蒙初诵》两本儿

1　［元］脱脱等：《宋史》卷四百三十，北京：中华书局1985年版，第12790页。

童读物。

　　宋光宗绍熙元年（1190），朱熹担任漳州知府。十一月，陈淳慕名前往求见，并拿着他所作的《自警诗》为贽，表达其"十年愿见而不可得之诚"。朱熹读了陈淳的诗文，很是赞赏，知道他研究理学已久，用功甚深，延至郡斋，讲论终日，亲授"根原"二字，说："凡阅义理，必穷其原。"意思是看道理，需要穷究根原。陈淳洗耳恭听。朱熹说："某到此未曾将这般道理说与人，今向君都说了。"陈淳有疑必问，朱熹在给门人学者的讲述和信札中，屡次称赞他"会问"。朱熹曾高兴地说："区区南官，亦喜为吾道得此人也。"[1] 在漳州未满一年，朱熹因爱子夭逝而离任。之后，朱熹在闽北讲学时，还常常提起陈淳，他跟身边弟子说："安卿看得道理深透，此间诸生未有能比得上他的。"有时接到陈淳的来书，阅毕又对弟子们说："近得安卿书，他进步很快，此人将来未可限量啊！"陈淳推求朱熹所受之根原，成为《问卷》，寄给朱熹，得到了朱熹"道理精密"的赞许。宋宁宗庆元五年（1199）冬，陈淳不远千里去建阳考亭再谒朱熹，向朱熹汇报了这些年的学习所得。当时朱熹已卧病在床，不过陈淳的到来让他很高兴，他撑着病身听完陈淳的汇报后说："如公所学，已见本原，所阙者下学之功尔。"第二年正月，陈淳告别而归，几个月后，朱熹病逝。陈淳的理学思想是直接继承朱子的，在"闽学"流派中，他

1　[宋]朱熹：《朱熹集》，成都：四川教育出版社1996年版，第2882页。

的学术地位比较重要，对树立朱子学的正统地位发挥了重要作用，全祖望评价他："其卫师门甚力"[1]。陈淳不仅得到了朱熹的真传，学术精纯，造诣深厚，还"多所发明"[2]，在继承和发扬程朱理学上做出了重要贡献。他的著作很多，主要有《北溪字义》2卷、《北溪大全集》50卷，均收入四库全书。

1. 性即理也

（1）性即理也

陈淳的人性论是在继承二程、朱熹的思想基础上发展而来的。二程曾提出"性即理"的思想，朱熹对此大为推崇，称之"颠扑不破"[3]。朱熹曾对陈淳讲："道即性，性即道，固只是一物。然须看因甚唤做性，因甚唤做道。"[4]陈淳在对朱熹思想经过一番思考后，阐述了对此的理解："性即理也。何以不谓之理而谓之性？盖理是泛言天地间人物公共之理，性是在我之理。只这道理，受于天而为我所有，故谓之性。性字从心从生，是人生来具是理于心，方名之曰性。"[5]性就是人所得到的天理，这是为性寻找形上依据。陈淳阐述道："性与命本非二物，在天谓之命，在人谓之性。"意思是性是人禀赋天命而有的。这个性指的是"天地之性"。陈淳继而分别了天地之性和气质之性。"大抵性只是理，然人之

1　2　［明］黄宗羲：《宋元学案》卷六十八，北京：中华书局1986年版，第2219页。

3　［宋］黎靖德：《朱子语类》卷五，第93页。

4　［宋］黎靖德编：《朱子语类》卷五，第82页。

5　［宋］陈淳：《北溪字义》，北京：中华书局1983年版，第6页。

生，不成只空得个理，须有个形骸，方载得此理。其实理不外乎
气，得天地之气成这形，得天地之理成这性。"[1]对于天地之性和
气质之性的分别，是宋代理学家的重要理论贡献，首倡此说的是
张载，程朱则对其大加赞赏。张载说："形而后有气质之性。善反
之，则天地之性存焉。"程颐对此论述道："论性不论气，不备。
论气不论性，不明。二之，则不是。"朱熹则称赞此说道："所以
发明千古圣贤未尽之意，甚为有功。"[2]陈淳则继承理学家们的思
想，讲道："气质之性，是以气禀言之。天地之性，是以大本言
之。其实天地之性亦不离气质之中，只是就那气质中分别出天地
之性，不与相杂为言耳。"[3]在陈淳看来，气质之性和天地之性是
从不同角度看的，二者其实是一体不可分离的。陈淳还对气质二
字进行了解释："流行乎一身之间者是气，凝定成形者是质。"人
禀得天地之气以生，这便有了气质之性。不仅是人，物的形成也
是如此。而人与人的不同，人与物的差异，都是所禀之气的偏正
导致的。"盖人之所以有万殊不齐，只缘气禀不同。"何以是气禀
不同？陈淳讲道："不是阴阳气本恶，只是分合转移、齐不齐中，
便自然成粹驳善恶耳。因气有驳粹，便有贤愚。"[4]气本身没有善
恶，只是在气的组合中形成善恶。气质之性虽有善恶，但并非不

1　[宋]陈淳：《北溪字义》，第6页。

2　[宋]黎靖德编：《朱子语类》卷四，第66页。

3　[宋]陈淳：《北溪字义》，第9页。

4　[宋]陈淳：《北溪字义》，第7页。

可改变，只要加强道德修养，付出更多的工夫，是可以改恶向善的，因为作为人的大本的天地之性都是善的。陈淳说："气虽不齐，而大本则一，故虽下愚，亦可变而为善，然工夫最难，非百倍其功者不能。"

（2）理、命、道、气

在陈淳的人性论中，性与理、命、道、气这些概念密切关联。首先，关于性与理，陈淳主张性即理，但二者又有不同。在陈淳看来，理是天地万物与人共同之理，性是这个理为我所有在我身者，性只属于人。而从性的角度来看，可以说性即理，但不能反过来说理即性。"盖理是泛言天地间人物公共之理，性是在我之理。只这道理受于天而为我所有，故谓之性。性字从生从心，是人生来具是理于心，方名之曰性。其大目只是仁义礼智四者而已。得天命之元，在我谓之仁；得天命之亨，在我谓之礼；得天命之利，在我谓之义；得天命之贞，在我谓之智。"[1]元亨利贞在天是命，仁义礼智在人是性。因此，性就是天理，它是善的而无恶。此处讲的是天地之性，是道德来源的形上根据。第二，关于性和命，陈淳认为二者根本上也是一物，其区别只是在于过程的不同，前者是领受，后者是赋予。陈淳说："性与命本非二物，在天谓之命，在人谓之性。故程子曰：'天所付为命，人所受为性。'"性、命即是二而一，又是一而二，陈淳认为要从二者之同来把握，又

1　［宋］陈淳：《北溪字义》，第6页。

要从二者之异来理解。陈淳说："性命只是一个道理，不分看则不分晓。只管分看不合看，又离了，不相干涉。须是就浑然一理中看得有界分，不相乱。所以谓之命、谓之性者何故？大抵性只是理，然人之生不成只空得个理，须有个形骸方载得此理。其实理不外乎气，得天地之气成这形，得天地之理成这性。"[1]陈淳的认识全面而准确，性和命本是一物，分开来讲是为了理解人性以及天地万物与人的差别。但只从不同处看，又会对人性的大本缺乏认识。所以陈淳理解性和命，既看到了同中之异，又看到了异中之同。第三，关于性和道，陈淳认为二者既一致又有别。陈淳说："所谓善者，以实理言，即道之方行者也。道到成此者为性，是说人物受得此善底道理去，各成个性耳……"[2]这是从动态生成过程来探讨人性，道就是人领受善的理从而形成人性。这与理、命的角度又有不同。正因为道有这种功能，才使人性能够实现。而人一旦具备了人性，即具备了这个道，所以说道亦即性。第四，关于性和气的关系。陈淳肯定性即理也，此性就是善的，然而现实社会人有善有恶，这种不同的人性状况是怎么回事？朱熹认为这是每个人的气禀不同所造成的。陈淳承继了其师的观点，又进一步发挥道："人之所以有万殊不齐，只缘气禀不同。这气只是阴阳五行之气，如阳性刚，阴性柔，火性燥，水性润，金性寒，木性温，土性重厚。七者夹杂，便有参差不齐。所以人随所值，便有

1　［宋］陈淳：《北溪字义》，第 6 页。

2　［宋］陈淳：《北溪字义》，第 8 页。

许多般样。然这气运来运去，自有个'真元之会'……圣人便是禀得这'真元之会'来。"陈淳认为人性之不同是由于阴阳五行之气为人所禀赋不同，如果气的组合恰好有个"真元之会"，便会产生出圣人来，但这种情况非常稀少。"天地间参差不齐之时多，真元会合之时少，……人生多值此不齐之气。如有一等人非常刚烈，是值阳气多；有一等人极是软弱，是值阴气多；有人躁暴忿戾，是又值阳气之恶者；有人狡谲奸险，此又值阴气之恶者；有人性圆，一拨便转也；也有一等极愚拗，虽一句善言亦说不入，与禽兽无异。都是气禀如此。"[1]

2. 心之主宰

（1）身之主宰

陈淳的人性论中还有一个重要的概念——心，要进一步详尽了解性，是离不开对心的解读的。性是人之为人的本质，而心是人的精神意识和知觉能力。没有性，则人不成为人。没有心，则无法识得性。那何谓心？陈淳的理解和朱熹基本一致。他说："心者，一身之主宰也。人之四肢运动，手持足履，与夫饥思食，渴思饮，夏思葛，冬思裘，皆是此心为之主宰。"心是人的主宰，人的行为都是由心主宰的，如四肢运动、手持足履、饥食渴饮、夏葛冬裘等。但心究竟是什么？陈淳解释道："如今心恙底人，只是此心为邪气所乘，内无主宰，所以日用间饮食动作，皆失其常

1　［宋］陈淳：《北溪字义》，第 7 页。

度，与平人异。理义都丧了，只空有个气，仅往来于脉息之间未绝耳。"失去了心，人就失去了主宰功能，连人的根本理义都会失去，只剩下气的状态。日用饮食失去常度，并不是没有了这些行为，而是说没有了理义的指导。可见，心作为人身的主宰，不仅指心本身，更指心中的理义。陈淳说："大抵人得天地之理为性，得天地之气为体。理与气合，方成个心。有个虚灵知觉，便是身之所以为主宰处。然这虚灵知觉，有从理而发者，有从心而发者，又各不同也。"[1]可见，心的构成，是由天地之理和天地之气共同合成，如此才有人的意识，即虚灵知觉。

（2）道心人心

心的意识作用，一种是从理出发的，即道心，一种是从气出发的，即人心。二者有何不同？陈淳说："知觉从理上发来，便是仁义礼智之心，便是道心。若知觉从形气上发来，便是人心，便易与理相违。人只有一个心，非有两个知觉，只是所以为知觉者不同。且如饥而思食，渴而思饮，此是人心。至于食所当食，饮所当饮，便是道心。"[2]从理上和从知觉上出发，便是道心和人心的区分。道心，就是根据道德规范来处事；人心，就是听凭生理欲望来行动。虽有这两种区别，但心只是一个心，只是出发点的不同。陈淳说："人心之虚灵知觉，一而已。其由形气而发者，以形气为主，而谓之人心；由理义而发者，以理义为主，而谓之道

1　2　［宋］陈淳：《北溪字义》，第 11 页。

心。"[1] 由形气而发的就是不正确的行为，所以是人心；由义理而发者，就是正确的行为，所以是道心。道心对人心有节制的作用，像饮食，要从理上考虑当不当。朱熹侧重在善恶上解释人心和道心，而陈淳则侧重从本原上解释人心和道心。从这点讲，陈淳进一步发展了朱熹的这方面思想。从道心和人心出发，陈淳继而探讨了天理和人欲的关系。从欲望出发的是人心，从义理出发的是道心，人心蒙蔽了道心，人就会为恶，道心节制了人心，人就会行善，因此要注意天理和人欲的关系。陈淳认为，天理即天命，"其根原所自来，莫非天命自然，而非人所强为"[2]，各种伦理道德，都是天命所决定的，因而是合理的，人人都应奉行，为此需要消灭人欲。只有战胜人欲，不使其遮蔽天理，才能实现仁，达至社会的和谐。

3. 心含理气

（1）心之体用

陈淳还进一步解释了心与理的关系："心有体有用。具众理者其体，应万事者其用。寂然不动者其体，感而遂通者其用。体即所谓性，以其静者言也；用即所谓情，以其动者言也。"[3] 心之体，就是心之为心的道理，即天理；心之用，就是将理运用于各种具

---

1 ［清］黄宗羲原撰，［清］全祖望补修：《宋元学案》卷六十八，《北溪学案》，北京：中华书局 1986 年版，第 2227 页。

2 《全宋文》卷六七二六，《陈淳一六·君臣夫妇兄弟朋友根原》，第 213 页。

3 ［宋］陈淳：《北溪字义》，第 11—12 页。

体事情。心之体是不会改变的，心之用是贯通事事物物的，所以前者是静的，后者是动的。陈淳还说："体虽具于方寸之间，而其所以为体，则实与天地同其大，万理盖无所不备，而无一物出乎是理之外。用虽发乎方寸之间，而其所以为用，则实与天地相流通，万事盖无所不贯，而无一理不行乎事之中。此心之所以为妙，贯动静，一显微，彻表里，终始无间者也。"[1]陈淳从体用两方面对心的作用进行了阐述。由于心的这种内涵，在陈淳看来，心具有无穷大、甚至无所不包的特点。"此心之量极大，万物无所不包，万事无所不统"[2]，万事万物都被心所包含统摄，可见心量之大。"虽万里之远，一念便到。虽千古人情事变之秘，一照便知。虽金石至坚，可贯。虽物类至幽至微，可通。"[3]心能够突破遥远时空的限制，一念便到；还能够突破质坚至幽的障碍，可贯可通。心可谓是万能的。陈淳后来又对其思想进行了完善："心是个活物，不是帖静死定在这里，常爱动。心之动，是乘气动。故文公《感兴诗》曰：'人心妙不测，出入乘气机。'正谓此也。"可见，陈淳更加突出了气的作用，使得人身上的理与气更加和谐。陈淳继而思考道："性只是理，全是善而无恶。心含理与气，理固全是善，气便含两头在，未便全是善底物，才动便易从不善上去。"性是善

1　［清］王梓材，［清］冯云豪编撰：《宋元学案补遗》卷六十八，北京：中华书局2012年版，第3688页。

2　张加才：《诠释与建构——陈淳与朱子学》，北京：人民出版社2004年版，第251页。

3　张加才：《诠释与建构——陈淳与朱子学》，第252页。

的，气有善和恶的可能，心包含理和气，理能控制气则为善，反之为恶。"人须是有操存涵养之功，然后本体常卓然在中，为之主宰，而无亡失之患。"[1]可见，主宰人心的应该是天理道德，而不应是由气而生的各种生理欲望，人要根据自己的心性本体来指导自己的意识行为。由于心之内涵的复杂性，陈淳还特别阐述了心与情、性、意、志、理、命等概念相互间的关系。"……一件事物来接著，在内主宰者是心；动出来或喜或怒是情；里面有个物，能动出来底是性；运用商量，要喜那人要怒那人是意；心向那所喜所怒之人是志；喜怒之中节处，又是性中道理流出来，即是当然之则处是理；其所以当然之根原处是命。"[2]心与这些概念联系密切，是因为心是万化的源头。"心虽不过方寸大，然万化皆从此出，正是原头处。故子思以未发之中，为天下之大本；已发之和，为天下之达道。"[3]

（2）理义之心和形气之心

在陈淳看来，性有天地之性和气质之性，心也有理义之心和形气之心的区别。为了解决道德理性和情感欲望之间的冲突，理学家们通过阐发《尚书·大禹谟》中的道心、人心说进行了思考。《尚书·大禹谟》说："人心惟危，道心惟微，惟精惟一，允执厥中。"意为，人心复杂而不稳定，道心深奥而微妙，惟有精诚专

1　［宋］陈淳：《北溪字义》，第12页。

2　［宋］陈淳：《北溪字义》，第17页。

3　张加才：《诠释与建构——陈淳与朱子学》，第251页。

一，才能保持中正合理。程颐认为人心是人的生理欲望之心，道心是人的道德本心，二者是对立的。朱熹认为，人心和道心只是人的两种不同知觉意识，人禀气而生成，人禀理而有性，基于理的道德意识就是道心，基于气的情感欲望就是人心。人心要服从道心的节制，"必使道心常为一身之主，而人心每听命焉"。虽然二者有别，但它们还是一体的关系，二而一，人只是一个心。陈淳继承了朱熹的思想，用理义之心和形气之心来对道心和人心分别进行了阐发。他认为，心有虚灵知觉，因为心是合理、气而成，"这虚灵知觉，有从理而发者，有从气而发者，又各不同也"。"由形气而发者，以形气为主，而谓之人心，如耳目鼻口四肢之运用者是也，而人与物同，不甚远也。由理义而发者，以理义为主，而谓之道心，若仁义礼智之属是也，而人与物异，独为最贵者也。二者在方寸间，本自不相紊乱……"[1]这段话，讲的是人心由形气而发，像耳好声、目好色、鼻好嗅、口好味、四肢好愉悦。道心是由理义而发的，像仁义礼智等道德范畴。从人心来看，人与物没有多大差别，但从道心来看，由于人有仁义礼智，人成为万物中最尊贵的。二者差别并不大，但很微妙，不可混而为一。

4. 心统性情

（1）心与性情

情也是陈淳人性论中的重要内容。宋代理学家在论性情的时

---

1 《全宋文》卷六七一八，第108页。

候，大都认为二者是一种体用关系：性是体，情是用；性是情之本，情是性之动。张载曾提出"心统性情"说，二程则将性情分别为理和动、本和末的关系，朱熹则进一步将二者关系明确为体用、动静，并创新性地阐发了"心统性情"的思想。陈淳继承了朱熹的思想并做了深入的阐发。陈淳认为，性和情之间的关系是对立又同一的，实际上就是心的体用动静关系。"体即所谓性，以其静者言也；用即所谓情，以其动者言也。"[1] "在心里面未发动底是性，事物触著便发动出来是情。寂然不动是性，感而遂通是情。这动底只是就性中发出来，不是别物，其大目则为喜、怒、哀、惧、爱、恶、欲七者。"[2] 在陈淳看来，性和情是相对立的，但都属于心，心统性情，其不同只是在于已发和未发的区别而已。心统性情说，是张载首先提出的，得到了朱熹的高度称赞，称其颠扑不破。陈淳也评价此说："尤为语约而意备，自孟子后，未有如此说亲切者。"陈淳对朱熹的阐发也颇为赞同："'性者，心之理；情者，心之用。心者，情性之主'，说得又条畅明白。"与情相近的，还有一个概念，即意，陈淳也做了细致的分辨："意者，心之所发也，有思量运用之义。大抵情者性之动，意者心之发。情是就心里面自然发动，改头换面出来底，正与性相对。意是心上发起一念，思量运用要恁地底。情动是全体上论，意是就起一念处论。"[3]

---

1 ［宋］陈淳：《北溪字义》，第 11—12 页。

2 ［宋］陈淳：《北溪字义》，第 14 页。

3 ［宋］陈淳：《北溪字义》，第 17 页。

常人往往会将情和意的内涵模糊过去，陈淳却将二者的同与异清楚地说了出来。

（2）性体情用

对于心统性情的内涵，陈淳做了深入阐释："性只是理，全是善而无恶。心含理与气，理固全是善，气便含两头在，未便全是善底物，才动便易从不善上去。"[1] 按照陈淳所讲，性是全善的，之所以有恶，是因为情，但情也非全恶，而是有善有恶。其动容易趋向恶，需要有个主宰。所以，陈淳说："情者心之用，人之所不能无，不是个不好底物。但其所以为情者，各有个当然之则。"[2] 人人都有情，这是不可缺的，它是生命的一种自然状态，不能随便取消和压抑，所以情并不是不好的，但容易走向恶，需要有个原则为之主导。如果没有，只凭人欲私意，便成了恶之一流。而其主导者则是性，遵循性而发的情，就是善，反之，则成为恶。陈淳说："情循性而发则善，不循性而发则不善。非因所行之得失，而后有善不善之分也。"[3] "情之中节，是从本性发来便是善，更无不善。其不中节是感物欲而动，不从本性发来，便有个不善。"[4] 情的善恶与否，是根据其是否遵循性而发有关，不是通过看结果来确定的。遵循性而发的情，则合乎中节，随物欲而动

1　［宋］陈淳：《北溪字义》，第12页。

2　［宋］陈淳：《北溪字义》，第14页。

3　《全宋文》卷六七三七，第4页。

4　［宋］陈淳：《北溪字义》，第15页。

的情，则不合乎中节，其结果自是不善的。所以陈淳对情并非全是否定。"《中庸》只言喜怒哀乐四个，《孟子》又指恻隐、羞恶、辞逊、是非四端而言，大抵都是情。性中有仁，动出为恻隐；性中有义，动出为羞恶；性中有礼智，动出为辞逊、是非。端是端绪，里面有这物，其端续便发出从外来。若内无仁义礼智，则其发也，安得有此四端？大概心是个物，贮此性，发出底便是情。"恻隐、羞恶、辞逊、是非四端，在陈淳看来都是情，都不可否定，这也是情所处中节的状态，所以对情不能采取贸然否定的态度。而情的指导原则就是仁义礼智，由此保证了情之发是恰当而正确的。"……合个当然之则，便是发而中节，便是其中性体流行，著见于此，即此便谓之达道。若不当然而然，则违其则，失其节，只是个私意人欲之行，是乃流于不善，遂成不好底物，非本来便不好也。"[1] 出于这种思想，陈淳不同意佛教以情为恶的看法。"孟子论情，全把做善者，是专指其本于性之发者言之。禅家不合便指情都做恶底物，却欲灭情以复性。不知情如何灭得？情既灭了，性便是个死底性，与我更何用？"[2] "释氏要喜怒哀乐百念都无，如何无得？只是有正与不正耳。正底便是天理，不正底便是人欲。"[3] 陈淳认为，释氏是将情与性分裂开来看的，甚至相互对立，致使情为恶，而性全是善，从而导向禁欲主义的结

1　[宋]陈淳：《北溪字义》，第14页。

2　[宋]陈淳：《北溪字义》，第15页。

3　[宋]陈淳：《北溪字义》，第48页。

论，灭情以复性很难实现。在陈淳看来，情和性其实是一种体用的关系，他们是一而二的关系，情不能离性，性也不能离情。二者之间的关系，应当是正与不正和中节与否，决不是是此非彼，绝对对立的。

（3）立志成圣

儒家教人成圣成贤，但需要经过道德修养的一段工夫，因为这是人性的内容所必然要求的。陈淳的人性论告诉我们，要想追求理想人格，实现天地之性，首先要向性之大本即天理的方向努力，不要被人欲遮蔽住，用道心指导人心，而要做到这个最重要的就是立志。"志者，心之所之。之犹向也，谓心之正面全向那里去。如志于道，是心全向于道；志于学，是心全向于学。一直去求讨要，必得这个物事，便是志。若中间有作辍或退转底意，便不得谓之志。"[1]立志，就是坚定努力的方向，一直做下去就会成功。如果中途方向发生改变，这就不是立志了。"人若不立志，只泛泛地同流合污，便做成甚人？须是立志，以圣贤自期，便能卓然挺出于流俗之中，不至随波逐浪，为碌碌庸庸之辈。若甘心于自暴自弃，便是不能立志。"[2]陈淳认为，人若不立志，没有坚定的做人方向，就只能落得同流合污，这样做不成圣贤之人。"立志须是高明正大。人多有好资质，纯粹静淡，甚近道，却甘心为卑陋

1　［宋］陈淳：《北溪字义》，第15页。
2　［宋］陈淳：《北溪字义》，第16页。

之归，不肯志于道，只是不能立志。"[1]陈淳认为，做人立志要高明正大，很多人本来资质都不错，离做人之道非常近，但却由于没有立志，最后只能成为卑陋的人。

5. 评论诸说

根据其人性论思想，陈淳对历史上的各种人性主张进行了分析评论。首先，他对儒家历代的人性论进行了论说。孔子曾提出"性相近也，习相远也"，"惟上智与下愚不移"，陈淳认为孔子说的是气质之性，但没有提出气质这一概念。"夫子曰：'性相近也，习相远也。''惟上智和下愚不移。'此正是说气质之性。"[2]孟子论性善，陈淳认为孟子专讲的是天地之性，而没有提到气质之性的一面，以致引起后世众说纷纭。陈淳还对荀子、扬雄、韩愈、胡宏等人的性论进行了分析，指出了各自的欠缺之处。对荀子的性恶论和扬雄的善恶混说，陈淳认为他们只看到了气禀的一面，而没有看到善的本性，"论气不论性，不明"。对韩愈的性三品说，陈淳认为，韩愈根本上主张的其实是性善，"人之所以为性者五，曰仁义礼智信"，但认为他不应把人性分为三品，"气禀之不齐，盖或相什百千万，岂但三品而已哉"！对湖湘学派代表胡宏的人性论，陈淳也做了批评："五峰胡氏又以为性无善恶，都只含糊就人与天相接处捉摸，说个性是天生自然底物，竟不曾说得

---

1 ［宋］陈淳：《北溪字义》，第 16 页。
2 ［宋］陈淳：《北溪字义》，第 9 页。

性端的指定是甚底也。"[1]其次，陈淳还批评了告子、佛家和陆学的人性论。对于告子的人性论，陈淳认为他的最大错误就是"生之谓性"之说，此说只讲到了气，而没有讲性的本原。而且他认为告子的气，"是统指夫气之流行为用者而言"，而二程所主张的气"是分指气之凝定成体者而言"，因此，他认为告子的说法混淆了天理人欲，太过笼统，会产生很消极的影响。[2]陈淳对佛教性论的批评主要集中在"作用是性"的论点上。他认为，佛教把人所具有的生理功能即气，称为作用，他说："佛氏把作用认是性，便唤蠢动含灵皆有佛性，运水搬柴无非妙用。不过又认得个气，而不说著那理耳。"[3]陈淳称气为作用，"佛教把作用认是性"，就是把气禀当作性，佛教从此出发，将人降格等同于动物及一切物，宣称都有成佛的可能。但这忽略了人之为人的本性。陈淳说："性从理来，不离气。知觉从气来，不离理。合性与知觉，遂成这心，于是乎方有心之名。"[4]这句话是说，人的性是从理那里得来的，但不能离开气。人的知觉是从气那里来的，但不可离理。心是性和知觉的合成，是理与气的结合。这是人之为人的根本依据，所以在陈淳看来，佛教只认得气而不知理，这是佛教和儒家的重要区别之一。陈淳为了维护朱熹的学术思想，对陆学做了不少批判工

---

1 ［宋］陈淳：《北溪字义》，北京：中华书局1983年版，第8页。

2 《全宋文》卷六七二八，第249页。

3 ［宋］陈淳：《北溪字义》，北京：中华书局1983年版，第10页。

4 ［宋］陈淳：《北溪字义》，北京：中华书局1983年版，第13页。

作。在人性论上，陈淳认为陆学和告子及佛学一样，只认得个气而已，"今世有一种杜撰等人，爱高谈性命，大抵全用浮屠作用是性之意，而文以圣人之言，都不成模样。据此意，其实不过只是告子'生之谓性'之说。此等邪说，向来已为孟子扫却，今又再拈起来，做至珍至宝说，谓人之所以能饮能食，能语能默，能知觉运动，一个活底灵底便是性，更不商量道理有不可通"[1]。他认为："只是认形气之虚灵知觉者，以此一物甚光辉烁烂，为天理之妙，不知形气之虚灵知觉者，人与物皆同，如牛羊鸟兽虫鱼，凡有血气之属，皆能知觉，趋利避害，不足为贵。此心乃即舜之所谓人心者，而非道心之谓也。人之所以贵于物者，以其有道心，若仁义礼智之粹然者是也。"[2]陈淳批评佛教和陆氏心学将由形气而发的形气之心当作性，而这种由之而来的生理欲望，对于人和物是没有什么不同的。而人之所以为人的道理即理义之心才是性。他认为不应将人的自然本性等同于道德本性，佛教和陆氏心学教人终日静坐以存本心，是不能真正认识到人性的根本所在的，只有通过读书求理、格物致知才能真正认识理义之心，也即人的道心，人的天地之性。

陈淳的人性论，忠实地继承了朱熹的人性论思想，同时又对朱熹人性论做了许多新的阐释和发明，不仅对朱熹的理学范畴做了更为细致的辨析，进一步挖掘出朱熹思想的诸多方面，而且还

---

1 ［宋］陈淳：《北溪字义》，北京：中华书局1983年版，第10页。

2 《全宋文》卷六七一八，第100页。

对朱熹所未发的思想进行了新的创造，并在卫护师门的过程中纠正了理学的某些偏颇，甚至还积极吸收陆氏心学的思想成果，最终成为朱熹之后的一代大儒、理学名家，推动了程朱理学的进一步发展。

第九章

明代王守仁的性无善恶论

王守仁（1472—1529），幼名云，字伯安，别号阳明。浙江绍兴府余姚县（今属宁波余姚）人，因曾筑室于会稽山阳明洞，自号阳明子，学者称之为阳明先生，亦称王阳明，明代著名的思想家、文学家、哲学家和军事家，陆王心学之集大成者，精通儒家、道家、佛家。少颖悟，博览经籍，十二岁时，正式就读于私塾。弘治十二年（1499）进士，历任刑部主事、贵州龙场驿丞、庐陵知县、左佥都御史、南赣巡抚、两广总督等职，晚年官至南京兵部尚书、都察院左都御史。因平定宸濠之乱而被封为新建伯，隆庆年间追赠新建侯。倡导心学，主张知行合一，以致良知为旨归，弟子众多，世称"姚江学派"，于明中叶后，影响甚巨，播扬东亚、东南亚各国。嘉靖七年（1528），逝于江西南安，享年五十七岁。谥文成，故后人又称其王文成公。著有《王文成公全书》。

一、心即理说

王守仁的学说——阳明学，又称王学、心学，是明代影响最大的哲学思想流派。王守仁继承陆九渊强调"心即是理"的思想，反对程颐、朱熹通过外在事物追求"至理"的"格物致知"方法，因为事理无穷无尽，格之则未免烦累，故提倡"致良知"，从自己内心中去寻找"理"，"理"全在人"心"，"理"化生宇宙天地万物，人禀其秀气，故人心自禀其精要。在知与行的关系上，强调要知，更要行，知中有行，行中有知，所谓"知行合一"，二者互为表里，不可分离。知必然要表现为行，不行则不能算真知。

王阳明的心即理说，是在继承孟子和陆九渊的心性论基础上，通过对朱熹理学的批判继承而形成的。王阳明早年崇信朱熹的格物致知学说，他说："众人只说格物要依晦翁。何曾把他的说去用？我着实曾用来。初年与钱友同论做圣贤要格天下之物。如今安得这等大的力量？因指亭前竹子，令去格看。钱子早夜去穷格竹子的道理，竭其心思，至于三日，便致劳神成疾。当初说他这是精力不足，某因自去穷格。早夜不得其理，到七日，亦以劳思致疾。遂相与叹圣贤是做不得的，无他大力量去格物了。及在夷中三年，颇见得此意思。乃知天下之物，本无可格者。其格物之功，只在身心上做。决然以圣人为人人可到，便自有担当了。"[1]王

1　陈荣捷:《王阳明传习录详注集评》，台北:学生书局1993年版，第370页。

阳明格竹的失败，使他对朱熹的格物致知思想产生了怀疑，最终在"龙场悟道"中得出了"心即理"的观点。他说："朱子所谓格物云者，在即物而穷其理也。即物穷理，是就事事物物上求其所谓定理者也，是以吾心而求理于事事物物之中，析心与理而为二矣。"[1] 王阳明认为，朱熹的即物穷理，是把心和理看作两种东西，心与理是二，如此一来，向外所格的事事物物，如何能被内在的心所了解，正因如此，他的亭前格竹以失败告终。由此，王阳明认为朱熹的格物致知思想存有弊端，"务外遗内，博而寡要……玩物而丧志"，"分心与理为二……外面做得好看，却与心全不相干"，[2] 而且，朱熹的理论在现实中逐渐产生了许多弊端，王阳明曾说："逮其后世，功利之说日浸以盛，不复知有明德亲民之实，士皆巧文博词以饰诈，相规以伪，相轧以利，外冠裳而内禽兽，而犹或自以为从事于圣贤之学。"[3] "相矜以知，相轧以势，相争以利，相高以技能，相取以声誉"，"记诵之广，适以长其教也；知识之多，适以行其恶也；闻见之博，适以肆其辨也；辞章之富，适以饰其伪也"。[4] 在王阳明看来，朱熹的理学思想重视客观外在性，产生了知性主义的倾向，并导致了道德他律的状况，这才出现了上述现实中所出现的诈伪现象，这同孔孟以来儒家重视主体道德

1　[明] 王守仁：《传习录》，叶绍钧点注，上海：商务印书馆 1927 年版，第 112 页。

2　[明] 王守仁：《传习录》，第 265—266 页。

3　[明] 王守仁：《王阳明全集》，上海：上海古籍出版社 1992 年版，第 282 页。

4　[明] 王守仁：《王文成公全书》卷三十四，北京：中华书局 2015 年版，第 1477 页。

修养的传统是相违背的。

在这样的现实和学术背景下，王阳明提出了他的心即理说。"吾为此惧，揭知行合一之说，订致知格物之谬，思有以正人心、息邪说，以求明先圣之学，庶几君子闻大道之要，小人蒙至治之泽。"[1]针对朱熹心和理相分的情况，王阳明认为应将心理合二为一。他认为格物的方法不是向外去穷天理，而应通过内在良知达致天理。他说："若鄙人所谓致知格物者，致吾心之良知于事事物物也。吾心之良知，即所谓天理也。致吾心良知之天理于事事物物，则事事物物皆得其理矣。致吾心之良知者，致知也。事事物物皆得其理者，格物也。是合心与理而为一者也。"[2]由此，他对格物致知进行了新的阐释。对于格，他释之为正，"格者，正也。正其不正以归于正之谓也。正其不正者，去恶之谓也；归于正者，为善之谓也"。他将"物"释为事，他说："物者，事也。凡意之所发必有其事，意所在之事谓之物。"[3]他还说："身之主宰便是心，心之所发便是意，意之本体便是知，意之所在便是物。如意在于事亲，即事亲便是一物。意在于事君，即事君便是一物。所以某说无心外之理，无心外之物。"[4]格物，在王阳明看来就是致心中良知于事事物物，使事事物物都得其理，从而去恶归善，去人欲

1　［明］王守仁：《王阳明全集》，上海：上海古籍出版社 1992 年版，第 282 页。

2　陈荣捷：《王阳明传习录详注集评》，第 172 页。

3　［明］王守仁：《王文成公全书》卷二十六，第 1118 页。

4　陈荣捷：《王阳明传习录详注集评》，第 37 页。

存天理。而致知是什么？王阳明说："致者，至也，如云'丧致乎哀'之'致'。《易》言'知至至之'，'知至'者，知也；'至之'者，致也。'致知'云者，非若后儒所谓充广其知识之谓也，致吾心之良知焉耳。"[1]致良知，不是扩充知识，而是遵从良知，将其推到事事物物上，使事事物物达至至善。他说："良知只是个是非之心。是非只是个好恶。只好恶，就尽了是非。只是非，就尽了万事万变。"[2]

王阳明认为朱熹的格物致知说有矛盾，他说："先儒解格物为格天下之物，天下之物，如何格得？且谓'一草一木亦皆有理'。今如何去格？纵格得草木来，如何反来诚得自家意？"[3]他认为朱熹的格物使得外物和内心相隔，无法真正实现即物穷理的目的，如此，王阳明认为只有通过求诸内在良心才能达到穷理的目的。实际上，朱熹也非常强调心和理的关系，"未有天地之先，毕竟是先有理……有此理，便有此天地；若无此理，便亦无天地"。此理在物就是物之理，在人就是人之理，也即人性。有此理，才有天地。"心包万理，万理具于一心"[4]，心有着知觉功能，能够包容万理，万理能够收于一心。当然，朱熹认为天下之物不可能穷尽，不能等到穷尽天下之物再去察心，所以向外察物的同时还要

察之于心，"要之，内事外事，皆是自己合当理会底，但须是六七分去里面理会，三四分去外面理会方可"[1]。即物穷理和反求内省，在朱熹看来皆不可偏废，它们互为补充，共致天理。他说："务反求者，以博观为外驰；务博观者，以内省为狭隘，堕于一偏。此皆学者之大病也！"[2]所以，如果仅仅简单地指责朱熹是务外遗内，显然是对朱熹的思想没有很好地把握。虽然王阳明的格竹经验是建立在对朱熹思想错误理解的基础上的，但他跳出了朱熹思想的苑囿，进一步探讨外务和内求的密切联系，因此才取得了心即理的重大学术创见。他用良知取代了天理，把理收摄于心，这样便彻底解决了外务和内求的对立，也摆脱了朱熹道德他律和知性主义倾向，从而重建了儒家的德性主义传统。

王阳明针对朱熹格物穷理的弊端，提出了新的理论心即理说，并对其进行了详尽阐释。在王阳明看来，朱熹哲学的弊端就在于他将心与理析而为二，使内在的性理和外在的物理形成对立，因此，王阳明在提出新理论时对朱熹的思想进行了改造，不仅将外在的客观之理都收摄于心，而且将其规定为内在的德性，从而取消了内外之理的矛盾和对立。这从王阳明与其弟子徐爱的对话中可以看出："爱问：'知止而后有定，朱子以为事事物物皆有定理，似与先生之说相戾？'先生曰：'于事事物物上求至善，却是义外也。至善是心之本体，只是明明德到至精至一处便是，然亦未尝

1　［宋］黎靖德：《朱子语类》卷一八，第406页。

2　［宋］黎靖德：《朱子语类》卷九，第160页。

离却事物。本注所谓"尽夫天理之极，而无一毫人欲之私"者得之。'爱问：'至善只求诸心，恐于天下事理有不能尽。'先生曰：'心即理也。天下又有心外之事，心外之理乎？'爱曰：'如事父之孝，事君之忠，交友之信，治民之仁，其间有许多理在，恐亦不可不察。'先生叹曰：'此说之蔽久矣，岂一语所能悟！今姑就所问者言之。且如事父不成，去父上求个孝的理？事君不成，去君上求个忠的理？交友治民不成，去友上、民上求个信与仁的理？都只在此心，心即理也。此心无私欲之蔽，即是天理，不须外面添一分。以此纯乎天理之心，发之事父便是孝，发之事君便是忠，发之交友治民便是信与仁。只在此心去人欲、存天理上用功便是。'"[1] 由于朱熹的思想影响深远，时人都沉浸于朱熹的思想之中，就连王阳明的学生徐爱最初也对朱熹的思想深信不疑，多次问及王阳明其思想和朱熹的异同。王阳明则明确地回答他与朱熹立场的差别，朱熹的性即理说是于客观事物上求至善，将理视为独立于心的至善，而他则从人心论至善，认为至善就是心之本体，此本体就是明明德所至的至精至一的明觉境界。对于学者们的疑问，王阳明对其心即理说多有论证：

问："延平云：'当理而无私心。'当理与无私心如何分别？"曰："心即理也。无私心即是当理。未当理便是

私心。若析心与理言之，恐亦未善。"又问："释氏于世
间情欲之私不染，似无私心；外弃人伦，却似未当理。"
曰："亦只是一统事，成就他一个私己的心。"[1]

当王阳明被问及当理和无私心的区别时，他说无私心就是当
理，不当理就是私心，不能将心和理分开来看，心就是理。佛家
的无私心却未当理，佛家的无私心只是貌似，其实也是一个私心。

圣人之所以为圣，只是此心纯乎天理而无人欲之杂，
犹精金之所以为精，但以其成色足而无铜铅之杂也。人
到纯乎天理方是圣，金到足色方是精。[2]

王阳明说，圣人之所以是圣人，就是因为他的心和天理一样
纯，没有人欲掺杂，就像精金一样，它没有铜铅的掺杂才成为
精金。

问："程子云'在物为理'，如何云心即理？"曰：
"在物为理，在字上当添一心字，此心在物则为理，如此
心在事父则为孝，在事君则为忠之类是也。诸君要识得
我立言宗旨。我如今说个心即理，只为世人分心与理为

---

1 2 ［明］黄宗羲：《黄宗羲全集》第 7 册，第 228—229 页。

二，便有许多病痛。如五伯攘夷狄，尊周室，都是一个私心，便不当理。人却说他做得当理，只心有未纯，往往慕悦其所为，要求外面做得好看，却与心全不相干。分心与理为二，其流于伯道之伪而不自知。故我说个心即理，要使知心理是一个，便来心上做工夫，不去袭取于义，便是王道之真。"[1]

王阳明阐述心在物为理，就是心之本体在物的呈现，这就是理。如在事父上呈现就是孝的理，在事君上呈现就是忠的理。所以，求理不应向外去求，而要在心上做工夫。王阳明强调心即理，就是为了避免心与理二分所造成的虚伪现象。

董实夫问："心即理，心外无理，不能无疑。"阳明先生曰："道无形体，万象皆是形体；道无显晦，人所见有显晦。以形体言，天地一物也；以显晦言，人心其机也。所谓心即理者，以其充塞氤氲，谓之气；以其脉络分明，谓理；以其流行赋畀，谓之命；以其禀受一定，谓之性；以其物无不由，谓之道；以其妙用不测，谓之神；以其凝聚，谓之精；以其主宰，谓之心；以其无妄，谓之诚；以其无所倚著，谓之中；以其无物可加，谓之

1　［明］黄宗羲：《黄宗羲全集》第 7 册，第 242 页。

极；以其屈伸消息往来，谓之易，其实则一而已。"[1]

在此番论述中，王阳明从其心即理的思想出发，对他的心学进行了多方面的阐发，气、理、命、性、道、神、精、心、诚、中、极、易这些概念都是其心之本体的表现，从中展现了王阳明用心来构建的思想系统。

王阳明提出的心即理说，使许多人疑惑不解，经过不断地阐释，他的学说逐渐得到人们的认同，在这个过程中，其理论的内涵也逐渐清晰起来，尤其对于心的内涵，王阳明做过详尽的阐发。"耳目口鼻四肢，身也，非心安能视听言动？心欲视听言动，无耳目口鼻四肢亦不能，故无心则无身，无身则无心。但指其充塞处言之谓之身，指其主宰处言之谓之心，指心之发动处谓之意，指意之灵明处谓之知，指意之涉着处谓之物。"[2] "心不是一块血肉，凡知觉处便是心，如耳目之知视听，手足之知痛痒，此知觉便是心也。"[3]王阳明认为，心是身体各器官的主宰，其主宰体现在心有知觉能力，心是形上的，不是实体的血肉，视听言动就是心的作用。心不仅是知觉作用，还有性、理、良知的意思。"心者，身之主也，而心之虚灵明觉，即所谓本然之良知也。"[4] "知是理之灵

1　［明］黄宗羲：《黄宗羲全集》第 7 册，第 682 页

2　［明］王守仁：《王阳明全集》，上海：上海古籍出版社 1992 年版，第 90—91 页。

3　［明］王守仁：《王阳明全集》，第 121 页。

4　［明］王守仁：《王阳明全集》，第 47 页。

处。就其主宰处说，便谓之心；就其禀赋处说，便谓之性。"[1]这样
王阳明将心、性、理等全部统一到了一处，使内与外、形上与形
下得到了统一。"虚灵不昧，众理具而万事出。心外无理，心外
无事。"[2]"性一而已。自其形体也谓之天，主宰也谓之帝，流行
也谓之命，赋于人也谓之性，主于身也谓之心。"[3]"吾心之良知，
即所谓天理也。"[4]王阳明将心、理、命、性、良知统而为一，成
为心之本体的不同称谓，从而完全否定了外在客观之理。不过，
心还被王阳明分为了道心和人心。"心，一也，未杂于人谓之道
心，杂以人伪谓之人心。人心之得其正者即道心；道心之失其正
者即人心；初非有二心也。"[5]"心，一而已。以其全体恻怛而言
谓之仁，以其得宜而言谓之义。"[6]"喜怒哀惧爱恶欲，谓之七情。
七者俱是人心合有的，但要认得良知明白。""七情顺其自然之流
行，皆是良知之用，不可分别善恶，但不可有所着；七情有着，
俱谓之欲。"[7]喜怒哀惧爱恶欲七情，在王阳明看来并非全是恶，
顺其自然流行则都是良知，一旦有所执着便会化为人欲，从而变
成恶。

1 ［明］王守仁：《王阳明全集》，第34页。

2 ［明］王守仁：《王阳明全集》，第15页。

3 ［明］王守仁：《王文成公全书》卷一，北京：中华书局2015年版，第19—20页。

4 ［明］王守仁：《王阳明全集》，第45页。

5 ［明］王守仁：《王阳明全集》，第7页。

6 ［明］王守仁：《王阳明全集》，第43页。

7 ［明］王守仁：《王阳明全集》，第111页。

在王阳明晚年的时候，他特别强调良知，多用良知来称谓本心，并说道："吾'良知'二字，自龙场已后，便已不出此意，只是点此二字不出，于学者言，费却多少辞说。今幸见出此意，一语之下，洞见全体，真是痛快，不觉手舞足蹈。学者闻之，亦省却多少寻讨工夫。学问头脑，至此已是说得十分下落。"[1] 良知的范畴最早是由孟子提出的，不过在《孟子》中，良知还不是核心概念，直到王阳明将它提升到了本体地位。"良知者，心之本体。"[2] "良知是天理之昭明灵觉处，故良知即是天理。"[3] "夫物理不外于吾心，外吾心而求物理，无物理矣；遗物理而求吾心，吾心又何物邪？心之体，性也；性即理也。"理就在人的心中，离开心向物去求，是求不到的。只能向内心来求。心是什么？心的本体就是性，而性就是理。"身之主宰便是心，心之所发便是意，意之本体便是知，意之所在便是物……无心外之理，无心外之物。"此心便是良知。"人之所不学而能者，其良能也；所不虑而知者，其良知也。""是非之心，不虑而知，不学而能，所谓良知也。良知之在人心，无间于圣愚，天下古今之所同也。""思是良知之发用。若是良知发用之思，则所思莫非天理矣。"良知内在地要求"致"，关于致良知，王阳明说："故欲诚其意者，必在于致知焉。致者，至也，如云'丧致乎哀'之致。《易》言'知至至之'，'知

1　［明］王守仁：《王阳明全集》，第 1575 页

2　［明］王守仁：《王阳明全集》，第 61 页。

3　［明］王守仁：《王文成公全书》卷一，第 89 页。

至'者，知也；'至之'者，致也。'致知'云者，非若后儒所谓
充广其知识之谓也，致吾心之良知焉耳。"[1] 王阳明还说："知者，
良知也，天然自有即至善也。物者，良知所知之事也。格者，格
其不正以归于正也。格之，斯实致之矣。"[2] 由此可以看出，致良知
有两层含义，一是达到，"到良知本身之中去"；二是行，"致知
之必在于行，而不行之不可以为致知也明矣。知行合一之体，不
益较然矣乎？"[3] 这两层含义是密切相关的，只有行才能达到。

如何才能进一步理解良知的内在含义？王阳明说："无知无不
知，本体原是如此……良知本无知，今却要有知；本无不知，今
却疑有不知，只是信不及耳！"[4] 在王阳明看来，良知是无知无不
知，平时没有现成对象的知，是无知，但良知又是一切知之原，
良知是本体，所以又是无不知。《易·系辞上》曰："《易》无思
也，无为也，寂然不动，感而遂通天下之故。"这里描述的就是
像良知这样的最高本体的活动状态。无思、无为并非没有任何意
义的事情，是自然而然的天为、天思，它充满了思、为而处于蓄
势待发的状态，所以当其有为时便无不为。熊十力曾论述到这种
本心的状态，"一、此心是虚寂的。无形无象，故说为虚。性离
扰乱，故说为寂。寂故，其化也神，不寂则乱，恶乎神，恶乎化。

1　[明]王守仁：《王阳明全集》，第 971 页。

2　[明]王守仁：《王阳明全集》，第 1586 页。

3　[明]王守仁：《王阳明全集》，第 50 页。

4　[明]王守仁：《王阳明全集》，第 109 页。

虚故，其生也不测，不虚则碍，奚其生，奚其不测。二、此心是明觉的。离暗之谓明，无惑之谓觉。明觉者，无知而无不知。无虚妄分别，故云无知。照体独立，为一切知之源，故云无不知"[1]。王阳明也进一步阐发道："仙家说到虚，圣人岂能虚上加得一毫实？佛氏说到无，圣人岂能无上加得一毫有？……良知之虚，便是天之太虚；良知之无，便是太虚之无形。日月风雷，山川民物，凡有貌相形色，皆在太虚无形中发用流行，未尝作得天的障碍？"[2]"夫惟有道之士，真有以见其良知之昭明灵觉，圆融洞彻，廓然与太虚而同体。太虚之中，何物不有？而无一物能为太虚之障碍。盖吾良知之体，本自聪明睿知，本自宽裕温柔，本自发强刚毅，本自斋庄中正、文理密察，本自溥博渊泉而时出之……其于富贵、贫贱、得丧、爱憎之相，值若飘风浮霭之往来变化于太虚，而太虚之体，固常廓然其无碍也。"[3]良知作为万物的本体，与万物同体，在其虚寂之时，故能为虚能为无，而不为万物所阻碍；在其发用流行时，能让万物生生不息，却又不滞于物，不为物役，所以良知是聪明睿智、宽裕温柔、发强刚毅、斋庄中正、文理密察。良知处于一种即有即无、有无之间的状态。

1　熊十力：《新唯识论》，北京：中华书局1985年版，第251页。

2　［明］王守仁：《王阳明全集》，第106页。

3　［明］王守仁：《王阳明全集》，第211页。

二、天泉证道

丁亥年九月，先生起复征思、田。将命行时，德洪与汝中论学。汝中举先生教言，曰："无善无恶是心之体，有善有恶是意之动，知善知恶是良知，为善去恶是格物。"德洪曰："此意如何？"汝中曰："此恐未是究竟话头。若说心体是无善无恶，意亦是无善无恶的意，知亦是无善无恶的知，物是无善无恶的物矣。若说意有善恶，毕竟心体还有善恶在。"德洪曰："心体是天命之性，原是无善无恶的。但人有习心，意念上见有善恶在，格致诚正，修此正是复那性体功夫。若原无善恶，功夫亦不消说矣。"

是夕侍坐天泉桥，各举请正。先生曰："我今将行，正要你们来讲破此意。二君之见正好相资为用，不可各执一边。我这里接人原有此二种。利根之人直从本源上悟入。人心本体原是明莹无滞的，原是个未发之中。利根之人一悟本体即是工夫，人己内外，一齐俱透了。其次不免有习心在，本体受蔽，姑且教在意念上实落为善去恶。功夫熟后，渣滓去得尽时，本体亦明尽了。汝中之见，是我这里接利根人的；德洪之见，是我这里为其次立法的。二君相取为用，则中人上下皆可引入于道。

若各执一边，眼前便有失人，便于道体各有未尽。"[1]

这就是著名的天泉证道。王阳明还说道：

> 有只是你（指钱德洪）自有，良知本体原来无有，本体只是太虚。太虚之中，日月星辰，风雨露雷，阴霾饐气，何物不有？而又何一物得为太虚之障？人心本体亦复如是。太虚无形，一过而化，亦何费纤毫气力？德洪功夫须要如此，便是合得本体功夫。[2]

这段话透露出王阳明的弟子王畿（字汝中）和钱德洪对王阳明的四句教理的认识都产生了偏差：王畿认为其师教他心体是无善无恶，那么意、知、物也应是无善无恶的；钱德洪则认为心体是天命之性，原是无善无恶，但在习心和意念上则有善恶，所以需要格物致知、诚意正心修身的工夫。王阳明对他们二人的看法都有所肯定，同时也都指出了他们的问题所在，认为他们二人的看法应该相互结合才完整，王畿应该兼取钱德洪的工夫，钱德洪应该悟到王畿的心之本体。

对于人性的善恶问题，钱德洪曾说："人之心体一也，指名曰'善'，可也；曰'至善无恶'亦可也；曰'无善无恶'，亦可。

1　[明]王守仁：《王阳明全集》，第117—118页。

2　[明]王守仁：《王阳明全集》，第1306页。

曰'善'，曰'至善'，人皆信而无疑，又为'无善无恶'者，何也？至善之体，恶固非其所有，善亦不得而有也。至善之体，虚灵也，犹目之明、耳之聪也。虚灵之体不可先有乎善……心无一善，故能尽天下万事之善。"[1]心之本体可说是善，是至善，是至善无恶，是无善无恶。无善无恶如何理解？心之本体即良知的本原状态，是不执着于身外之物的，虚灵之体没有善恶，但它又像目之明、耳之聪，能尽天下之善，所以它无为而能无不为。

　　对于王阳明无善无恶说，有人批评他立说太高，恐入于佛家的教义中去，顾东桥就曾说："但恐立说太高，用功太捷，后生师传，影响谬误，未免坠于佛氏明心见性、定慧顿悟之机。"王阳明回答道："区区'格致诚正'之说，是就学者本心日用事为间，体究践履，实地用功，是多少次第、多少积累在，正与空虚顿悟之说相反。"[2]有人问："儒者到三更时分，扫荡胸中思虑，空空静静，与释氏之静只一般，两下皆不用，此时何所分别？"王阳明说："动静只是一个。那三更时分空空静静的，只是存天理，即是如今应事接物的心。如今应事接物的心，亦是循此天理，便是那三更时分空空静静的心。故动静只是一个，分别不得。知得动静

1　［明］钱德洪著，朱炯点校整理：《钱德洪集》卷五，宁波：宁波出版社2019年版，第103页。

2　［明］王守仁：《王阳明全集》，第41页。

合一，释氏毫厘差处亦自莫掩矣。"[1]王阳明说，三更时分那空空静静的心，佛家和儒家没有分别，都是此天理之心，从天理处来说，它们二者即是一，它们是相互贯通的。

关于心、性的关系，王阳明主张性一元论，当然其性已与心合而为一，这也是他对朱熹心性论的扬弃。他认为性是一而多，即性是一个，其表现则是多方面的。王阳明说："性无定体，论亦无定体。有自本体上说者，有自发用上说者，有自源头上说者，有自流弊处说者。总而言之，只是这个性，但所见有浅深尔。若执定一边，便不是了。"[2]"今之论性者，纷纷异同，皆是说性，非见性也。见性者，无异同之可言矣。"[3]王阳明认为，人们对于性的讨论不尽相同，会看到性有许多方面，也会认识到性有深浅的不同，但他们若执定某一方面为性，所见就会出现偏差。而且，人们的讨论大都只是在说性而已，没有能够真正做到见性，其实，若见性的话，就会发现性就是一个，其表现是多，惟有见性的才能意识到这点。性之体虽一，但表现为万理灿然。陆原静曾问："恻隐、羞恶、辞让、是非，是性之表德邪？"王阳明说："仁、义、礼、智也是表德。性一而已，自其形体也谓之天，主宰也谓之帝，流行也谓之命，赋于人也谓之性，主于身也谓之心。心之发也，遇父便谓之孝，遇君便谓之忠，自此以往，名至于无穷，

1　［明］王守仁：《王阳明全集》，第98页。

2　［明］王守仁：《传习录》，叶绍钧点注，上海：商务印书馆1927年版，第252页。

3　［明］王守仁：《传习录》，第268页。

只一性而已；犹一人而已，对父谓之子，对子谓之父，自此以往，至于无穷，只一人而已。人只要在性上用功，看得一性字分明，即万理灿然。"[1] 王阳明不仅认为恻隐、羞恶、辞让、是非是性的外在道德表现，连仁、义、礼、智也是。不仅如此，性还表现为天、帝、命、性、心，而其根本则只是一个性而已。"性一而已。仁义礼智，性之性也；聪明睿知，性之质也；喜怒哀乐，性之情也；私欲客气，性之蔽也。质有清浊，故情有过不及，而蔽有浅深也；私欲客气，一病两痛，非二物也。"王阳明将一切都收归于心之本体，一切都是心之表现。由此，可以看出他对朱熹理学思想的扬弃。

　　出于这种思想，王阳明解释了他对善恶来源问题的认识。他认为，善恶只是一物，不是说二者在性中就有这种对立，他说："至善者，心之本体。本体上才过当些子，便是恶了；不是有一个善，却又有一个恶来相对也。"[2] "天地生意，花草一般，何曾有善恶之分？子欲观花，则以花为善，以草为恶；如欲用草时，复以草为善矣。"[3] 在王阳明看来，性本没有善恶之分，天地之物也没有善恶。所谓的善恶，只是人的好恶之情罢了。人心"一循天理，便有个裁成辅相"，"好恶一循于理，不去又著一分意思。如

---

[1]　［明］王守仁：《传习录》，第39—40页。

[2]　［明］王守仁：《传习录》，第208—209页。

[3]　［明］王守仁：《传习录》，第75页。

此，即是不曾好恶一般"[1]，这个人心就是王阳明晚年常说的良知，所以王阳明用良知来作为最高的价值标准。"良知只是个是非之心；是非只是个好恶，只好恶就尽了是非，只是非就尽了万事万变。"[2]"是非两字，是个大规矩，巧处则存乎其人。"[3]王阳明认为心就是性，性就是心。心的本体是至善，王阳明也称之为良知。性是心所赋予人者，性的本质就是心。

对于性即心，如何进一步理解？王阳明用理解决了二者的连通问题。在王阳明看来，理就是性，他说："'礼'字即是'理'字……'约礼'只是要此心纯是一个天理。"[4]"'天理'即是'明德'，'穷理'即是'明明德'。"[5]从工夫论来讲，"'格物'是'诚意'的工夫"，"'穷理'是'尽性'的工夫"，"'道问学'是'尊德性'的工夫"[6]，这样，便把认识客观事物归为主观道德的修养。"至善者，性也；性元无一毫之恶，故曰至善。止之，是复其本然而已。"[7]这个本然就在人心，"至善即吾性，吾性具吾心，吾心乃至善所止之地"[8]。这样，王阳明就建立起了由理到性、由性到心的联系，此即心即理。"吾心之良知，即所谓天理也。"[9]

1　［明］王守仁：《传习录》，第76—77页。

2　［明］王守仁：《传习录》，第241—242页。

3　［明］王守仁：《传习录》，第242页。

4　［明］王守仁：《传习录》，第16页。

5　［明］王守仁：《传习录》，第15页。

6　［明］王守仁：《传习录》，第26—27页。

7　8　［明］王守仁：《传习录》，第67页。

9　［明］王守仁：《传习录》，第113页。

在性与气的关系上，王阳明认为气即是性，性即是气。他说：

　　"生之谓性"。生字即是气字，犹言'气即是性'也。
气即是性，"人生而静，以上不容说"，才说气即是性，
即已落在一边，不是性之本原矣。孟子性善，是从本原
上说。然性善之端，须在气上始见得，若无气，亦无可
见矣。恻隐、羞恶、辞让、是非即是气。程子谓"论性
不论气，不备；论气不论性，不明"。亦是为学者各认一
边，只得如此说。若见得自性明白时，气即是性，性即
是气，原无性、气之可分也。[1]

　　问："'生之谓性'，告子亦说的是，孟子如何非
之？"先生曰："固是性，但告子认得一边去了，不晓得
头脑；若晓得头脑，如此说亦是。孟子亦曰：'形色，天
性也。'这也是指气说。"又曰："凡人信口说，任意行，
皆说此是依我心性出来，此是所谓生之谓性；然却要有过
差。若晓得头脑，依吾良知上说出来，行将去，便自是停
当。然良知亦只是这口说，这身行，岂能外得气，别有个
去行去说。故曰：'论性不论气，不备；论气不论性，不
明。'气亦性也，性亦气也，但须认得头脑是当。"[2]

在气和性的关系上，王阳明认为气即是性，意为无气性即不

<hr />

1　［明］王守仁：《传习录》，第141—142页。

2　［明］王守仁：《传习录》，第216—217页。

可见，没有恻隐、羞恶、辞让、是非，何以见得性善的本原。论性不论及气，性就无可表现；论气不论及性，本原就不明。从此处讲，性和气不可分离，气即是性，性即是气。告子的生之谓性，就是讲的气，所以孟子批评他没有说到性的根本。如果认识到性与气的上述关系，从良知上说出来，自然认识到性与气同一。王阳明的关于性和气的思想，继承自二程的理论："生之谓性，性即气，气即性，生之谓也……盖生之谓性、人生而静以上不容说，才说性时，便已不是性也。"不过，通过上述王阳明对告子和孟子思想的考察，可以看出其结论是对他们二者的折中。对于如何理解性和气的关系，王阳明还讲道：

萧惠问："己私难克，奈何？"先生曰："将汝己私来替汝克。"又曰："人须有为己，方能克己；能克己，方能成己。"……惠良久曰："惠亦一心要做好人，便自谓颇有为己之心。今思之，看来亦只是为得个躯壳的己，不曾为个真己。"先生曰："真己何曾离着躯壳？恐汝连那躯壳的己也不曾为。且道汝所谓躯壳的己，岂不是耳目口鼻四肢？"惠曰："正是为此；目便要色，耳便要声，口便要味，四肢便要逸乐，所以不能克。"先生曰："美色令人目盲，美声令人耳聋，美味令人口爽，驰骋田猎令人发狂，这都是害汝耳、目、口、鼻、四肢的，岂得是为汝耳、目、口、鼻、四肢！若为着耳、目、口、鼻、四肢时，便须思量耳如何听，目如何视，口如何言，四肢如何动；必须非礼勿视、听、言、动，方才成得个耳、目、口、鼻、四肢……汝今终日向外驰求，为名、为利，这都是为着躯壳外面的物事……这视、听、言、动，皆是汝心：汝心之视，发窍于目；汝心之听，发窍于耳；汝心之言，发窍于口；汝心之动，发窍于四肢。若无汝心，便无耳、目、口、鼻。所谓汝心，亦不专是那一团血肉……所谓汝心，却是那能视、听、言、动的，这个便是性，便是天理。有这个性，才能生这性之生理，便谓之仁。这性之生理，发在目，便会视；发在耳，便会听；发在口，便会言；发在四肢，便会动，都只是那天理发生。以其主宰一身，故谓之心。这心之本体，原只是个天理，原无非礼。这个便是汝之真己，这个真己是躯壳的主宰。若无真己，便无躯壳；真是有之即生，无之即死……"[1]

三、知行合一

当初，王阳明因上书直谏而被贬到贵州龙场驿当驿丞。王阳明处于这种困境中，"因念圣人处此，更有何道"，"忽中夜大悟格物致知之旨"，"始知圣人之道，吾性自足，向之求理于事物者，

1　［明］王守仁：《传习录》，第94—96页。

误也"，这就是历史上著名的"龙场悟道"。[1] 其意思就是，"致吾心良知之天理于事事物物，则事事物物皆得其理"[2]，"良知即天理"。这也正好解决了其亭前格竹的巨大困惑。王阳明遂开始向龙场"中土亡命之流"讲"知行合一"之说，这些人"莫不忻忻有入"，"久之，并夷人亦翕然相向"。[3] 同年，"始席元山书提督学政，问朱陆同异之辨。先生不语朱陆之学，而告之以其所悟。书怀疑而去。明日复来，举知行本体证之五经诸子，渐有省。往复数四，豁然大悟，谓'圣人之学复睹于今日'；朱陆异同，各有得失，无事辩诘，求之吾性本自明也。遂与毛宪副修葺书院，身率贵阳诸生，以所师礼事之"[4]。王阳明向席元山阐述自己所悟，即吾性自足，不当求之于外，对方持怀疑态度。第二天，席元山又来，王阳明将他的知行本体用五经及诸子进行了论证，元山有所省悟。而后又往复数四，元山豁然大悟。"吾良知二字，自龙场以后，便已不出此意，只是点此二字不出。"[5] 王阳明后来的良知概念，其实在龙场之悟后便已有了这个意思，只是没有说出是良知二字。王阳明的学问自此一悟，大旨就确定无移。王阳明的思想也经历了一些变化，有"学凡三变""教亦三变"的说法，其中

1　[明]王守仁：《王阳明全集》，第 1228 页。

2　[明]王守仁：《王阳明全集》，第 45 页。

3　[明]王守仁：《王阳明全集》，第 1575 页。

4　[明]王守仁：《王阳明全集》，第 1228—1229 页。

5　[明]王守仁：《王阳明全集》，第 1575 页。

教的第一阶段就是"居贵阳时，首与学者为'知行合一'之说"[1]，虽然日后有了良知说，但他并没有放弃知行合一说，而是使之更加明晰和深化了。

对于知行合一说，王阳明在与弟子徐爱的对话中进行了阐发。徐爱对于其师的这番思想开始并没有认同，"如今人尽有知得父当孝、兄当弟者，却不能孝、不能弟，便是知与行分明是两件"[2]。现实中人们常常这样，明知道应当孝顺父母，友爱兄弟，但就是做不到。徐爱将其归结于知和行分离的缘故。王阳明一语道破其中的问题："此已被私欲隔断，不是知行的本体了。"[3]意思是，有知却不行，是因为私欲隔断了知，这样的知便不是真知，不是知的本体，从而行也不是真正的行。王阳明在回答别人问话时，也是这样阐述的。

> 问"知行合一"。先生曰："此须识我立言宗旨。今人学问，只因知行分作两件，故有一念发动，虽是不善，然却未曾行，便不去禁止。我今说个知行合一，正要人晓得一念发动处，便即是行了。发动处有不善，就将这不善的念克倒了。须要彻根彻底，不使那一念不善潜伏在胸中。此是我立言的宗旨。"[4]

---

1 ［明］王守仁：《王阳明全集》，第 1574 页。

2 ［明］王守仁：《王阳明全集》，第 3 页。

3 ［明］王守仁：《王阳明全集》，第 4 页。

4 ［明］王守仁：《王阳明全集》，第 96 页。

王阳明的立言宗旨就是知行合一，时人将知行分为两事，所以有一念不善，若没有去行，便不去禁止。在王阳明看来，一念发动就要做去，若有不善，就要将这不善克掉，这才是真正的知行合一。黄宗羲评价王阳明此说道："先生悯宋儒之后学者，以知识为知，谓'人心之所有者，不过明觉，而理为天地万物之所公共，故必穷尽天地万物之理，然后吾心之明觉与之浑合而无间'。说是无内外，其实全靠外来闻见以填补其灵明者也。先生以圣人之学，心学也。心即理也……以知识为知，则轻浮而不实，故必以力行为工夫。良知感应神速，无有等待，本心之明即知，不欺本心之明即行也，不得不言'知行合一'。"[1]黄宗羲肯定王阳明的心即理说，而对于宋儒的格物穷理、知行分离的思想做了批评，认为王阳明的知行合一才能补救此弊端。

知行合一即致良知是如何理解的？"江右以后，专提'致良知'三字，默不假坐，心不待澄，不习不虑，出之自有天则。盖良知即是未发之中，此知之前更无未发；良知即是中节之和，此知之后更无已发。此知自能收敛，不须更主于收敛；此知自能发散，不须更期于发散。收敛者，感之体，静而动也；发散者，寂之用，动而静也。知之真切笃实处即是行，行之明觉精察处即是知，无有二也。"[2]良知就是心之本体，生而即有，它是未发之中，已发之和，自能收敛，自能发散，真知真行，其实一也。"若行而

1 ［明］黄宗羲：《明儒学案》，北京：中华书局 2008 年版，第 180—181 页。

2 ［明］黄宗羲：《明儒学案》，第 180 页。

不能精察明觉，便是冥行，便是'学而不思则罔'，所以必须说个知；知而不能真切笃实，便是妄想，便是'思而不学则殆'，所以必须说个行；元来只是一个工夫。"[1]只有行而没有真知，便不能知行合一，是学而不思；只有知而没有真行，便会偏于妄想，是思而不学。知行是一个工夫，不可分开。"若知时，其心不能真切笃实，则其知便不能明觉精察；不是知之时只要明觉精察，更不要真切笃实也。行之时，其心不能明觉精察，则其行便不能真切笃实；不是行之时只要真切笃实，更不要明觉精察也……心体亦原是如此。"[2]"我辈致知，只是各随分限所及。今日良知见在如此，只随今日所知扩充到底；明日良知又有开悟，便从明日所知扩充到底。如此方是精一功夫。"[3]朱熹主格物致知，王阳明此处讲求于良知，"致良知者，是培其根本之生意而达之枝叶者也"[4]，"良知本无知，今却要有知；本无不知，今却疑有不知。只是信不及耳"[5]，信良知，其实是良知信其自己。此信字特别重要，"先生曰：'我在南都已前，尚有些子乡愿的意思在。我今信得这良知真是真非，信手行去，更不着些覆藏。我今才坐得个狂者的胸次，使天下之人都说我行不掩言也罢。'尚谦出，曰：'信得此过，方是圣人的

---

1 ［明］王守仁：《王阳明全集》，第 208 页。

2 ［明］王守仁：《王阳明全集》，第 210 页。

3 ［明］王守仁：《王阳明全集》，第 96 页。

4 ［明］王守仁：《王阳明全集》，第 219 页。

5 ［明］王守仁：《王阳明全集》，第 109 页。

真血脉。'"[1] 只有信良知，才能得到真是真非，才不会有乡愿，才不会言行不一，此信字，是圣人之学的凭证。朱熹之学也讲道问学和尊德性，而且都强调二者的重要性，特别是经由道问学而达到尊德性二者的贯通。朱熹的格物并非仅是格自然之物，而是格天下之物，以"穷天理，明人伦，讲圣言，通世故"，如果仅格草木而于圣人之学有所得，"是炊沙而欲成其饭也"[2]，可见，王阳明的格竹不是朱熹所期望的那样。不过，朱熹最终是以闻见之知来通达德性之知，即天理，认为通过格物穷理一旦豁然贯通，即可水到渠成而顿悟。朱熹因此讲知难行易。所以，王阳明由格竹而提出的心即理、知行合一说，反而是解决朱熹之学弊端的良方。王阳明在讲学中也注意到了由闻见之知而求德性之知的弊端。"吾始居龙场，乡民言语不通，所可与言者，乃中土亡命之流耳；与之言知行之说，莫不忻忻有入。久之，并夷人亦翕然相向。及出与士夫言，则纷然同异，反多扞格不入。何也？意见先入也。"[3] 士人成年累月地学习书本知识，形成了由外而求的先入观念，所以王阳明与其说很难得到认同。王阳明遂想到用静坐的工夫，暂时停顿知识之念的纷扰，使其心念得以澄清，直达本心良知。"兹来乃与诸生静坐僧寺，使自悟性体，顾恍恍若有可及者。"[4] 不过，王

1　［明］王守仁：《王阳明全集》，第 116 页。

2　［宋］朱熹撰，朱杰人、严佐之、刘永翔主编：《朱子全书》第二十二册，第 1756 页。

3　［明］王守仁：《王阳明全集》，第 1574—1575 页。

4　［明］王守仁：《王阳明全集》，第 1230 页。

阳明也深知静坐的方法有其弊端，而对其持理性的态度，"前在寺中所云静坐事，非欲坐禅入定。盖因吾辈平日为事物纷拏，未知为己，欲以此补小学收放心一段功夫耳。明道云：'才学便须知有著力处，既学便须知有著力处。'诸友宜于此处著力，方有进步，异时始有得力处也"[1]。王阳明知道静坐只是权宜方法，不是根本解决之道，"九川问：'近年因厌泛滥之学，每要静坐，求屏息念虑。非惟不能，愈觉扰扰，如何？'先生曰：'念如何可息？只是要正。'"[2]。所以，静坐有其适用的特定情形。并非静坐能够解决任何问题，要视具体情形而定。"刘君亮要在山中静坐。先生曰：'汝若以厌外物之心求之静，则反养成一个骄惰之气了。汝若不厌外物，复于静处涵养，却好。'"[3]王阳明认为以厌外物的静来修养是不成的，要达到良知就需要在事上磨练，此事并非纷扰，而是正事。"吾昔居滁时，见诸生多务知解，口耳异同，无益于得，姑教之静坐。一时窥见光景，颇收近效。久之，渐有喜静厌动，流入枯槁之病。或务为玄解妙觉，动人听闻。故迩来只说致良知。"[4]致良知才是正事，静坐只是权宜方法："肯信良知原不昧，从他外物岂能撄！"[5]

---

1 ［明］王守仁：《王阳明全集》，第 144 页。

2 ［明］王守仁：《王阳明全集》，第 91 页。

3 ［明］王守仁：《王阳明全集》，第 103 页。

4 ［明］王守仁：《王阳明全集》，第 104—105 页。

5 ［明］王守仁：《王阳明全集》，第 787 页。

第十章

清代的人性论

一、"习与性成"：王夫之的性日生论

王夫之（1619—1692），字而农，号姜斋、夕堂，湖广衡州府衡阳县（今湖南衡阳）人，著名的思想家、哲学家、史学家、文学家、美学家，与顾炎武、黄宗羲并称明清之际三大思想家。王夫之出身于世代书香门第之家，自幼跟随自己的父兄读书，23岁中举。明朝灭亡后，青年王夫之积极参加反清起义，在家乡衡阳抗击清兵，失败后，曾参加南明桂王的朝廷，后见事无可为，决计隐居，从事思想方面的著述工作。晚年王夫之隐居于石船山，著书立传，自署船山病叟、南岳遗民，学者遂称之为船山先生。王夫之为了事业和理想，从来不为利禄所诱，不受权势所压，历经千辛万苦也矢志不渝。王夫之晚年身体不好，生活又贫困，写作时连纸笔都要靠朋友周济。每日著述，以至腕不胜砚，指不胜笔。王夫之71岁时，有清廷官员来拜访他，想赠送他些吃穿用品。王夫之虽在病中，但认为自己是明朝遗臣，拒不接见清廷官

员，也不接受礼物，并写了一副对联，以表自己的情操：清风有意难留我，明月无心自照人。清指清廷，明指明朝，王夫之借这副对联表达了自己的立场。王夫之主张气一元论，认为气是唯一实体，不是"心外无物"；反对禁欲主义，提倡不能离开人欲空谈天理，天理即在人欲之中；反对"生而知之"的先验论，认为要凭借感官心知，进入世界万物声色之中，去探寻知晓事物的规律，知识是后天获得的，非生而知之也；主张性日生而日成的人性论，认为人性不是一成不变的，而是不断发展变化的，同时，人性的形成不全是被动的，人可以主动地权衡和取舍，他说："生之初，人未有权也，不能自取而自用也。……已生之后，人既有权也，能自取而自用也。"其著作有《周易外传》《黄书》《尚书引义》《永历实录》《春秋世论》《噩梦》《读通鉴论》《宋论》等。

1. 性本于气

王夫之在批判继承传统儒家人性学说的基础上提出了自己新的人性主张。关于性的根源问题，王夫之认为性来自气。王夫之继承张载以气禀论性的观点，认为气是万物产生的根源，"天地之产，皆精微茂美之气所成"[1]。人性自然也属于天地之产，所以论人性也应从气上说。"盖言心言性，言天言理，俱必在气上说，若无气处则俱无也。"[2]不仅是性，连与之有关的心、天这两个概念，都必须从气来进行论说。"气之化而人生焉，人生而性成焉。由气化

1 ［清］王夫之：《思问录》，北京：中华书局 2009 年版，第 23 页。
2 ［清］王夫之：《读四书大全说》卷十，北京：中华书局 1975 年版，第 718 页。

而后理之实著，则道之名亦因以立。是理惟可以言性，而不可加诸天也，审矣。就气化之流行于天壤，各有其当然者，曰道。就气化之成于人身，实有其当然者，则曰性。"[1]

人性的生成，有天命和人受的不同，其实则一。"命之自天，受之为性。终身之永，终食之顷，何非受命之时？皆命也，则皆性也。"[2]性与命实质是一样的，只是说法不同。"自天之与人者言之，则曰命；自人之受于天者言之则曰性。命者，命之为性；性者，以所命为性；本一致之词也。"[3]从气化生的角度来说是命，从人禀受的角度来说是性。命与性是一物。"圣人说命，皆就在天之气化。……天无一日而息其命，人无一日而不承命于天。"[4]此处的天命，不是指有主观意志的天，而是指气的运行。气无时无刻不在运行，人也无时无刻不受命于天。王夫之从气上立论，显然是继承了张载以气禀论性的观点。

在王夫之看来，气是万物的本原，性是禀赋在人的气，但他又指出性是理，那么，气、性、理在这里是什么关系？王夫之提出"性即理"的主张，从其讲性即理的形成看，与朱熹的观点有相似的一面，比如，他说："天以其阴阳五行之气生人，理即寓焉而凝之为性。故有声色臭味以厚其生，有仁义礼智以正其德，莫

1　［清］王夫之：《读四书大全说》卷十，第720页。

2　［清］王夫之：《尚书引义》卷三，北京：中华书局1962年版，第56页。

3　［清］王夫之：《四书训义》卷三十八，长沙：岳麓书社2011年版，第932页。

4　［清］王夫之：《读四书大全说》卷五，第285页。

非理之所宜。"[1]天以气化生成人，而理便寓于其中，人的生成是气与理的结合，这同朱熹相似。但是，王夫之主张气与理凝之为性，在这点上却又与朱熹有所区别。因为朱熹的意思是气与理同在并存，故性有二；王夫之却是将气与理融合为一，所以性非二。因此，王夫之的"性即理"和程朱的"性即理"内涵并不相同，王夫之认为性、理是以气为本的，并成为气的本质属性，气与理融合为一，非是二物。在朱熹的"性即理"中，理是最根本的，是第一义；在王夫之的"性即理"中，气是最根本的，是第一义。而理在王夫之的"性即理"中，不是像朱熹讲的是世界的本体，而是存在于气中的属性或条理，所以他有"盖性即理也，即此气质之理"[2]的认识。这句话强调的重点，其实是在说理和气是一物，而非有不同。他说："夫性即理也，理者理乎气而为气之理也，是岂于气之外别有一理以游行于气中者乎？"[3]王夫之认为性就是理，而理就是气之理，不是在气之外的理，离气不可能有理，理与气是一体。王夫之的"性即理"说是以气为本，性、理并非本体，因而，王夫之的观点与朱熹的"性即理"说是不一样的，他并不将性分为理之性和气之性两种。王夫之说："所谓'气质之性'者，犹言气质中之性也。质是人之形质，范围著者生理在内；形质之内，则气充之。而盈天地间，人身以内人身以外，无非气者，

1　[清] 王夫之：《船山全书》第 12 册，长沙：岳麓书社 2011 年版，第 121 页。

2　[清] 王夫之：《读四书大全说》卷七，北京：中华书局 1975 年版，第 471 页。

3　[清] 王夫之：《读四书大全说》卷十，第 684 页。

故亦无非理者。理，行乎气之中，而与气为主持分剂者也。故质以函气，而气以函理。质以函气，故一人有一人之生；气以函理，一人有一人之性也。……自人言之，则一人之生，一人之性；而其为天之流行者，初不以人故阻隔，而非复天之有。是气质中之性，依然一本然之性也。"[1] 气是人的存在本原，理是人性的本质，气与理在人身中是统一的，所以人性是气质中之性。王夫之将气质之性理解为气质中之性，与宋明理学流行的气质之性有着根本不同。这一概念讲的是，质是人之形质，其内充满了气，人之生理在其中，从而形成一种质以涵气、气以涵理的逻辑结构。人身内外都是气，充满天地间，理也遍布整个世界。从这一观点出发，王夫之不同意程朱的天命之性和气质之性的说法。"知声色臭味之则与仁义礼智之体合一于当然之理。当然而然，则正德非以伤生，而厚生者期于正德。"[2] 人性既有声色臭味的要求，也有仁义礼智的要求，它们是厚生和正德方面应有的存在，双方是相互作用但非冲突的关系，王夫之将程朱理学的气质之性和天命之性统一起来。他说："离理于气而二之，则以生归气而性归理，因以谓初生有命，既生而命息，初生受性，既生则但受气而不复受性，其亦胶固而不达于天人之际矣。"[3] 王夫之认为程朱的人性二元说不合理，不能对人性的内涵进行合理的阐释。

1 ［清］王夫之：《读四书大全说》卷七，第 465—466 页。

2 ［清］王夫之：《船山全书》第 12 册，第 122 页。

3 ［清］王夫之：《读四书大全说》卷十，第 685 页。

王夫之以气为本的性即理的主张，还融合了张载"合虚与气"的相关思想。他说："太虚者，阴阳之藏，健顺之德存焉；气化者，一阴一阳，动静之几，品汇之节具焉。秉太虚和气健顺相函之实，而合五行之秀以成乎人之秉夷（彝），此人之所以有性也。原于天而顺乎道，凝于形气，而五常百行之理无不可知，无不可能，于此言之则谓之性。"[1]这段话首先明确了气内存着理，即健顺之德存在于太虚中，所以论气的同时也包含了性理。再者，气是一个内涵丰富的范畴，它有着太虚和气化两个方面，张载认为性就是由这两个方面结合成的。在王夫之看来，太虚的重要性，就在于它是阴阳之气和健顺之德的存在处所；气化的重要性，则在于它是事物化生的起始之处。人之所以有性，是因为在太虚中融合阴阳之气和健顺之德，再结合每个人的独特条件而形成了性。而之所以把它叫作性，是因为它源于天、顺乎道、凝于气，从而对于天地万物之理无不可识。

儒家的传统人性论，在宋之前的，不论是性善还是性恶，基本上都是性一元论；宋之后的，则将人性分而为二，即性两元论。性两元论，就是以天理为善的天命之性，其后由于气禀的关系，造成了理与气杂，从而形成气质之性，故又有了恶。而王夫之认为，理与气始终是一体存在的。因此，人性就是理气统一于人的自然本性之中的，不可能事先存有一个只有理的性。所以，王夫

---

1 ［清］王夫之：《船山全书》第 12 册，第 33 页。

之认为人性是一本的，以气为本原。王夫之性一元论的确立，绝不是对程朱性两元论的简单批评，而是通过融合会通各家思想提出的超越理气的主张。

2. 性是善的

王夫之以气化成性，那么，性具体是什么？王夫之认为，性是一物区别于他物的本质，"凡物皆太和细蕴之气所成，有质则有性，有性则有德，草木鸟兽非无性无德，而质与人殊，则性亦殊，德亦殊尔"[1]。世间万物都是气所生成的，其中各有自己的性，而人性就是人区别于他物的特性。"若人之异于禽兽，则自性而形，自道而器，极乎广大，尽乎精微，莫非异者。"[2]人和禽兽的不同，从各自的本性到形体，从形上的道到形下的器，直至精微之处都是不同的。

人之所以为人的特别之处，就在于人性的不同，也即在人的生命之特别处。"且夫所云生者，犹言性之谓也。未死以前，均谓之生。"[3]在王夫之看来，人性首先表现在人的生命存在，生即性，这是概说。而进一步说的话，人性就是人生命存在之埋。"命曰降，性曰受。性者，生之理，未死以前皆生也，皆降命受性之日也。"[4]"夫性者，生理也，日生则日成也。"[5]命就是气降于人身，性

---

1 ［清］王夫之：《张子正蒙注》卷五，北京：中华书局1975年版，第169页。

2 ［清］王夫之：《读四书大全说》卷七，第635页。

3 ［清］王夫之：《读四书大全说》卷七，第459页。

4 ［清］王夫之：《思问录》，第16页。

5 ［清］王夫之：《尚书引义》卷三，第55页。

就是人身所禀之气，性即人生命之理，人只要活着，就一直处于命和受的过程中，人性每天都在不断生成之中。此理就是孟子曾强调的人之为人的仁义礼智。"天以其阴阳五行之气生人，理皆寓焉而凝之为性。故有声色臭味以厚其生，有仁义礼智以正其德，莫非理之所宜。声色臭味，顺其道则与仁义礼智不相悖害，合两者而互为体也。"[1]所以，人性在王夫之看来就是人之生理，就是人具有的仁义礼智，而阴阳五行之气则产生声色臭味，二者一体相容不悖。"仁义自是性，天事也；思则是心官，人事也"[2]，这句话说的是同样的意思，人性有其理——仁义礼智。对于善和性的关系，王夫之秉持着由《易传》"一阴一阳之谓道，继之者善也，成之者性也"而来的继善成性的观点，即主张善先性后，天地先有善而后人才生成性。他说："故成之者人也，继之者天人之际也，天则道而已矣。道大而善小，善大而性小。道生善，善生性。道无时不有，无动无静之不然，无可无否之不任受。善则天人相续之际，有其时矣。……性则敛于一物之中，有其量矣。有其时，非浩然无极之时；有其量，非融然流动之量。故曰'道大而善小，善大而性小'也。"[3]王夫之的思想逻辑是，在天为道，在人为性，天人之际则为善。道是客观存在的永恒之物，没有动静可否的说法；善有时间的限定，不是无时不有；性则存在于具体之物

---

1 ［清］王夫之:《张子正蒙注》卷三，第102页。

2 ［清］王夫之:《读四书大全说》卷十，第700页。

3 ［清］王夫之:《周易外传》，北京：中华书局1977年版，第181页。

上，有空间的限制。所以，从道到善再到性，是一个从大到小的顺序。"夫繁然有生，粹然而生人，秩焉纪焉，精焉至焉，而成乎人之性，惟其继而已矣。"[1] "亘古今，统天人，摄人物，皆受成于此。其在人也，则自此而善，自此而性矣。"[2] 人性是道、善、性三者相继而成，"道大而善小，善大而性小。道生善，善生性"[3]。这样一来，王夫之和孟子的性善论便有了区别。他说："故孟子之言性善，推本而言其所资也，犹子孙因祖父而得姓，则可以姓系之。而善不于性而始有，犹子孙不可但以姓称，而必系之以名也。然则先言性而系之以善，则性有善而疑不仅有善。不如先言善而纪之以性，则善为性，而信善外之无性也。"[4] 王夫之说孟子讲性善，是推溯其本原来说的，就像子孙的姓氏是得自其祖父一样。但是，善不是有性才有的，是在其之前就已存在的，就像子孙不但要姓祖父的姓，还要名祖父的名。如果先讲性而后成善，则性不仅有善，可能还有恶。不如先讲善而后成性，那么善就是性，在性中不再有其他的内容，如恶。

王夫之的人性思想，不仅主张继善成性、善先于性，还从体用来论性之善恶，他说："有善者，性之体也。无恶者，性之用也。"[5] 善是性的本体，性只是善而已。无恶，是从用上说性，不

1　［清］王夫之：《周易外传》，北京：中华书局1977年版，第182页。

2　［清］王夫之：《周易内传》，长沙：岳麓书社2011年版，第525页。

3　［清］王夫之：《船山全书·杂录》，长沙：岳麓书社2011年版，第1091页。

4　［清］王夫之：《周易外传》，北京：中华书局1977年版，第182页。

5　［清］王夫之：《思问录》，第29页。

是性善本体。性中只有善，没有恶的源头，所以，无恶只是从性之用上来说的。"言性之善，言其无恶也。既无有恶，则粹然一善而已矣。从善而视之，见性之无恶，则充实而不杂者显矣。从无恶而视之，则将见性之无善，而充实之体堕矣。"[1]王夫之认为，性的本体是善，善外无性，从这点来看，性中无恶。但若从无恶来看性，性则无善矣。由此，在养性的工夫上，王夫之主张的是"志于仁"的积极工夫，而不是消极的灭情欲，趋向佛老的空虚之道。佛老的工夫虽然能使性无恶，却只是性之用，最终无法肯定性的本体是善。王夫之主张的是更为积极的工夫论，即志于仁而后无恶。"故必志于仁，而后无恶。诚，无恶也，皆善也。""苟志于仁则无恶，苟志于不仁则无善，此言性者之疑也。乃志于仁者反诸己而从其源也，志于不仁者逐于物而从其流也。……夫性之己而非物、源而非流也明矣，奚得谓性之无善哉！"[2]很明显，王夫之的工夫论与宋明理学及佛老之学不同。

恶不属于性，那么恶是怎么产生的？对此，程朱理学一般认为，"气质之性"才是恶产生的根本原因。而王夫之却不这样认为，他说："山川金石，坚确浑沦，而其中之天常流行焉，故浊者不足以为清者病也。以浊者为病，则无往而不窒，无往而不疑，无往而不忧。"[3]在王夫之看来，山川金石，浊者清者中都有"天常

---

1 ［清］王夫之：《思问录》，第29页。

2 ［清］王夫之：《思问录》，第29—30页。

3 ［清］王夫之：《思问录》，第12页。

流行"，气质中之性也是本然之性，所以气的清浊不足为病，物如
此，人也一样。"气质之偏，则善隐而不易发，微而不克昌者有
之矣，未有杂恶于其中者也。"[1]人的气质有偏差，人的善不容易显
发，不能够昌盛而已，但没有恶掺杂于其中。气质之性也是善的，
其中没有恶，"天下固无恶"，只要"志于仁"，性就能得以彰显。
王夫之还说："'形色，天性也'，故身体发肤不敢毁伤，毁则灭性
以戕天矣……天性之善，皆能培栽而覆倾，如物之始蒙，勿但忧
其稚弱，正恐欲速成而依非其类，则和风甘雨亦能为之伤，故曰
'蒙以养正'。养之正者，学以聚之，问以辨之，宽以居之，仁以
行之，则能不依流俗之毁誉，异端之神变，以期速获而丧其先难，
故曰'利御寇'。"[2]王夫之认为，形色是天性，而天性是善的，所
以形色不是恶，毁伤之，就是"灭性以戕天矣"。这种天性的善，
能够通过"蒙以养正"来进行培养，所谓"学以聚之，问以辨之，
宽以居之，仁以行之"，是养正的系列工夫。可见，王夫之认为恶
虽然和气质、情欲、习气等有关，但其根源却不在此，恶的出现，
是失去了对气质之性的调节，其中的关键则是养正工夫的缺失。

　　王夫之肯定性即理，而理又是气之化生的内在道理，因此，
王夫之不像程朱理学那样排斥人性中的气质成分。人性中的气质
成分表现在外就是情欲，"盖吾性中固有此必喜、必怒、必哀、必

1　［清］王夫之：《思问录》，第30页。
2　［清］王夫之：《思问录》，第28页。

乐之理，以效健顺五常之能，而为情之所巤生"[1]。喜怒哀乐的出现有其道理所在，其正常情况下是有助于人之善性的，这也是情之所以发生的原因。不过，这气的成分也会影响人性的善恶，他说："然则饮食起居，见闻言动，所以斟酌饱满于健顺五常之正者，奚不日以成性之善；而其卤莽灭裂，以得二殊五实之驳者，奚不日以成性之恶哉？"[2]王夫之认为，人性在后天有可能趋向于恶，但更倾向于善，因为人性中含有仁义，故更是善。王夫之说："夫天之生物，其化不息。初生之顷，非无所命也。何以知其有所命？无所命则仁义礼智无其根也。"[3]在王夫之看来，人性形成之初，就已禀赋"仁义礼智"，这说明人性形成时就是善的。所以王夫之认为："有善者，性之体也。……奚得谓性之无善哉？"[4]可见，王夫之是主张人性善的。王夫之的性善论是从人的社会属性来揭示人性，是对孟子的性善论所开启的从社会性来谈人性思路的继承和发展。因此，他不同意告子的自然人性论："甘食悦色，天地之化机也。……有气而后有几，气有变合而攻取生焉，此在气之后也明甚。告子以为性，不亦愚乎！"[5]

王夫之的以气为本的人性论是对传统儒家人性论的总结和发展。如人性的内涵是仁义礼智，就是对孟子性善说的继承。王夫

1　［清］王夫之：《读四书大全说》卷二，第81页。

2　［清］王夫之：《尚书引义》卷三，第57页。

3　［清］王夫之：《尚书引义》卷三，第55页。

4　［清］王夫之：《思问录》，第29—30页。

5　［清］王夫之：《思问录》，第8页。

之以气论性，又是对王充以气论性思想的延续。而以理与气杂言性，又是对朱熹天地之性和气质之性思想的吸收。不过，王夫之并非单纯继承，而是进行了创造性的发挥，将这些思想都统摄到气之中，从而形成了性一元论的思想。王夫之认为，性本善，后起的无善或无恶不属于性。性是有善无恶的，但有善与无恶不能在同一层面论说，前者是体，后者是用，当然就更不能说性无善无恶了。

3. 性体心用

关于性和心的关系，王夫之持有的是性体心用的思想。张载曾主张"心统性情"，朱熹曾讲"性体心用"，王夫之通过分析二者的思想，得出了自己的心性论主张。他说："若张子所谓'心统性情'者，则又概言心而非可用释此'心'字。此所言心，乃自性情相介之几上说。《集注》引此，则以明'心统性情'，故性之于情上见者，亦得谓之心也。'心统性情'，自其函受而言也。此于性之发见，乘情而出之者言心，则谓性在心，而性为体，心为用也。"[1]王夫之认为张载的心统性情只是概说，他所说的情是从性外现到情的心理过程。朱熹引用心统性情，是从情的发用来见性以解释心。而在王夫之看来，心统性情应该从"函受"来讲，即从性的发见即乘情而表现出的称为心。性是体，心是用。王夫之还说："此'心'字与'性'字大略相近。然不可言性，而但可言

---

1 ［清］王夫之：《读四书大全说》卷八，第554—555页。

心，则以性为天所命之体，心为天所授之用。仁义礼智，性也，有成体而莫之流行者也。诚，心也，无定体而行其性者也。心统性，故诚贯四德，而四德分一，不足以尽诚。性与生俱，而心繇性发。"[1] 在王夫之看来，心和性相近却又不同，性是天命的本体，心是天所授的作用。性就是仁义礼智四德，四德之体不发用则不可言，心虽非本体却是对性的实现。王夫之的心统性是从此意义上来讲的。朱熹对《中庸》的"诚者自成也，而道自道也"一句曾注释说："言诚者物之所以自成，而道者人之所当自行也。诚以心言，本也；道以理言，用也。"[2] 王夫之则对朱熹这段话的思想进行了重新解释，他说："（饶鲁）不知道者率乎性，诚者成乎心，心性固非有二，而性为体，心为用，心函性，性丽心，故朱子以心言诚，以理言道，则道为性所赅存之体，诚为心所流行之用。"[3] 王夫之认为，饶鲁（朱熹的再传弟子）没有真正理解朱子的学术，朱熹的心性并非二物。道就是循着性体之自然，诚就是心所成就的天道，所以，王夫之在看到心性不二的同时还讲性体心用。

王夫之还讲："心，统性情者也。但言心而皆统性情，则人心亦统性，道心亦统情矣。人心统性，气质之性其都，而天命之性其原矣。原于天命，故危而不亡；都于气质，故危而不安。道心统性，天命之性其显，而气质之性其藏矣。显于天命，继之者善，

1　［清］王夫之：《读四书大全说》卷三，第 161—162 页。

2　［宋］朱熹：《四书章句集注》，第 33—34 页。

3　［清］王夫之：《读四书大全说》卷三，第 164 页。

惟聪明圣知达天德者知之。藏于气质，成之者性也，舍则失之者，弗思耳矣。……人心括于情，而情未有非其性者，故曰人心统性。道心藏于性，性亦必有其情也，故曰道心统情。性不可闻，而情可验也。"[1]此处，王夫之对心统性情做了详细的分疏。首先，他从心统性情分而为人心和道心皆统性情。人心统性，是以气质之性为全体，以天命之性为本原。因为人心源于天命，所以即使危险也不会灭亡。不过，人心毕竟有气质之性，所以又危险不安。道心统性，天命的本原得以显现，气质之性则隐藏起来。显现天命，接续起天人之际的，就是善，常人难知，只有圣人的智慧能够知道。天命之性藏于气质，即构成人性（善德），所以善德是人生而有之的，不思考便丢失。人心包括情，情都是对性的忠实表现，所以人心统性。道心（善德）藏于人性，人性又表现在情中，所以道心统情。

通过对心统性情问题的探讨，王夫之得出了他的基本观点，就是性皆人心。他说："心，统性情者也。此人心者，既非非心，则非非性。故天下之言性者，亦人心谓之宗。告子湍水之喻，其所谓性，人心之谓也。濛洄而不定者，其静之危与？决而流者，其动之危与？湍而待决，决而流不可挽，初非有东西之成形；静而待动，动而尧、桀之皆便。惟其无善无恶之足给，可尧可桀，而近桀者恒多；譬诸国然，可存可亡，而亡者恒多，斯以谓之危

1　［清］王夫之：《尚书引义》，第22页。

也。"[1]王夫之把心释为人心，所以天下所说的性，都是以人心为本。告子以湍水来比喻性之无善无不善，其实说的是人心。无论是潆洄不定，还是决而流者，人心的静与动都属于危险的领域，但也可由此说性无善恶。人心之静蓄势待动，一旦发动，成为尧或桀都很正常。这或许无法给予充分的理论证明，但人总是接近桀的多。就像国家，可以存在可以灭亡，但明显总是灭亡的多，这就是所说的人心的危险。在王夫之的心统性情论中，性指天命的本原，这是不可闻知的，其由静到动而呈现出的静无善恶和动有善恶，都被归属于人心的活动。这对胡宏的"性不能不动，动则心矣"和"心妙性情之德"的观点进行了发展。

王夫之根据自己的思想，对当时影响最大的王阳明的心性论做了评论。他说："儒之驳者亦曰：'无善无恶心之体。'要亦此而已矣。有者不更有，而无者可以有；有者适于无，而无者适于有；有者有其固有而无其固无，无者方无若有而方有若无；无善则可以善，无恶则可以恶；适于善而善不可保，适于恶而恶非其难矣。若无，而俄顷之缚释；若有，而充塞之妄兴；岌岌乎有不终朝之势矣。故曰危也。"[2]王夫之认为，王阳明的无善无恶论其实是佛教空无的路向。在王夫之看来，王阳明无善无恶的主张，在人心的实际活动中并不能真正地做到。王阳明的无善无恶，即"不任善，

---

1 ［清］王夫之：《尚书引义》，第 20 页。

2 ［清］王夫之：《尚书引义》，第 21 页。

不任恶，洞然寂然，若有若无"[1]，由于取消了儒家主张的道德根本，所以最终的结果，就不是不任善、不任恶，而成为不任善而专任恶。有了不会再有，没有才会再有。有无是对立又互补的辩证统一的关系。人的善恶也是一样，没有善才会有善，没有恶才会有恶。只有善则善不能够保住，只有恶则恶更容易助长。无善无恶，便会使人的束缚顷刻间解除，固然善恶都可进入，但外入之善难以保存，外入之恶却容易滋长。有善有恶，则使各种妄念勃兴，其间的矛盾对立一触即发。所以说无善无恶的观念是非常危险的。简言之，无善无恶的心体，在由静到动的过程中，无的状态一旦打破，善恶便会进入，但结果是，善不能长久保持，而恶却日渐滋大，这是非常危险且祸害极大的情形。

4. 性日生说

王夫之人性论的一个特点，就是强调人性是不断变化的。性以气为本，而气是不断变化流行的，所以，人性也是处于不断变化之中的。王夫之说："圣人说命，皆在天之气化无心而及物者言之。天无一日而息其命，人无一日而不承命于天。"[2] "命曰降，性曰受，性者生之理，未死以前皆生也，皆降命受性之日也。初生而受性之量，日生而受性之真。"[3] "命曰降""性曰受"，说明人性天天在发生着变化。王夫之说："二气之运，五行之实，始以为胎

1　[清] 王夫之：《尚书引义》，第21页。

2　[清] 王夫之：《读四书大全说》卷五，第285页。

3　[清] 王夫之：《思问录·内篇》，第16页。

孕，后以为长养，取精用物，一受于天产地产之精英，无以异也。形日以养，气日以滋，理日以成。"[1] 气的运行产生了性，并不断培养发展，随着时日的推移，性便丰富发展起来。"惟命之不穷也而靡常，故性屡移而异。……未成可成，已成可革。性也者，岂一受成型，不受损益也哉。"[2] 命不会一直保持常态而不变化，性也是不断发生迁移而不同，没有成的可以成，已经成的可以变革，性不会成形就一成不变，是会损益的。王夫之说："方生而受之，一日生而一日受之。……故曰性者生也，日生而日成之也。"还说："夫性者，生理也，日生则日成也。"[3] 在王夫之看来，性是不断发展变化的，他不认同那些静止的人性论。传统儒家认为性有善有不善等观点，王夫之认为这都是对人性僵化的理解。他说："悬一性于初生之顷，为一成不易之型，揣之曰'无善无不善'也，'有善有不善'也，'可以为善可以为不善'也。呜呼，岂不妄与！"[4] 由此可见，王夫之对人性所持的是一种发展的观点。

王夫之对人性持有一种发展观，所以他非常强调人性在后天实践中的不断完善，即"性与习成"，这是他关于人性思想变化中的重要理念。王夫之说："习与性成者，习成而性与成也。使性而无弗义，则不受不义；不受不义，则习成而性终不成也。使性而

1　[清]王夫之：《尚书引义》卷三，第55页。

2　[清]王夫之：《尚书引义》卷三，第56页。

3　[清]王夫之：《尚书引义》卷三，第55页。

4　[清]王夫之：《尚书引义》卷三，第57页。

有不义，则善与不善，性皆实有之；有善与不善而皆性，气禀之有，不可谓天命之无。气者天，气禀者禀于天也。故言性者，户异其说。今言习与性成，可以得所折中矣。"[1]在王夫之看来，习指的是人认识与改造世界的主动性。人不会满足于"初受之命"，而是奋发有为、充实完善自己。"禽兽终其身以用天而自无功，人则有人之道矣。禽兽终其身以用其初命，人则有日新之命矣。"[2]这段话的意思是，人和禽兽的不同，就在于对于性命的态度，禽兽只用其初命，人则不断更新自己的性命，生命不息，人性的自我完善也就不会停止。由于人性处于不断变化之中，所以王夫之对人性所处的外在环境非常重视，因为这会影响到人性的变化。王夫之说："世教衰，风俗坏，才不逮者染于习尤易，遂日远于性而后不可变。"[3]王夫之认为社会环境对人性的影响很大，尤其是资质浅陋的人，特别容易受习俗的熏染。"习气之溺人也。不特性之醇者无以养其真，而质之疵者亦且以失其故。"[4]外在环境对人性的这种影响，使王夫之特别强调人性修养的必要，人性必须要进行剪裁，如果放任自然，会产生非常消极的后果。"朴之为说，始于老氏，后世习以为美谈。朴者，木之已伐而未裁者也，……若以朴言，则唯饥可得而食、寒可得而衣者为切实有用。养不死之躯以待尽，

1　［清］王夫之：《尚书引义》卷三，第54—55页。

2　［清］王夫之：《诗广传》卷四，北京：中华书局1964年版，第133页。

3　［清］王夫之：《张子正蒙注》卷三，第114页。

4　［清］王夫之：《四书训义》卷二十一，第922页。

天下岂少若而人邪！自鬻为奴，穿窬为盗，皆以全其朴，奚不可
哉！养其生理自然之文，而修饰之以成乎用者，礼也。"[1]王夫之的
这些人性思想，透露出他对人性所持有的不同以往的发展的观点，
一定程度上表达了他对当时社会上很多人不思进取、浑浑噩噩、
对亡国之恨表现淡漠的强烈不满和无比痛惜。他的人性论，提倡
的是一种趋向实践的人性观，它不是先验预设的，也不是形成后
不再改变的，而是在人的后天社会实践中逐步生成和完善的。

5. 理论贡献

王夫之通过对传统儒家人性论的批判继承，提出了自己创新
性的人性论新见解，其突出的特点主要表现在两个方面：一是关
于性的定义，王夫之认为"性者生理"。关于这一人性思想，王夫
之从社会实践的角度对性进行了强调。传统儒家为突出人性善的
一面，往往从人固有的仁义礼智的善端，来论证人性本善，如孟
子；或者从强调人心中固有的"天理"来论证人性之善，如朱熹。
这些思想都认为人性中含有先验的道德属性，因此显示出强烈的
主观色彩。而王夫之的"性者生理"说，则把"理"作为生命存
在的运行规律，所以它不是先于生命而存在的，从而使人性成为
对生命存在规律的探求。二是王夫之提出的性日生日成的发展观。
传统儒家对人性的看法各不相同，如性善说、性恶说、有善有恶、
无善无恶等，但无不承认人性在后天的发展变化。如孟子虽然认为

---

1 ［清］王夫之：《俟解》，北京：中华书局2009年版，第89页。

人有善端而主人性善，但他又强调此善端需要不断扩充。荀子虽然主张"性恶"论，但他认为人性是可以改变为善的，为此他提出了著名的"化性起伪"说。再如朱子，他虽然主张性有天命之性和气质之性的区别，但他还主张存天理、去人欲，以改造气质之性。王夫之人性论的一个最显著特色，就是强调人性总是处在不断演化之中，人的生命不停息，人性变化就不会停止。这样的人性论，使王夫之突破了前人那种超验的观点，而把人性的研究引向社会实践的层面，使人性的社会属性方面的内容得以深入研究。

二、以善为性：戴震的性一元论

戴震（1724—1777），字东原，又字慎修，号杲溪，休宁隆阜（今安徽黄山屯溪区）人，清代著名语言文字学家、哲学家、思想家。戴震的父亲戴弁做贩布的小本生意，收入仅可供一家糊口。戴震出生那天，雷声震天，所以父亲为他取名为震。戴震自幼聪敏，过目成诵，十岁日读数千言不休。某日读《大学章句》，至"右经一章"以下，问私塾老师："此何以知为孔子之言而曾子述？又何以知为曾子之意而门人记之？"师应之曰："此朱文公所说。"戴震问，周朝离宋朝有两千年之遥，为什么朱子能知道这些事呢？问得老师无言以对，其师不禁赞叹"此非常儿也"。戴震十八岁时随父客江西南丰，又课学童于福建邵武。这一时期，其师程询对他非常器重，言道："载道器也。吾见人多矣，如子者，巍科硕辅，诚不足言。"二十岁那年，戴震师从音韵学家江永，在此期间，戴震学问大进。乾隆二十年（1755）是戴震一生的转折点，这一年，他为了避仇来到京城。纪昀在其《考工记图注》的序中说："盖先生是年讼其族子豪者侵占祖坟。族豪倚财结交县令，令欲文致先生罪，乃脱身挟策入都，行李衣服无有也。寄旅于歙县会馆，饘粥或不继，而歌声出金石。"同年夏，戴震于京城结识纪昀、钱大昕等，名重京城。乾隆二十一年（1756），戴震仍留京，为吏部尚书王安国之子王念孙授读。王念孙与其后的段玉裁，成为戴震最著名的两个学生。王的《读书杂志》《广雅疏证》，段的《说文解字注》《六书音韵表》，是清代学术史上有卓越成就的著作。乾隆二十二年（1757），戴震自京南下，在扬州两淮盐运使卢见曾署中认识惠栋。乾嘉学派中有吴派、皖派之分，惠栋是吴派大师，戴震是皖派大师。戴震于乾隆二十七年（1762）中举人，乾隆三十八年（1773）任《四库全书》纂修官，乾隆四十年（1775）第六次会试下第，因学术成就显著，特命参加殿试，赐同进士出身。戴震任四库纂修官时恪尽职守，《四库全书总目》中的经史、舆地、天算、楚辞等设类及提要，多出自其手，论次独到，校核精审。戴震治学广博，在天文、数学、历史、地理、音韵、文字、训诂等方面均有成就，是"乾嘉学派"的代表人物之一。戴震的人性论，是此时期性一元论的集大成者。他认为，人道本于性，而人性源于天道；天道固无不善，人道、人性自然也就无不善。戴震人性论的理论贡献就在于打破了"天理"的神圣性、神秘性，他用分析的方法将其还原为不同事物的规定性，指出所谓"天理"就是天然的、自然的道理。所以戴震认为，"理"与"欲"是统一的，欲望的适当满足就是"理"。"理者，存乎欲者也。"他十分注重人的血气心知，"人生而有欲、有情、有知，三者，血气心知之自然也。惟有欲有情而又有知，然后欲得遂也，情得达也。"欲、情、知三者条畅通达，才是人生的理想状态。由此，戴震对理学家的"去人欲，存天理"之说给予反驳，认为这是"以理杀人"。整个乾嘉时期，考据之学风靡朝野，戴震的义理之学一直未能引起学术界重视，他只是作为一个考据家而深为一时学者所推重。不过，戴震的这些哲学思想对晚清以来的学术思潮产生了深远影响。章太炎是推重戴震的第一人，"铨次诸儒学术所原，不过惠、戴二宗"。梁启超称之为"前清学者第一人"。胡适称其建立起了"清朝学术全盛时代的哲学"。戴震是乾嘉学派中皖派的主要代表，一生中先后撰成《筹算》《勾股割圆记》《六书论》《尔雅文字考》《考工记图注》《原善》《孟子字义疏证》等，并应河北、山西等地官员聘请，纂修《直隶河渠书》《汾州府志》《汾阳县志》。乾隆三十八年（1773），开四库全书馆，校订《水经注》《仪礼集释》《周髀算经》《孙子算经》等多部著作。逝世前夕，写有著名的《答彭进士允初书》。后人将其著作编辑成《戴氏遗书》。

1. 血气心知

在戴震的人性论中，人性就是血气心知。在戴震看来，人性

是人生而有的血气心知，欲、情、知是人性的表现。欲就是欲望，
是对声色臭味的欲求；情就是情感，就是人的喜怒哀乐；知就是
认知，是辨别美丑是非的能力。声色臭味的欲望，滋养人使之生
存；喜怒哀乐的情感，感通外物与人交流；有了辨别美丑是非的
能力，才能明辨是非，通达事理。欲、情、知三者合而成性，故
戴震谓之"是皆成性然也"[1]。欲、情、知三者有着辩证统一的关
系。欲生于血气，情也是根于血气，不过，二者并非并列关系，
戴震说："凡有血气心知，于是乎有欲，性之征于欲，声色臭味
而爱畏分；既有欲矣，于是乎有情，性之征于情，喜怒哀乐而惨
舒分；……生养之道，存乎欲者也；感通之道，存乎情者也；二
者，自然之符，天下之事举矣。"[2]戴震认为，人有血气心知便有
欲，有欲而后有情，情是欲所派生的。欲与情是派生关系，至于
知，戴震则认为是由情欲所派生的。他说："既有欲有情矣，于
是乎有巧与智，性之征于巧智，美恶是非而好恶分。……尽美恶
之极致，存乎巧者也，宰御之权由斯而出；尽是非之极致，存乎
智者也，贤圣之德由斯而备；二者，亦自然之符，精之以底于必
然，天下之能举矣。"[3]戴震认为，有欲有情而后才有巧智，三者
协作共同实现。"惟有欲有情而又有知，然后欲得遂也，情得达

1　[清]戴震:《戴震全书》第 6 册《孟子字义疏证》，北京：中华书局 1982 年版，第
　　41 页。
2　[清]戴震:《戴震全书》第 6 册《原善》，合肥：黄山书社 1995 年版，第 10 页。
3　[清]戴震:《戴震全书》第 6 册《原善》，合肥：黄山书社 1995 年版，第 10 页。

也。"[1] 可见，由血气心知而表现出的欲和情，在人心知的指导下达乎善。

在戴震看来，血气心知就是性之实体。"性者，分于阴阳五行以为血气心知，品物区以别焉，举凡既生以后所有之事，所具之能，所全之德，咸以是为其本，故《易》曰：'成之者性也'。""性者，血气心知本乎阴阳五行，人物莫不区以别焉是也。""夫人之生也，血气心知而已"[2]，"分于阴阳五行以有人物，而人物各限于所分以成其性。阴阳五行，道之实体也；血气心知，性之实体也。有实体，故可分；惟分也，故不齐。古人言性惟本于天道如是。"[3] 戴震由人之生来论性，人性的内容即血气心知，而且血气心知是阴阳道化的产物，"血气心知者，分于阴阳五行而成性者也"[4]，"血气者，天地之化；心知者，天地之神"[5]。血气是来源于阴阳五行的气化，心知来源于主宰化生的"神"，而这个神就是"精气为物，秀发乎神"[6] 中，精气的一种功能。所以，在戴震看来，人性的血气、心知都来源于阴阳之气，绝非"二本"。"天

1　［清］戴震：《戴震全书》第 6 册《孟子字义疏证》，北京：中华书局 1982 年版，第 41 页。

2　［清］戴震：《戴震全书》第 6 册《孟子字义疏证》，北京：中华书局 1982 年版，第 19 页。

3　［清］戴震：《戴震哲学著作选注》，北京：中华书局 1979 年版，第 116 页。

4　［清］戴震：《戴震全书》第 6 册《孟子字义疏证》，北京：中华书局 1982 年版，第 19 页。

5　［清］戴震：《戴震全书》第 6 册《原善》，合肥：黄山书社 1995 年版，第 11 页。

6　［清］戴震：《戴震全书》第 6 册《原善》，合肥：黄山书社 1995 年版，第 19 页。

下惟一本，无所外，有血气，则有心知；有心知，则学以进于神明，一本然也。"因此，戴震对程朱的天命之性、气质之性的"二本论"并不认同。戴震说："程子、朱子见常人任其血气心知之自然之不可，而进以理之必然；于血气心知之自然谓之气质，于理之必然谓之性。……分血气心知为二本者，程子斥之曰'异端本心'；而其增一本也，则曰'吾儒本天'。如其说，是心之为心，人也，非天也；性之为性，天也，非人也。以天别于人，实以性以为别于人也。人之为人，性之为性，判若彼此，自程子、朱子始。"[1]程朱理学认为，不能任由血气心知之自然即"气质之性"发展，必须以理即天地之性来加以节制，这就有了"天地之性"与"气质之性"的对立。戴震以"血气心知"来规定人性，"血气"指人的形体器官，"心知"指人的知觉能力，血气在心知的指导下，欲望得以合理地表现，这才是善。戴震强调二者的结合，是对理学漠视人的合理欲望的批判。

2. 性、命、才

戴震还阐释了性与命、才的关系。戴震说："气化生人生物，据其限于所分而言谓之命，据其为人物之本始而言谓之性，据其体质而言谓之才。"[2]戴震从气化生人的角度，阐述了命、性、才这

1　[清]戴震：《戴震全书》第 6 册《孟子字义疏证》，合肥：黄山书社 1995 年版，第 172 页。

2　[清]戴震：《戴震全书》第 6 册《孟子字义疏证》，合肥：黄山书社 1995 年版，第 195 页。

三个概念的异同。所谓命，就是指阴阳五行之气所赋予人身者。所谓性，就是指人与物生成时所禀受的物质。所谓才，就是指人与物在其材质上所表现出来的才能。"性，言乎本天地之化，分而为品物者也。限于所分曰命；成其气类曰性；各如其性以有形质，而秀发于心，征于貌色声曰才。"[1]为了说明三者之间的区别和联系，戴震还以金锡为器来做比喻。"犹金锡之在冶，冶金以为器，则其器金也；冶锡以为器，则其器锡也；品物之不同如是矣。从而察之，金锡之精良与否，其器之为质，一如乎所冶之金锡，一类之中又复不同如是矣。为金为锡，及其金锡之精良与否，性之喻也；其分于五金之中，而器之所以为器即于是乎限，命之喻也；就器而别之，孰金孰锡，孰精良与否，才之喻也。"以金锡为材料本质，好比是性。以金锡制造该器皿之事，好比是命。制作出的哪只金锡器皿更好，好比是才。无论是哪只更好，在材质上都是金锡，所以，"才之美恶，于性无所增，亦无所损"。做成金锡器皿后，便成为贵重的器皿，有着美好的才质。"金锡为器，一成而不变者也；人又进乎是。"人也是如此。人之性是善良的本性，由此善性所决定的才质，也是美的。"人之性善，故才亦美。""自圣人而下，其等差凡几？或疑人之才非尽精良矣；而不然也"，"况于人皆可以为贤为圣也"。戴震认为，众人和圣人一样，禀有血气心知，其人性都是善的，其才质都是美的。在戴震看来，命、性、

1　[清] 戴震:《戴震哲学著作选注》，北京：中华书局 1979 年版，第 5 页。

才有着密切的内在联系，它们共同构成了人性，并从各自角度展示了人性的自然本质。"别而言之，曰命，曰性，曰才；合而言之，是谓天性。"[1]戴震从命、性、才来论人性，就是要证明人的自然欲望的合理性，他不赞同从气禀之外去寻找人之为人的根据。"人之为人，舍气禀气质，将以何者谓之人哉？……人物分于阴阳五行以成性，舍气类，更无性之名。"[2]

戴震认为，性是人生成时的最初本质，而才是性的外在表现。"性以本始言，才以体质言"[3]，人性不同，人的才质也各不一样。"成性各殊，故才质亦殊。才质者，性之所呈也；舍才质安睹所谓性哉！"[4]才质是性的外在呈现，没有才质就无法认识人性。他说："所谓性，所谓才，皆言乎气禀而已矣。其禀受之全，则性也；其体质之全，则才也。……成是性，斯为是才。"[5]戴震认为，性与才都由气禀而定，人的才质是由性决定的。比如说，桃仁、杏仁决定桃、杏的性，但看不出桃、杏才，等到长成桃树、杏树

---

1 ［清］戴震：《戴震全书》第 6 册《孟子字义疏证》，合肥：黄山书社 1995 年版，第 196 页。

2 ［清］戴震：《戴震全书》第 6 册《孟子字义疏证》，合肥：黄山书社 1995 年版，第 190 页。

3 ［清］戴震：《戴震全书》第 6 册《孟子字义疏证》，合肥：黄山书社 1995 年版，第 198 页。

4 ［清］戴震：《戴震全书》第 6 册《孟子字义疏证》，北京：中华书局 1982 年版，第 39 页。

5 ［清］戴震：《戴震全书》第 6 册《孟子字义疏证》，北京：中华书局 1982 年版，第 39—40 页。

以后，性通过才表现出来了。故二者有禀受和体质的分别。在戴
震看来，才是可以变化的，开始是美的，最后可能变得不美，而
性却不会变化，性开始是善的，自始至终都是善的。"才可以始美
而终于不美，由才失其才也。不可谓性始善而终于不善。"人性
始善，为什么后天会有邪恶，程朱理学认为是"理已堕在形气之
中"，所以需要找回被遮蔽的理。对戴震来说，人性始善，后天人
变邪恶，绝不是性的改变，而是受到蒙蔽导致的结果。戴震也探
讨过气禀对人性的影响，但他没有把后天的邪恶归于此，因而性
善不会改变，这只是后天的"陷溺其心"造成的。戴震的结论就
是："性本善才质美，作恶只因受蒙蔽。"

　　戴震认为，防止受蒙蔽的唯一办法就是学习。因受蒙蔽而造
成的邪恶，不是由于才质不美，更不是由于性恶，"此偏私之害，
不可以罪才，尤不可以言性"。戴震认为，"孟子道性善"，性善
才亦美，孟子不否认后天会受蒙蔽，而这与才性之美无关。为了
防止蒙蔽和偏私的不断产生，戴震认为唯一的解决途径就是学习。
戴震说："人之初生，不食则死；人之幼稚，不学则愚；食以养其
生，充之使长；学以养其良，充之至于圣人贤人，其故一也。"人
要生存需要吃饭，人要成长需要学习。学习可以使人成为圣贤之
人。戴震说："试以人之形体与人之德性比而论之。形体始乎幼
小，终乎长大；德性始乎蒙昧，终乎圣智，其形体之长大也，资
于饮食之养，乃长日加益，非复其初；德性资于学问，进而圣智，
非复其初，明矣。……然人与人较，其材质等差凡几？古贤圣知

人之材质有等差，是以重问学，贵扩充。""自圣人而下，明昧各殊，皆可学以牖其昧而进于明。""加之以学，日进于智矣。"戴震认为，无论是圣人还是众人，上智还是下愚，都可以通过后天的学习而改变，不断扩充自己的善端，进至于圣知。

3. 以善为性

关于人性善恶方面，戴震坚持孟子性善论的观点，并对其做了进一步的诠释。戴震以《易传》"继之者善"来诠释孟子的性善论观点："'继之者善也'，言乎人物之生，其善则与天地继承不隔者也。"[1]戴震用"天地继承不隔"来理解善，即说善是一个绵延连续的过程，人物之生便继承了天地的善，其继承之善就是人性，《易传》讲"继之者善""成之者性"。戴震说：《易》言天道而下及人物，不徒曰'成之者性'，而先曰'继之者善'。继谓人物于天地其善固继承不隔也；善者，称其纯粹中正之名；性者，指其实体实事之名。"[2]在此，戴震强调性是人之实体实事，从天地处得以继承者是"善"，其自身展开之成就为性。戴震将善理解为一种实现，而不是一种抽象思辨的本体规定，这是戴震继承并发展孟子性善论之处，从而开辟了性善论的一个新的方向。

戴震将性理解为实体实事，是指每一个人都是血气与心知的

---

1 ［清］戴震：《戴震全书》第 6 册《孟子字义疏证》，北京：中华书局1982 年版，第62 页。

2 ［清］戴震：《戴震全书》第 6 册《孟子字义疏证》，合肥：黄山书社 2010 年版，第201 页。

融合为一，其实现结果就是善。戴震说："欲者，血气之自然，其好是懿德也，心知之自然，此孟子所以言性善。心知之自然，未有不悦理义者，未能尽得理合义耳。由血气之自然，而审察之以知其必然，是之谓理义；自然之与必然，非二事也。就其自然，明之尽而无几微之失焉，是其必然也。如是而后无憾，如是而后安，是乃自然之极则。若任其自然而流于失，转丧其自然，而非自然也；故归于必然，适完成其自然。夫人之生也，血气心知而已矣。"[1] 这段话的意思是，血气与心知原本就是一体的，生命的本能欲望与对自身的觉悟是统一的，理义之必然是为了更好地实现自然本能，而非对之加以扼杀，二者是同一件事，二者的统一才是个体的自我实现。在戴震看来，孟子性善论的逻辑结构应是如此。简言之，性善论的根本意涵就是主体的自我完善，即以善为性。

出于这种思考，戴震明确反对虚构而独立存在的理。"人之心知，于人伦日用，随在而知恻隐，知羞恶，知恭敬辞让，知是非，端绪可举，此之谓性善。于其知恻隐，则扩而充之，仁无不尽；于其知羞恶，则扩而充之，义无不尽；于其知恭敬辞让，则扩而充之，礼无不尽；于其知是非，则扩而充之，智无不尽。仁义礼智，懿德之目也。孟子言'今人乍见孺子将入于井，皆有怵惕恻隐之心'，然则所谓恻隐、所谓仁者，非心知之外别'如有

---

1 ［清］戴震：《戴震全书》第 6 册《孟子字义疏证》，北京：中华书局 1982 年版，第 18—19 页。

物焉藏于心'也。"[1]戴震从人伦日用的方面来谈仁的扩充，而且
其扩充不仅是由内而外，更是由此及彼。从而，作为人的德目要
求的仁义礼智，在人伦日用的现实层面上，就不可能成为抽象而
独立存在的理。"古圣贤所谓仁义礼智，不求于所谓欲之外，不
离乎血气心知，而后儒以为别如有物凑泊附著以为性，由杂乎
老、庄、释氏之言，终昧于六经、孔、孟之言故也。"[2]戴震认为，
古代圣贤是在人欲中求得仁义礼智，后代的儒者则在人欲之外去
求得人性，从而夹杂了道家、佛家的思想，这是对古代圣贤思想
的误解。

戴震在阐述其人性论时，特别强调的是人性之善，而不是
超越万物的普遍本体。戴震说："孟子不曰'性无有不善'，而
曰'人无有不善'。性者，飞潜动植之通名；性善者，论人之性
也……自古及今，统人物与百物之性以为言，气类各殊是也。专
言乎血气之伦，不独气类各殊，而知觉亦殊。人以有理义，异于
禽兽，实人之知觉大远乎物则然，此孟子所谓性善。"[3]在戴震看
来，孟子所谓的性善，就是将人与百物区别开来的根据，所以孟
子不说性无有不善，而是说人无有不善。讲性，飞潜动植之百物

1　［清］戴震：《戴震全书》第 6 册《孟子字义疏证》，北京：中华书局 1982 年版，第
　　29 页。

2　［清］戴震：《戴震全书》第 6 册《孟子字义疏证》，北京：中华书局 1982 年版，第
　　29 页。

3　［清］戴震：《戴震全书》第 6 册《孟子字义疏证》，北京：中华书局 1982 年版，第
　　34—35 页。

都可以讲，但若讲性善，只是讲的人之性。人与百物之别是一种具体而实在的差别，不仅气类不同，知觉也不同，所以绝不是一种抽象的规定。如果将理视为超越万物之上的普遍本体，那么，人和万物都将有同样的善的本体。然而现实中的人，其身体血气与理义心知，都有别于人之外的动植百物。而在朱熹的理气思想中，就是将具体而实在的人物之别，抽象化为理念上的区别，使得在人与物的区别上，混杂不清。

戴震在解释孟子的性命之辩时，进一步阐明了孟子的性善是理欲一体的思想。孟子曾说："口之于味也，目之于色也，耳之于声也，鼻之于臭也，四肢之于安佚也，性也，有命焉，君子不谓性也。仁之于父子也，义之于君臣也，礼之于宾主也，知之于贤者也，圣人之于天道也，命也，有性焉，君子不谓命也。"（《孟子·尽心下》）戴震对这句话解释道："谓〔性〕犹云'藉口于性'耳；君子不藉口于性以逞其欲，不藉口于命之限之而不尽其材……不谓性非不谓之性，不谓命非不谓之命。由此言之，孟子所谓性，即口之于味、目之于色、耳之于声、鼻之于臭、四肢之于安佚之为性；所谓人无有不善，即能知其限而不踰之为善，即血气心知能底于无失之为善；所谓仁义礼智，即以名其血气心知，所谓原于天地之化者之能协于天地之德也。"[1]孟子讲的口目耳鼻之欲，不说是性而是说命，讲的仁义礼智之德，不说是命而说是性，

---

1 ［清］戴震：《戴震全书》第 6 册《孟子字义疏证》，北京：中华书局 1982 年版，第 37—38 页。

就在于突出人在自我实现过程中的能动性。戴震在解释这句话时则进一步强调了这一点，并从人的能动方面为善做了深刻说明，即在实现自我的过程中使血气和心知、理和欲统一起来，自觉地将本能欲望通过理义实现出来。在这一意义上，戴震进一步推动了孟子的性善说的发展。

4. 理欲合一

戴震反对宋儒将性割裂为二——以天地之性和气质之性来分别，认为这已不是孟子所主张的一本。"循理者非别有一事，曰'此之谓理'，与饮食男女之发乎情欲者分而为二也，即此饮食男女，其行之而是为循理，行之而非为悖理而已矣。此理生于心知之明，宋儒视之为一物，曰'不离乎气质，而亦不杂乎气质'，于是不得不与心知血气分而为二，尊理而以心为之舍。究其归，虽以性名之，不过因孟子之言，从而为之说耳，实外之也，以为天与之，视荀子以为圣与之，言不同而二之则同。天之生物也，使之一本，荀子以礼义与性为二本，宋儒以理与气质为二本，老聃、庄周、释氏以神与形体为二本。然而荀子推崇礼义，宋儒推崇理，于圣人之教不害也，不知性耳。老聃、庄周、释氏，守己自足，不惟不知性而已，实害圣人之教者也。"[1]戴震认为，荀子以礼义与性为二本，宋儒以理与气质为二本，老庄与释氏以神与形体为二本，这是他们理论所缺失的地方。戴震在此则将礼义与性、理与

---

1 ［清］戴震：《戴震全书》第 6 册，合肥：黄山书社 2010 年版，第 135—136 页。

气质、神与形体融而为一。尤其是，戴震坚决反对宋儒将理视为一个脱离现实的抽象之物，与饮食男女之情欲相割裂，因为这样理义就完全成为外在强加之物，人性也由此而二分为天地之性和气质之性。

戴震认为人性其实就是上述二者的结合。"古人言性，但以气禀言，未尝明言理义为性，盖不待言而可知也。至孟子时，异说纷起，以理义为圣人治天下之具，设此一法以强之从，害道之言皆由外理义而生；人徒知耳之于声，目之于色，鼻之于臭，口之于味之为性，而不知心之于理义，亦犹耳目口鼻之于声色臭味也，故曰'至于心独无所同然乎'，盖就其所知以证明其所不知，举声色臭味之欲归之耳目鼻口，举理义之好归之心，皆内也，非外也，比而合之以解天下之惑，俾晓然无疑于理义之为性，害道之言庶几可以息矣。孟子明人心之通于理义，与耳目鼻口之通于声色臭味，咸根于性，非由后起。后儒见孟子言性，则曰理义则曰仁义礼智，不得其说，遂于气禀之外增一义理之性，归之孟子矣。"[1]在戴震看来，人的客观存在，就是身体欲望和理义的统一，在孟子那里就是这样认为的。如果单以理义为性，就会将耳目鼻口之通于声色臭味，作为纯粹的本能欲望，而将理义作为纯粹的道德根源，从而将二者分裂开来，并使此后的学者沿袭这一路向，从而逐渐走上性两元论的端峰。在现实生活中，欲望往往形成为恶，

---

1 ［清］戴震：《戴震全书》第 6 册，合肥：黄山书社 2010 年版，第 157 页。

戴震认为是没有以理来节制的结果，没有正确处理好理与欲的关系："性，譬则水也；欲，譬则水之流也；节而不过，则为依乎天理，为相生养之道，譬则水由地中行也；穷人欲而至于有悖逆诈伪之心，有淫佚作乱之事，譬则洪水横流，泛滥于中国也。"[1]欲望为恶，不是欲望本身的问题，而是没有处理好理与欲的关系，导致了欲望的实现没有节制。

在戴震看来，气禀之性和理义之性应统一在具体事物中。"就事物言，非事物之外别有理义也；'有物必有则'，以其则正其物，如是而已矣。就人心而言，非别有理以予之而具于心也；心之神明，于事物咸足以知其不易之则，譬有光皆能照，而中理者，乃其光盛，其照不谬也。"[2]戴震用事物与理则的合一，来论证人心与理义的统一关系。戴震还说："味与声色，在物不在我，接于我之血气，能辨之而悦之……理义在事情之条分缕析，接于我之心知，能辨而悦之。"[3]物之味声色和我之血气，以及事情的理义和我之心知，其所本是一而非二，这与宋明理学的心与理、理与气二分之说全然不同。"圣贤之道德，即其行事。释老乃别有其心所独得之道德；圣贤之理义，即事情之至是无憾，后儒乃别有一物焉与生

1　［清］戴震：《戴震全书》第 6 册《孟子字义疏证》，北京：中华书局 1982 年版，第
　　10 页。

2　［清］戴震：《戴震全书》第 6 册《孟子字义疏证》，北京：中华书局 1982 年版，第
　　7 页。

3　［清］戴震：《戴震全书》第 6 册《孟子字义疏证》，北京：中华书局 1982 年版，第
　　5 页。

俱生而制夫事。古人之学在行事，在通民之欲，体民之情，故学成而民赖以生；后儒冥心求理，其绳以理严于商韩之法，故学成而民情不知。天下自此多迁儒，及其责民也，民莫能辩。彼方自以为理得，而天下受其害者众也！"[1]戴震以现实中的活动行事作为圣贤的道德，而后儒却不解其意，生出另一理义来制约事情，使得后儒之理严重背离民情。戴震说："曰'所不欲'，曰'所恶'，不过人之常情，不言理而理尽于此。惟以情絜情，故其于事也，非心出一意见以处之。苟舍情而求理，其所谓理，无非意见也。未有任其意见而不惑斯民者。"[2]戴震认为，要辩证处理好理与情的关系，对于情要有充分的理解，遇事要以情絜情，虽不讲理但理尽于此。如果不考虑情，无非只将意见当作理，这样会使个人的意见凌驾于所有人之上，从而使得人们困惑不堪。"圣人之道，使天下无不达之情，求遂其欲而天下治。后儒不知情之至于纤微无憾是谓理。而其所谓理者，同于酷吏之所谓法。酷吏以法杀人，后儒以理杀人，浸浸乎舍法而论理。死矣，更无可救矣。"[3]从戴震"以理杀人"的斥责声中，更可见其人性论不能舍情而只论理，二者的统一性之重要可见一斑，否则将理与情分裂开来，以自己的意见当作理，必然就会以自身之存在阻碍和扼杀他人之存在。

1　［清］戴震：《戴震全书》第 6 册《孟子字义疏证》，北京：中华书局 1982 年版，第 174 页。

2　［清］戴震：《戴震全书》第 6 册，合肥：黄山书社 2010 年版，第 155 页。

3　［清］戴震：《戴震全书》第 6 册《孟子字义疏证》，北京：中华书局 1982 年版，第 174 页。

结　语

在中国哲学史上，"性"字经过"生""眚"的演化，在春秋时期开始出现和流行。最早提出有关人性命题的是孔子，他说："性相近也，习相远也。"孔子以后，人性论逐渐成为后世思想家关注的重点。战国初期的告子提出了性无善恶论，战国中前期的孟子则提出了性善论。战国时道家可以称为性超善恶论者。战国中后期的荀子提出了性恶论，战国时的世硕则提出了性有善有恶论，后来发展成性善恶混论。在先秦时，性善论，性恶论，性无善恶论，性有善有不善论，大都同时并生或先后发生，影响不相上下。西汉的多数学者都主张性有善有恶论，如董仲舒、刘向、扬雄等。东汉至唐代，性三品论成为大部分学者的共同主张，如东汉的王充、荀悦，唐代的韩愈，都是这种理论的阐发者。东汉的郑玄是性有善有恶论者。唐朝时的李翱持性善情恶论，这是性有善有恶论的特殊形式。北宋以后，性两元论成为思想界的主流，这种理论始创于宋朝的张载，精练于程颐，大成于朱熹。此外，这一时期还有少数学者持性无善恶论，如南宋初年的胡宏。到明清时期，性一元论在思想界兴起，与性两元论展开对抗。这种理论，始发于明代，盛于清世。明代的王守仁主张性无善恶论，这是一种性一元说，清朝的王夫之和戴震都是性一元论的阐发者。张岱年先生对中国人性论的发展曾概括道："先秦是各种性论并起而纷纭无定说的时代；前汉则是性有善有恶论占势的时代；后汉至唐是性三品论占势的时代；宋至明中叶是性两元论占势的时代；明末至清是性一元论占势的时代。"[1]中国古代的人性论自孔子提出一直到明清之际，虽然从表面上看是在探讨人性的问题，尤其是性善还是性恶，实际上早已突破了这些传统命题，从而深入到人与自然、宇宙规律与道德伦理、主体与客体等关系的探讨中。中国的人性论的范围随着时间的推移而逐渐扩展，并最终涵盖了中国哲学史的广袤领域。性，由此也成为中国哲学中重要的概念范畴之一。

1　张岱年：《中国哲学大纲》，北京：商务印书馆 2015 年版，第 389 页。

参考文献

[1] [宋] 朱熹.四书章句集注 [M].中华书局，1990.

[2] 程树德.论语集释 [M].中华书局，1990.

[3] 陈鼓应.庄子今注今译 [M].北京：中华书局，2001.

[4] 王先谦.荀子集解 [M].北京：中华书局，1988.

[5] 张岱年.中国哲学大纲 [M].南京：江苏教育出版社，2005.

[6] [汉] 董仲舒著、周桂钿译.春秋繁露 [M].北京：中华书局，2011.

[7] [汉] 刘向著、向宗鲁校.说苑校证 [M].北京：中华书局，1987.

[8] 汪荣宝.法言义疏 [M].北京：中华书局，1987.

[9] 黄晖.论衡校释 [M].北京：中华书局，1990.

[10] 中华书局编辑部.汉魏古注十三经 [M].北京：中华书局，1998.

[11] [汉] 荀悦.申鉴注校补 [M].孙启治、黄省曾校，北京：

中华书局，2012.

[12] [唐] 李翱. 李文公集 [M]. 上海：上海古籍出版社，1993.

[13] [唐] 韩愈. 韩昌黎全集 [M]. 中国书店，1991.

[14] 黄宗羲. 宋元学案 [M]. 全祖望补修，北京：中华书局，1986.

[15] [宋] 程颢、程颐. 王孝鱼点校. 二程集 [M]. 北京：中华书局，1981.

[16] [宋] 朱熹. 朱子语类 [M]. 黎靖德编、王星贤点校，北京：中华书局，1986.

[17] [宋] 胡宏. 胡宏集 [M]. 北京：中华书局，1987.

[18] [宋] 陆九渊. 陆九渊集 [M]. 北京：中华书局，1980.

[19] [宋] 陈淳. 北溪字义 [M]. 北京：中华书局，1983.

[20] [明] 王守仁. 王阳明全集 [M]. 上海：上海古籍出版社，1992.

[21] [清] 王夫之. 船山全书 [M]. 长沙：岳麓书院，1996.

[22] [清] 戴震. 戴震全书 [M]. 合肥：黄山书社，2010.

[23] 冯友兰. 中国哲学史 [M]. 北京：三联书店，2009.

[24] 胡适. 中国古代哲学史 [M]. 安徽教育出版社，2006.

[25] 徐复观. 中国人性论史（先秦篇）[M]. 上海：上海三联书店，2001.